华为
规模营销法

陈伟君 著

中国人民大学出版社
·北京·

这本书非常实用！它是案例集，用大量真实案例复盘华为管理精髓；它是方法库，有大量经过实践检验的华为成功的经验和方法；它是工具箱，包含大量华为实用的模板、清单、工具，拿来即用。

——华营管理服务董事长、华为前高级副总裁、华为大学副校长　胡彦平

这本书案例丰富，图文并茂，易懂、易学、易用，是难得的学习华为的好教材，特别适合即将走向社会的高校毕业生学习。

——上海交通大学教授、博士生导师　傅　山

这本书真材实料，干货满满。针对营销文化和队伍建设、组织运作管理、客户关系管理、营销体系流程化建设等企业关心的核心问题给予了全面、系统、深入的阐述。

——广州市金钟汽车零件股份有限公司董事长　辛洪萍

这本书给我印象深刻的是"规模"——华为规模涌现的高端优秀人才、规模的专利数量、规模分布在全球的科研机构和规模的营销网络平台。华为规模成功的经验和方法值得学习，期待像华为这样的优秀企业在中国规模涌现。

——深圳智慧城市研究会执行副会长、华友会会长　俞渭华

这本书非常接地气，很有说服力，尤其对销售人员有据可依的量化的绩效考核标准令我印象深刻，这是华为营销最宝贵的经验结晶，也是华为导向冲锋、长期艰苦奋斗的法宝。

——宏基城通（集团）科技有限公司董事长　孙　涛

我被书里一个个充满智慧的、真实感人的故事打动。这本书不仅可读性强，而且充满了实用工具，对那些想要提高销售业绩的人来说真是再适合不过。

——上海江天高分子材料有限公司董事长　周红卫

本书中有大量的作者亲身经历的成功经验和真实案例，而华为的"快速、高效"也是我过去15年来在与华为合作中的最大体会。我会把此书作为必读书推荐给团队学习。

——用友网络科技股份有限公司副总裁　臧　晓

华为的管理独特之处在于系统性和实践性，这本书通过大量的实践案例来分享标杆公司营销体系建设的"道""法""术""器"，将能力建立在组织上，助力有追求的企业长期有效增长，非常值得一读。

——陕西华为联合学院院长　房一里

这本书文笔流畅、深入浅出，既有扎实的理论功底，又有丰富的实践经验，涵盖了华为营销的核心理念和管理精髓，让营销团队可以用最短的时间，得到最大的收获。

——爱康国宾健康管理（集团）有限公司副总裁　汪朝晖

这本书是陈伟君二十多年的珍藏干货的无私分享，它告诉我们华为是怎样把营销全流程的每一个环节做到极致的。值得反复阅读，深刻领会。

——上海思源光电有限公司总经理　王建忠

这本书比其他关于华为营销的书更为实用。它有大量成功经验和真实案例，有可操作的实用方法和建议。华为公司的机制和华为人的机智在这本书里完美融合，演绎出中国企业历史舞台上精彩的一幕，值得一读。

——深圳可立克科技股份有限公司董事长　肖　铿

前言

一

常常有人问笔者："华为靠几个人、两万多元起家，做到19万多人，销售收入超过1 000亿美元，在短短的30多年里，创造了一个又一个奇迹！华为是怎么做到的？华为成功的原因是什么？有什么秘诀？"

华为有一流的市场能力，机器还没有调试完，销售人员已经把它卖出去了。机器的调试是在客户的机房里完成的，有问题再改进。客户凭什么买你的设备？就是凭信任，凭客户对华为公司、对华为营销人员、对华为产品和服务的信任！所以说华为有一流的市场能力。华为公司创始人、总裁任正非说："华为的产品也许不是最好的，但那又怎么样？什么是核心竞争力？选择我而没有选择你就是核心竞争力。"

华为在150多个国家和地区建立了代表处，每个代表处都配备了相当的车辆、备件、工具，有华为营销人员和技术服务专家常驻，这是华为进行大规模营销、快速响应客户需求的组织保障。

任正非说："什么叫成功？是像日本那些企业那样，经九死一生还能好好地活着，这才是真正的成功。华为没有成功，我们只是在成长。"

规模营销是华为两个最重要的核心竞争力之一，抓住机遇，通过大规模的、席卷式的市场营销，在最短的时间里形成正反馈的良性循环，充分获取"机会窗"的超额利润。任正非在1994年谈公司市场策略时说："市场营销的重点不是一台一台地卖机器，而是通过建立大市场形象，将产品推向一个地区，乃至整个国家。交换机是国家集中控制的产品，所以整个通信市场尽管很大，实际却被集中在少数人手里。过河一定要有船或桥，我们要得到较好的利润，就需要通过大市场，所以，市场部以后会有一批人退出具体的销售工作，进入与商品交换相关的市场，创建大环境。大市场概念与市场竞争法则一定会让我们一步一步地走向辉煌。"

华为营销部门是公司的龙头部门、最强势的部门，代表着市场、客户需求，牵引着研发、供应链、售后服务等部门。这是由华为以客户为中心、客户至上的传统以及企业文化决定的。客户第一，快速满足客户需求的理念，激活了华为每一颗为客户服务的心。公司上下形成了全员服务营销、全员回收货款的氛围，把客户的压力从市场一线直接传递给后方相关支持环节、部门，由市场牵引着研发、供应链、售后技术服务等部门的能力提升。

华为营销最大的特点是把营销全流程的每一个环节做到极致，每一个细节都闪耀着智慧的火花：从公司电话总机24小时的人工接听，到号称要求最严谨苛刻的日本客户都称赞的"世界一流"的客户接待流程；从巴塞罗那通信展满眼的印有华为logo的彩旗飘扬，到技术汇报会上图文并茂、没有一个错别字的PPT演示；从为客户创造价值的、投入收益比最佳的全网解决方案，到深入乡村站点采集的客户需求、数据翔实的项目投标技术建议书；从信守承诺包机运输设备确保快速及时到货，到技术服务专家快速响应、4小时内到达客户机房现场的高效服务。做事做到位，做到极致，才能胜出！在每一个项目、每一个过程、每一个环节，华为营销人员都比竞争对手付出了更多的时间、精力、汗水和智慧！勇争第一，把第二名远远地甩在后面。

华为在营销上提倡群体奋斗，不提倡个人英雄主义，把营销能力建立在组织上，通过组织流程运作的可复制性，快速、高效地复制和培养经过实战检验过的成功的营销模式和方法，规模化、系统化、流程化地组织运作，使华为销售项目依赖"个人英雄"或运气的偶然性成功，转变为可控、可持续的必然性成功。

华为营销人员是全球销售人员中的特战队员，他们高学历、高能力、高素质，学得快、做得快、改得快、进步得快。"快速、高效"是华为营销最根本的特质，"快速"体现了华为营销人员做事的态度，体现了华为营销人员雷厉风行、快速响应、军事化的做事风格；"高效"体现了华为营销人员为客户服务的能力和水平。

电视连续剧《亮剑》中独立团团长李云龙说，任何一支部队都有自己的传统。传统是什么？传统是一种性格，是一种气质，是由这支部队组建时，首任军事首长的性格和气质决定的，他给这支部队注入了灵魂。从此，不管岁月流逝，人员更迭，这支部队的灵魂永在。

任正非就是华为营销铁军的首任首长，他以客户为中心，百折不挠，敢作战、能作战、战必胜的精神，铸就了华为营销人员的性格和气质，给华为这支营销队伍注入了灵魂！

在中国，华为是少有的长期持续规模增长的企业。华为的增长曲线近乎完美。自1987年创立以来，华为创造了持续30多年快速增长的奇迹（见图0-1）。从华为1987—2019年的销售收入数据看，华为仅有的一次负增长出现在2002年，是由于互联网泡沫破裂的黑天鹅，其销售收入从上年的225亿元下滑至221亿元，而这一时期，华为正处于著名的"华为的冬天"期间，总监级以上干部自愿降薪10%。

1994—2000年，华为每年的销售额几乎翻倍地增长，创造了全球销售史上的奇迹。华为的营销队伍从游击队锻炼成长为正规军、集团军，华为营销快速、高效的组织运作机制以及排兵布阵、规模制胜的一整套作战方法就是在这

华为规模营销法

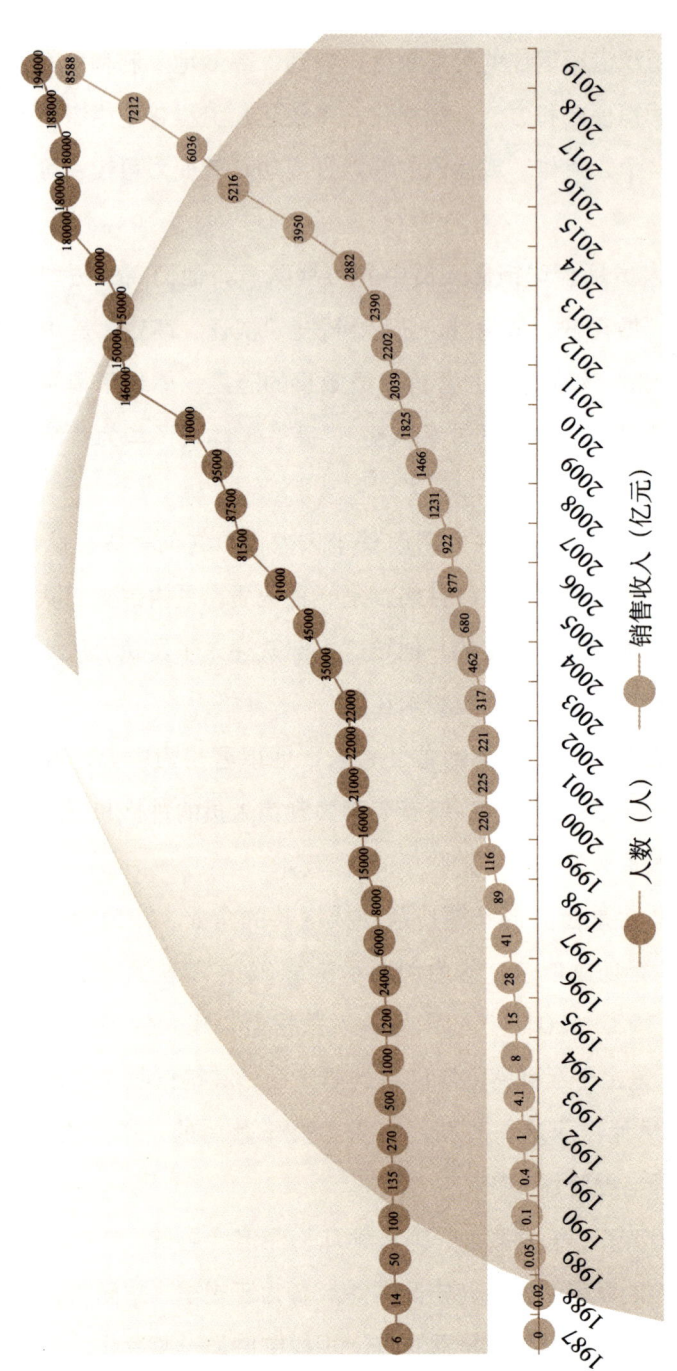

图 0-1 华为三十多年销售收入及人员规模增长数据

个时期形成的。

二

本书是笔者亲历华为营销历史演进的经验总结，通过一个个真实的、充满智慧的精彩案例，告诉你华为营销人员是怎样把营销全流程的每一个环节做到极致的。笔者曾任职产品行销经理、技术部经理、办事处副主任、行政助理、代理主任、变革项目管理办公室部长助理、商务授权部副部长等一系列从基层到中高层的营销岗位，亲身经历华为营销建流程、大发展、成体系的过程，用大量的实战案例记载华为营销的成长历程，真实还原华为规模营销管理方法背后的逻辑。

华为是一家全流程管理的公司。华为流程分为六级：一、二级流程用于流程管理，回答"为什么"的问题；三、四级流程用于落实方针政策和管控要求，回答"是什么"的问题；五、六级流程用于将流程要求落实到人（角色），使之可执行，回答"做什么"的问题。本书把华为营销的战略、战术方法讲解到了五、六级流程的最底层——模板、操作指导层。笔者曾亲自参与华为营销最底层的流程、模板和操作指导的建立、优化和推广，曾经一年半飞了全国 27 个省，开拓创建了多个省的接入网样板点，在《人民邮电报》上发表了《光纤接入网发展新趋势》的文章，引领全国光纤接入网建设高潮，对华为营销的战略和战术方法理解深入、分析透彻、总结到位。

本书的编写是为了使更多的企业家了解、学习华为规模营销的方法，认识华为营销发展过程中的经验与教训，从华为营销运作的真实案例中获得启发，对企业的发展有实质性的帮助。针对企业家们最关心的问题，笔者通过真实案例，以及华为营销总结出来的经验、方法、步骤和工具，给出了翔实的解答，易懂、易学、易用。

近几年，笔者担任华营管理咨询导师，给多期营销管理班的企业家们授课，通过互动交流，了解到大部分企业家最想了解华为营销是怎样一步步发展壮大的、有哪些经验教训、有什么好的方法能借鉴,从而帮助他们所在的企业。他们最常遇到的问题可以归纳为以下几个方面:营销文化建设,营销干部管理和激励,营销组织架构、日常运作及管理,营销体系流程化建设,客户关系管理及销售项目管理。这些问题其实也是当年华为营销所面临的最困惑的一些问题。只不过华为比这些企业早了一二十年的时间遇到。华为营销经历过很多失败,走了很多弯路,通过不断总结经验,吸取教训,一步一步地摸索出一整套的规模营销的管理模式和战术方法。笔者在授课时针对企业家们最关心的问题给出了翔实的解答,获得企业家们的高度评价。他们希望笔者能把这些珍藏的案例、实用的方法和系统的知识编写成书,以便惠及更多的人和更多的企业。

三

中国有太多的行业、技术被国外超级巨头垄断,被它们"卡脖子"!它们在中国赚取超额的垄断利润!就像20世纪90年代初,中国大型数字程控交换机市场被"七国八制"的国际巨头垄断、瓜分,只有中国自己研制出了可以与它们抗衡的产品,才能打破它们的垄断,降低老百姓的购买成本,从而造福全国人民。

任正非在2014年四季度区域总裁会议上说:"华为公司未来的胜利保障,主要是三点要素:第一,要形成一个坚强、有力的领导集团,但这个核心集团要听得进批评。第二,要有严格、有序的制度和规则,这个制度与规则是进取的。什么叫规则?就是确定性,以确定性应对不确定性,用规则约束发展的边界。第三,要拥有一个庞大的、勤劳勇敢的奋斗群体,这个群体的特征是善于学习。"

希望中国的企业家们站在华为这个"巨人"的肩膀上,少走一些弯路,少一些摸索的时间,希望中国的各行各业能多出几家像华为一样的世界一流企业,为国争光,为中华民族的强盛努力奋斗!

目录

第一章 以客户为中心的营销文化建设 / 01
- 01 从代理销售起家，以优质服务促销售成功 / 03
- 02 以市场和客户需求为导向牵引研发及服务 / 06
- 03 首战即是决战，起步就是高潮 / 21
- 04 以客户为中心在华为营销的含义 / 26

第二章 贴近客户的营销组织战略设计 / 47
- 01 以客户群细分的三大营销体系 / 49
- 02 华为哑铃型组织结构的人员分布 / 56
- 03 全球领先的规模营销服务网络平台 / 77
- 04 构建面向客户的作战阵型：从单兵到"狼狈"再到"铁三角" / 87

第三章 华为规模营销的组织运作机制 / 105
- 01 充满活力的营销高层决策组织 / 107
- 02 客户群系统部组织运作机制及特点 / 138

03 产品行销部组织运作机制及特点 / 160

第四章 华为营销体系流程化建设 / 183
01 华为的流程变革从给销售人员分奖金开始 / 185
02 营销流程在华为流程管理体系中的定位 / 198
03 把 80% 以上的例行化、重复性的营销活动固化成流程 / 252

第五章 华为规模营销的战术方法 / 279
01 华为规模营销的经典战术 / 281
02 华为营销排兵布阵规模制胜的法宝 / 305
03 华为为客户提供优质的服务 / 311
04 华为规模营销的独特作战能力培养 / 323

参考文献 / 361

第一章
以客户为中心的营销文化建设

01 从代理销售起家，以优质服务促销售成功
　　从代理销售开始，任正非表现出营销高手的天赋
　　服务创新、以服务促销售的成功典范

02 以市场和客户需求为导向牵引研发及服务
　　华为自主研发交换机是被市场"逼"出来的
　　以市场和客户需求为导向牵引研发和技术创新
　　寻找价值客户：从一般客户到优质客户再到超级价值客户
　　华为研发与市场有机协同的开始

03 首战即是决战，起步就是高潮
　　中国通信行业爆炸式发展的市场机遇
　　全球通信行业最激烈的市场竞争格局

04 以客户为中心在华为营销的含义
　　华为营销人员与客户在一起的时间最多
　　华为营销人员与客户的距离最近
　　华为的客户享受的待遇最高
　　为客户创造价值、成就客户
　　客户满意度是衡量服务绩效的标准
　　以奋斗者为本，为以客户为中心助力

01

从代理销售起家，以优质服务促销售成功

1987年9月15日华为公司在深圳创立，由六个人凑了2.1万元，注册了公司。当时政府规定必须有2万元才能注册公司，除了任正非，其他人都不在华为工作，其中有旅行社的经理，有石油燃气公司的会计，还有珠通（珠海经济特区通讯技术开发有限公司）的老板，每人出资3 500元。任正非讲，最早的五个人中，有些人他认识，有些人是别人介绍给他的。公司刚成立的时候任正非不是董事长，梅中兴是董事长。公司一无技术、二无资金、三无设备，开始代销火灾报警器、气浮仪等厂矿所需的工业仪器，举步维艰。一个偶然的机会，一个卖程控交换机的朋友让任正非帮他卖些设备，做香港鸿年公司的HAX交换机的代理销售。20世纪80年代末90年代初，我国通信市场开始高速发展，当时，我国固定电话的普及率仅为1.1%，而同时期美国的固定电话普及率已达92%。我国的企事业单位都对电话这个新生事物感兴趣，都在竞相部署交换机，以便尽早享受电话带来的沟通便利。而个人家庭要想安装一部电话，就困难了，要先交5 000元的初装费，再排队等半年或更长的时间，还得送礼、托关系、批条子。

从代理销售开始，任正非表现出营销高手的天赋

代理销售香港鸿年公司的HAX交换机需要一大笔资金来做代理费和订货费，当时华为没有这么大一笔钱。任正非找到鸿年公司的老板，以忠厚坦诚的性格和不凡的谈吐气质，获得了鸿年公司老板的信任和公司提供的授信额度。就这样，任正非可以不用付现金，就能拿到该公司的HAX交换机，华为拿到货后再通过自己的代理商销售或直接销售给各企事业单位。任正非自谦地说自己不懂技术、不懂财务、不懂管理，其实，他是一个营销高手、服务高手和管理高手！华为拿到交换机，靠价格差和时间差，卖完再付款给鸿年公司。任正非态度真诚，信守承诺，重情义，懂感恩，展现出一个营销高手的基本素养和人格魅力。华为在代理销售HAX交换机上获得了"第一桶金"。后来，在香港经济不景气的时候，任正非没有忘记当初鸿年公司的老板在自己最困难的时候曾经拉过自己一把的恩情，多次帮助鸿年公司渡过难关。

华为与众不同的营销举措：处处为客户着想

任正非营销高手的天赋还体现在洞悉客户的购买心理上，他在宣传资料上写："凡购买华为产品，可以无条件退货，退货的客人和购货的客人一样受欢迎"，打消了客户购买华为产品的后顾之忧。

华为与众不同的营销举措还体现在对用户的售后培训上。"每月10—18日在深圳举办用户学习班，月月如此，不再另行通知。""生活费用自理，技术培训免费，无论是否订货，一视同仁！"这种每月都定期举办的用户培训班，大大方便了用户的时间安排。另外，没有订货的人也可以参加培训学习，这一招把这些最有可能购买产品的潜在客户也吸引到华为来了。

第一章　以客户为中心的营销文化建设

服务创新、以服务促销售的成功典范

当时交换机处于产品初期阶段，故障率高，而大部分的交换机又以进口为主，备板、备件的技术服务很难跟上。设备一出故障，就退回代理商或经销点，用户往往需要很长的时间等待相应的备件邮寄过来。用户在这么长的等待时间里不能打电话，自然有些怨气和不满，全都撒在代理商的头上。代理商受到很大的压力。但是，华为针对这个问题，想到了一个非常好的解决办法。

多发一台交换机供维修使用

为了方便代理商维护和保修，除维修备板、备件外，华为还给代理商多发了一台交换机，代理商维修时就在这台交换机上测试或取电路板，最后还可将这台交换机及坏的电路板返回深圳。这个办法一方面使故障设备的维修简易化，从电路器件检测维修到整个单板替换，维修的技术难度一下降低很多，即使是新手也能在接受初级培训后胜任维修岗位；另一方面，缩短了故障设备的维修时间，使设备几乎立等可取，用户很快就能正常打电话，而不用再花很长的时间等待。用户的满意度迅速上升。华为处处为代理商和用户着想，保证了客户的售后服务质量，这些都是当时其他销售同类产品的公司做不到的。虽然华为当时还是一个不知名的小公司，但华为独特和优质的服务，感动了很多代理商和用户。销售额也随着客户满意度的提升快速地增长。

02

以市场和客户需求为导向牵引研发及服务

多发一台交换机给代理商的好办法,体现了华为售后服务的智慧和用心,保证了故障设备维修的快速响应,提高了服务质量和客户满意度。华为独特优质的售后维修模式,是服务创新、以服务促销售的成功典范。

华为无论是代理销售 HAX 交换机,还是打自己品牌的组装机,经常是销售人员收了客户的订金,却供不上货!华为被"逼上梁山",决定自主研发交换机。无论是 2 000 门的 C&C08 数字机还是万门机,都是研发还没有完成,就已经卖出去了!市场营销一直是华为发展历程中的主导,华为从成立之初就是以市场、客户需求为导向牵引着研发产品及服务。

华为在代理销售香港鸿年公司的 HAX 交换机的初始阶段,只有几个人跑市场、见客户、上门推销,同时,华为也发展自己的代理商或经销商来销售。由于华为销售的交换机经济实用,加上优质的售前、售后服务,华为的销售额快速增长。当时销售交换机的利润非常可观,市场需求旺盛,为了抓住市场机会,抢占市场份额,掌握营销的主动权和控制权,同时,也为了给客户提供良好的售后服务,华为决定在全国各地建立自己的销售办事处。

首批建立了广州、沈阳、西安、北京和山东五个办事处,每个办事处最多有两三个人,一个办事处管辖周边几个省的销售范围。当时做销售,华为还根本够不到省、市这个层面,都是去县里跑,那时的交通、道路都很落后,销售人员一出去就是半个多月。

> **创业初期销售人员一个县一个县地上门推销**
>
> 任正非最早发展了山东烟台的客户,然后,销售人员开始到山东各个县的邮电局去上门推销。有时是一个销售员跑青岛、烟台、威海、东营、滨州、德州、泰安等区域的一些县;有时也会两个销售员一起跑济南、日照、淄博、威海、潍坊等区域的一些县。山东的业务就这样被华为的销售人员一个县一个县地跑出来了!由于山东业务发展极快,为了更方便与客户的业务往来和提供良好的售后服务,华为在烟台正式建立了烟台办事处。后来,又分别建立了济南办事处、青岛办事处。华为一般是在一个省建一个办事处,在一个省建立三个办事处的仅有山东。由于华为销售人员的勤奋和坚持不懈的努力,华为的市场开始有了起色。但是,竞争对手看不到华为这种坚持不懈的艰苦和辛劳,产生了一些误会和曲解,不能理解华为怎么会有这样的进步。后来,还是当时一位比较了解实情的公职人员出来说了句公道话:"华为的市场人员一年内跑了500个县,而这段时间你们在做什么呢?"

当时华为销售人员最大的挑战就是孤独、无助。异地做销售,是华为不成文的规定。例如你家如果在湖南,派你去做销售的地方一定不是湖南或湖南周边省份,你很可能被派往西北某省。公司周末不可能让你回家,所以你可能一去就是一年,春节才能回家。你会感到非常无助,尤其是在受到客户打击的情况下,即使你今天失败了,明天还得微笑着找新客户。对华为的销售人员来说,当时做销售是很不容易的,可以说有一大批人前赴后继。有时候销售人员在某地做了一两年一个客户的工作都没做成，被公司调走了，后来新派一个销售员过来，不到半年成交。前面的工作把坑填满了，后面的人就跨过去了。华为的市场就是销售人员用汗水、泪水、艰辛和意志，一步步闯出来的。

任正非在华为初创时期，特别善于激发、鼓励员工，经常给员工讲励志故事。他常讲能忍受"胯下之辱"的韩信，认为一个人必须能忍受巨大的挫折与委屈，才有可能成功，委曲求全是人伟大的美德，要能忍辱负重。他还常讲京剧《沙家浜》中开茶馆的阿庆嫂，说因为她的客户意识最好，"摆开八仙桌，招待十六方"，所以为客户服务得最好。他通过这些故事来启发员工提高服务意识。任正非用一个人的梦想，点燃一群人的理想。

后来，华为陆续在全国大部分的省建立起销售办事处。早期往往是一个省派一个销售人员，担任这个省的办事处主任，然后去招人、销售、管理，有的销售人员白天拜访客户、做销售，晚上自己修机器，一专多能。华为对营销人员的素质、能力要求高，大部分是大学生，博士、硕士也不少。当时的大学毕业生，含金量非常高。改革开放初期，我国高等教育刚刚恢复不久，高考录取率很低，所以，能够考取大学的学生凤毛麟角，几乎是万里挑一。博士、硕士更是屈指可数了！这批高学历、高能力、高素质的人杰才俊加入华为的营销队伍，使华为的营销如虎添翼，市场份额迅速扩大。对加入营销队伍的人员高学历、高能力、高素质的高要求，是华为营销快速规模发展的人力资源保障。

华为自主研发交换机是被市场"逼"出来的

由于华为销售做得好，产品经常是供不应求，尤其在市场需求旺盛时，华为经常是收了客户的订金，却无货可发。时常面对客户上门要货、退款、理赔的尴尬局面，逼得华为到处找货源。这让任正非在当时悟出了市场经济最重要的是两件事：一个是找客户，把货物卖出去，把钱收回来；另一个是找货源。

1989年，华为被"逼上梁山"，决定开始自主研发交换机。华为初期研发交换机的历程可谓一波三折，孤注一掷。从1989年散件组装BH01到1990年自研BH02失败。从1991年BH03的仿制成功，到1992年HJD48的自研成功。从1993年JK1000的技术方向错误，到1994年C&C08万门机的技术领先。屡战屡败，屡败屡战，华为研发走过了一条异常艰难、曲折的创新之路。

1989年，没有技术、没有指导、没有多少资金，华为想研发交换机不知道从哪里下手。当时邮电部下面有好几家国营企业已在生产单位用的小交换机。有的企业就卖散件供其他企业自己组装、销售交换机。华为将散件买回来，组装成整机，做包装，写说明书，打上华为的品牌，给这第一款交换机命名为BH01，这是一款只有24门的小型用户交换机（24门即24线，指可以接24部电话机）。华为公司的服务好，销售价格低，使产品在市场上供不应求。由于供散件的厂家自己也销售整机，后来，华为买的散件被断了货源，公司再次陷入收了客户的订金，却没有货可发的困难境地。

1990年，华为"被逼"开始从散件组装到自主研发的尝试。根据BH01的技术图纸、档案，华为从电路和软件入手，研发了一段时间，却进展缓慢，这款被命名为BH02的设备，最终没有完成开发，以失败告终。

1991年，华为开始仿制BH01，完全按照BH01的电路板和软件，自主设计电路和开发软件。华为把这款设备命名为BH03。交换机产品研发是件高投入的事。研发工作进行了半年多，公司的钱花完了，连客户打过来的订金都被花得所剩无几，还欠着员工好几个月的工资。任正非被逼得咬牙借了年息24%的高利贷，继续维持着研发的正常运转。一边是研发投入的无底洞，一边是客户催发交换机的电话和传真，当时任正非内心的压力之大是任何人都体会不到的。经过艰苦卓绝的努力，BH03交换机技术被初步攻破了。经过近一年的研发到试制，华为自主研发的BH03用户交换机，通过了邮电部的验收，取得了正式的进网许可证，标志着华为自主研发交换机成功！1991年12月2日，3台BH03交换机发货出厂。12月31日晚，华为搞了一个庆功会，隆重庆祝第一个有华为知识产权和品牌的产品出厂。当时公司已经没有现金，再不出货，面临的就是破产倒闭。幸运的是，这三台交换机很快回款，公司得以正常运营。

以市场和客户需求为导向牵引研发和技术创新

华为研发不是做完一款产品才开始做另一款，而是有重点地同时展开研发。在做模拟空分交换机时，已经启动了数字程控交换机的研发。

华为靠仿制研发出的BH03交换机只有24门，只能用在规模很小的宾馆、医院、厂矿等企事业单位。而有些稍微大点的单位需要50门、100门，甚至是200门的交换机，华为自研的BH03交换机还是满足不了市场的需求。只能从香港鸿年公司拿货，再销售给华为的客户。华为还是受制于人，供货困难的问题逼得华为开始了50门至几百门甚至1 000门的交换机的研发。公司虽然没有多少资金，但还是把所有的技术人员、资源、资金全部投入到48门的HJD48交换机和1 000门的JK1000交换机两个研发项目里，这就是压强原则搞研发。

1991年底，各办事处销售人员回深圳开年会，从市场一线带回了一个非常重要的信息。各地销售人员反馈：销售空分交换机很困难，数字程控交换机已经开始在很多地方使用了。他们强烈要求公司研发数字交

第一章　以客户为中心的营销文化建设

换机。任正非虽然不懂交换机技术，更不懂交换机技术发展的方向和趋势，但是，他非常重视客户，重视客户需求的满足。当时华为刚从生死关头闯过来，资金异常短缺。再加上20世纪90年代初，中国刚刚经历经济过热，银行开始紧缩银根，贷款政策收紧，华为贷不到款。而且公司已有空分用户交换机HJD48和1 000门交换机JK1000两个研发项目在做。任正非还是启动了数字程控交换机的研发项目，由曹贻安任项目经理。

任正非从华为初创时期开始，就天天在危机思维中度过，天天想的是华为怎样才能"活下去"。虽然华为已经开始自主研发，生产出了交换机，但是华为并没有放弃代理香港鸿年公司的交换机。华为当时只研发出最多24线的用户交换机，而香港鸿年公司的交换机可以一台带200门、500门等。华为靠"代理"和"自主研发生产"两条腿走路走了好几年，"生存第一、活下去"始终是任正非心中的祈愿。

寻找价值客户：从一般客户到优质客户再到超级价值客户

华为代理销售香港鸿年公司的小型用户交换机，刚开始主要客户是宾馆、医院、厂矿、学校等企事业单位，这些单位数量多、地点分散，销售人员需要一家一家地上门推销，销售成功率不高，价格压得很低，而且费时间、费精力、费体力。此外，通过华为的代理商、经销商销售，公司的利润被吃掉一大截。后来，华为销售人员发现，铁路、煤炭、石油等专网客户（华为把电信运营商以外的客户称为专网客户，像铁路系统、石油系统、煤炭系统、广电系统、医疗系统、教育系统等等）购买力强，购买资金准备充足，购买数量多，而且有系统地购买，例如只要某个铁路或石油单位购买了华为的交换机，感觉使用好、服务好、价格好，就会带动其他铁路或石油单位直接购买华为的交换机。由于带来的市场机会比较大，销售成功率也比较高，专网客户成为华为的优质客户。

华为销售人员在开拓交换机市场时发现，用户交换机在整个交换机市场所占比例很小，而电信局（现在称"电信运营商"）使用的局用交换机（电信局用的交换机简称）才是大头。电信局才是购买、使用交换机的最大客户。而且，电信局购买的交换机必须容量大，一台设备至少要能带几十上百的用户。每个省、市、县都有电信局，一个地区的电信局购买的交换机数量，几乎相当于几十个不同行业或地区的企事业单位的总销售量。局用交换机市场远远大于企事业单位的用户交换机市场。这么大的市场打不开的话，华为公司是不会有大的发展前途的。针对电信局这个超级价值客户，华为同时研发了可以带48个用户的HJD48和可以带1 000多个用户的JK1000交换机。

1992年，华为自研的可以带48个用户的HJD48小型空分用户交换机研制成功。

这款交换机立项时被命名为BH03U，由郭平任项目经理，郑宝用负责硬件（后来郑宝用任总工），中国科大毕业的一个高才生负责软件。HJD48交换机以其性能稳定、单板集成度高、容量大、低成本、操作简便等优点受到用户的好评。后来华为又研发出可以带100门、200门、400门、500门用户的一系列的用户交换机。

1992年，华为以自己研发的HJD48交换机为开拓市场的主打产品，使销售额首次突破1亿元，利税超过1 000万元。公司赚到大钱了，1 000万元在20世纪90年代初是天文数字！华为注册公司时的六个股东，对公司下一步的发展思路产生了分歧。这是很多创业公司在赚到"第二桶金"时都会遇到的最关键的坎。（"第一桶金"是指企业赚了第一笔比较大的钱，初步解决了企业的温饱问题；"第二桶金"指企业赚到了很大一笔钱，企业可以步入小康的阶段。）很多企业的初创元老小富即安，不想奋斗了；还有的在经营理念、发展方向上产生了矛盾。这是很多企业

第一章　以客户为中心的营销文化建设

做不长、做不大、做不强的关键!

> **华为赚到"第二桶金"的坎是这样跨过去的**
>
> 华为现任董事会首席秘书江西生,1989年6月15日加入华为,他说,有一次开股东会,老板让他们几个参加,会开得很不好,氛围很不好,因为其他五个股东完全不参与公司管理,对公司的发展思路不理解,会上吵了起来,后来办理退股的时候,他们也提到对公司的发展思路不理解。任总的打算肯定是想研发更好的产品,招募更多的员工,占领更多的市场,让员工持股、扩大股份。其他五个人觉得公司招那么多人,投入这么多钱开发产品,风险太大。矛盾肯定就产生了。那次会议之后,(六个人的)股东会议就很少开了。其实这些人中只有个别人,如珠通的老板,了解通信行业。最终五个人退股。后来华为实行员工持股。华为赚到"第二桶金"的坎就这样跨过去了。

任正非后来总结说,华为创业之初,根本没有资金,是创业者们把自己的工资、奖金投入到公司,每个人只能拿到很微薄的报酬,绝大部分干部、员工长年租住在农民房。正是老一代华为人"先生产、后生活"的奉献,让公司挺过了最困难的岁月。"当年他们用自己的收入购买了公司的内部虚拟股,到今天获得了一些投资收益,这是对他们过去奉献的回报。我们要理解和认同,因为没有他们当时的冒险投入和艰苦奋斗,华为不可能生存下来。"任正非说。

HJD48交换机的成功,极大地鼓舞了华为将士的干劲,也增强了任正非让华为聚焦在交换机研发和销售上的信心。

1993年5月JK1000模拟空分交换机获得入网证。华为准备用JK1000交换机全力进攻电信局市场,大干一番!任正非亲自主持召开市场经理会议，明确JK1000为市场营销的唯一重点，各地办事处主任必须亲赴现场支持销售工作。培训中心准备好了JK1000的营销话术和宣传海报，研发部也抽调人手配合支持销售，声势浩大。

然而，此时模拟空分交换机正处于逐渐被淘汰的边缘。数字程控交换机在性能、功用和成本上，都远优于模拟空分交换机。很多电信局开始一步到位地采用数字程控交换机。

1993年7月4日，华为在江西省乐安县邮电局公溪（镇）分局开通了基于JK1000的第一台局用交换机。而此时，数字交换机开始成为主流。此机刚上市即落后于数字交换机。华为的JK1000技术方向的错误，是因为没有预判到数字程控交换机在电信局的应用会来得这么快！华为的JK1000交换机前后总共只卖出了几百台。

华为研发与市场有机协同的开始

幸运的是，在1991年底就已经启动的数字程控交换机研发项目，此时走到了前台。华为研发把全部人力、物力、财力等资源快速投入到数字程控交换机的开发工作。华为人学得快、做得快、改得快、进步得快的"四快"特征，很快在数字交换机的研发中体现出来。从JK1000的第一个试验局开始，数字交换机研发项目组在原来开发了一年多的基础上，大干快上地拼搏了短短的三个月，就完成了第一款数字程控交换机的研发。

1993年10月，华为自主研发的第一个2 000门局用C&C08数字程控交换机在浙江省义乌邮电局佛堂（镇）支局开通。华为自主研发的2 000门局用C&C08数字程控交换机，由曹贻安担任第一任项目经理，后来，曹贻安升任副总工程师，毛生江接任项目经理。产品还没有开发出来，就已经被销售人员卖出去了。该项目原计划于1993年5—6月开局，一直拖到10月。不畏艰难的华为人与敢为人先的义乌人紧密协作，

第一章 以客户为中心的营销文化建设

谱写了中国通信史上的一段时代佳话。由于是第一个数字程控交换机的开局，华为公司非常重视，任正非、郑宝用、毛生江都到机房现场指导，研发项目组、硬件设计安装人员、软件设计调测人员一批接一批地来到客户机房安装、调测、开局。这也是华为研发与市场有机协同的开始。

华为的第一个2 000门数字交换机开局

华为技术人员从旅馆租了被子，直接打地铺睡在机房里。当时正值三伏天，机房里极为闷热。"华为员工毫不在乎，很能吃苦，全身心扑在工作上，艰苦奋斗的敬业精神让人佩服。"当时义乌邮电局的领导说，"华为技术骨干都很年轻，对于当天没解决的问题，通宵研究，经常研究到天亮。"1993年10月，在义乌通汇商厦举行的鉴定会上，该机通过了国家邮电部验收，正式进入电信网络得以应用。

华为首台数字程控交换机在义乌邮电局佛堂（镇）支局的成功开局，坚定了义乌邮电局与华为继续合作的信心。"《华为人报》每期都会寄给我，只要看到华为有新技术宣传，我们就会用它的产品。"局领导说，"我们非常相信华为团队的研发能力和敬业精神。"

华为的服务意识让义乌邮电局的领导赞不绝口："订货以后不用找其他人，有问题直接打电话给前台，机器处在怎样的生产阶段，什么时候能供货，货品已经送到哪里，一整套流程都清清楚楚。'为用户创造价值'这句话在华为身上体现到了极致。"

有一次老鼠钻进了交换机，破坏了正常运行。"我一看，烧了八块板子，直接影响几十个用户通话。"局领导发现问题后立刻致电华为。当天晚上，华为技术人员就带着备件乘飞机到了上海，再坐出租车直接送到机房。"第二天早上6时我去打电话，通了。"局领导连连赞叹这样的"华为速度"。

> 还有一次，义乌举办通信技术交流活动，邀请华为技术人员参加。"当时他们人在苏州，车票已售罄，就连夜打车赶到义乌。"义乌局的客户说，"有些国外厂家爱摆架子，让我们派车去接。华为从不给我们提任何要求，总是为用户着想。"
>
> 20世纪90年代初，由于新技术研发不断，业务往来增多，局领导常常赴深圳华为公司培训考察，"当时任正非唯一的一辆面包车就让给我们用。"局领导说。

华为人立足用户、拼搏实干的精神深深地烙在义乌老邮电人的记忆中，也落地生根在义乌这片创业热土上，与义乌人血液里流淌着的敢为人先、艰苦奋斗的精神紧密相连。义乌人也正是靠着这样的精神，从肩挑背扛、鸡毛换糖开始，将资源匮乏的小县城一步步发展成为全球最大的小商品集散地。

华为第一台 2 000 门的 C&C08 数字程控交换机在佛堂镇的成功，带动了 C&C08 机在义乌的大批量应用，三个月扩容 58 000 多线，呈现出爆炸式发展的喜人局面。

1994年10月，华为 C&C08 数字程控万门机在江苏省邳州市邮电局开通，这是华为交换机第一次"进城"，安装在县级电信局的机房中。这是一款使华为真正实现规模发展的奠基式产品，C&C08 万门机在技术上已经达到了当时的国际先进水平，具有很强的竞争力。

C&C08 万门机由李一男任项目经理。研发的第一个方案错误，导致投入20万美元的物料报废。这在当时是很大一笔资金，非常可惜。但是，任正非并没有责怪李一男，华为对研发创新失败的宽容，是华为研发能力不断强大、新产品不断上市的重要成功因素之一。郑宝用和李一男大

第一章　以客户为中心的营销文化建设

胆地提出采用光模块技术连接交换机的多个模块的设想，是一项非常超前的技术创新，是交换机发展史上的伟大创举，当时在国际上是最先进的一种实现方式。在安装调测的过程中，交换机刚能打通电话，还没有详细测试的时候，就割接入网了。因为邮电局已经收了用户的钱，局方急于放号。但是，交换机还有很多问题，华为的研发技术人员只好白天睡觉，晚上在没有什么人打电话的时候调试，解决遗留问题。经过几个月的整改和多次的软件版本升级，交换机才正常运行。

后来根据客户反馈的意见和建议，华为C&C08数字程控万门交换机不断地改进、优化、版本升级，成为华为销售的明星产品，销售额翻倍。1995年，华为凭借C&C08数字程控万门机斩获了15亿元的订单。此后，华为借助它，撬开了海外市场。C&C08数字程控万门机一度销往全球100多个国家和地区，服务上亿用户，为华为创造了上千亿元的商业价值，也成为华为发展史上的一个重要里程碑。值得注意的是，C&C08数字程控万门机不仅是一款单一型号产品，更重要的是，它提供了一个产品平台。华为后来的所有产品，包括传输、无线、智能网、数据通信等，都是在这个平台上发展起来的，都能看到C&C08的影子。可以说，它是当今华为近万亿帝国的奠基之石，C&C08项目组也堪称华为的"黄埔军校"，因为大批的华为技术人才和管理人才从这个项目组走出来，郑宝用、毛生江、聂国良、李一男、杨汉超、姜明武、郑树生、洪天峰、徐直军、费敏、陈会荣、李晓涛、黄耀旭、刘平等人都出自这个项目组，这些人后来成为华为公司的骨干、高管，甚至是常务副总裁。

研发与市场的有机协同，还体现在华为研发的技术专家在营销的售前、售中、售后全过程的参与、支持和帮助。在华为重大销售项目的售前阶段，销售人员一般会请求研发技术专家或技术主管到市场一线直接给客户讲产品、讲网络、讲技术，有的技术专家不善于与客户打交道、

17

不善言谈，就由市场的产品行销人员主讲，技术专家在现场答疑，负责解答客户提出的比较高深的产品或技术问题。研发的技术专家或主管到市场一线能直接感受到华为销售人员跑客户、做市场的艰辛，感受到激烈的竞争给华为销售人员带来的市场压力，感受到客户需求的千差万别、严格苛刻。（详见表1-1）同时，研发的技术专家或主管经过市场一线的洗礼，把市场销售人员雷厉风行、以客户为大、顾全大局、快速响应的运作理念带回研发等后方支持部门。在销售项目运作的过程中，销售人员也会把一些特殊的网络需求、产品配置、技术建议、投标书等提交给相应的技术专家或主管审核、修改。在销售项目的售后服务中，最初的交换机安装、调测、割接等开局工作，都是由研发的技术专家到客户机房亲自操作的，或者是研发项目组的所有成员都到客户机房参加开局工作。研发的很多技术专家或主管因为经常参与到具体的销售项目中做支持，慢慢地变成半个销售专家，最后干脆转岗到了市场部，成为市场销售的骨干。

华为研发为此专门设立了市场技术处，统一对接市场销售的所有事务。对于每个产品线、每个大的产品，研发市场技术处都有专人负责统一对接相应的市场销售人员，一方面收集管理市场反馈的客户需求（长期需求、中期需求、当前产品包需求、短期及紧急需求等等），另一方面收集分析市场信息、竞争信息、技术趋势、以往战略或策略、目前产品组合等等。防止市场销售人员或者研发技术人员随意对客户做出承诺。另外，还对市场销售人员进行技术培训和销售宣传指导，每个大的产品线、大的产品研发部门每两周一次，定期地与市场销售部门开产品销售情况与研发的沟通会，在深圳总部的相关产品的一定级别的研发主管与产品行销部在深圳总部的一定级别的主管必须参加，会议纪要抄送研发与市场的相关主管。后来，就形成了每两周一次的研发与市场的沟通会

第一章 以客户为中心的营销文化建设

表 1-1 华为初创时期研发和市场营销的艰难历程

年份	1987—1988	1989	1990	1991	1992	1992—1993	1993—1994	1993—1994
产品型号	代理销售	散件组装	自研失败	仿制成功	自研成功	技术方向错误	数字技术	技术领先
	HAX	BH01	BH02	BH03	HJD48	JK1000	C&C08	C&C08 万门机
研发	从香港鸿年公司进口代理销售，华为以取得特殊待遇，不需要付订金就可获得订货优先权。华为以上半年代付订金额度授信额付款给供货商。	将散件买回，做包装，写说明书，打华为自己的品牌。由于供散件的厂家自己也销售整机，散件断供，华为被"逼上梁山"，决定自主研发交换机。	根据 BH01 的技术档案，从电路和软件入手，最终没有完成开发。	开发人员参照 BH01 的电路和软件，进行自主知识产权的电路设计和软件开发。	立项 名 称BH03U，郑平郑宝用任项目经理，曾宝用负责硬件（后来担任总工）。性能稳定，集成度高，容量大，成本低，操作简便。	1993 年 5 月获得入网证，同时，曾贻经理项目升任副总经理开始研发数字程控交换机。	2000 门数字交换机，曾贻经理升任副总经理，李一男任项目经理，毛生江任项目经理。产品还没有开发出来计划 1993 年 5—6 月开局，一直拖到 10 月。	李一男任项目经理，第一个方案投入 20 万美元，郑宝用和李一男提出采用光模块技术连接多个模块，当时在国际上是最先进的一种实现方式。
市场营销	发展自己的代理商销售，或者自己直接销售。	开始在各地建立华为自己的销售办事处，首批有广州、北京、西安、沈阳、山东办事处五个办事处。每个办事处最多有三个人，陆续在全国大部分省份建立起营销组织。	每个省派去建立该省的销售人员担任该省的办事处主任，负责招人、管理，销售、对营销人员的要求很高，能力要求大学生，博士、硕士也不少。	12 月 2 日，首批 3 台 BH03 发往各办事处年底，销售人员回来开年会，说销售全部分机机销售困难、强烈要求公司研发数字交换机。	寻找价值客户：从企事业单位的一般客户，到铁路、煤炭、石油等电网的优质客户，再到电信局的超级价值客户，销售HJD48，销售额突破 1 亿元，利税超 1000万元。	1993 年 7 月 4日，在江西省乐安县邮电局公溪（镇）分局开通了 JK1000 的局用交换机。而此后干兆用户的数字机则始终成不了主流，此后即落后于数字机。	1993 年 10 月，浙江省义乌（镇）邮电局佛堂（镇）电信支局开通华为第一门 C&C08 数字交换机。C&C08 数字机的成功带动了 T08 用户机的大批量使用，三个月扩容 58000 多线，呈爆炸式发展。	1994 年 10 月，在江苏省邳州市邮电局开平市邮电局，华为交换机第一次进城，安装在县级电信局的机房中。

19

制度，使研发与市场的有机协同从随意化、偶然化，发展成规范化、制度化、例行化。

后来，华为全流程化运作，把客户需求通过 OR（Offering Request 需求管理流程）和 CDP（Charter Development Process 产品任务书开发流程）与研发 IPD（Integrated Product Development 集成产品开发）主流程衔接起来了。

03

首战即是决战，起步就是高潮

20世纪80年代初，改革开放使中国到处呈现大发展、大建设的欣欣向荣的景象。

改革开放和经济建设对通信的硬需求，使中国通信行业迎来了爆炸式发展的市场机遇。国外通信公司纷纷到中国抢滩登陆，主要有美国的朗讯、加拿大的北电、瑞典的爱立信、德国的西门子、法国的阿尔卡特、比利时的BTM以及日本的NEC和富士通等。

中国通信行业爆炸式发展的市场机遇

改革开放之初，中国电信网络规模小、技术层次低、通信质量差。

1980年12月，福建省福州市电信局与日本富士通公司签订了数字程控万门交换机F-150的购买合同。

1982年11月27日，福州在全国率先开通全数字程控万门交换机。一夜之间，从第二代的步进制跃升到国际上还没有普遍采用的第五代全数字程控交换系统。"福州模式"为福建省乃至全国各地邮电部门提供了宝贵经验。到了1985年，万门容量告急。

在那段持续十年的时间里，电信局的技术人员就是在不断地扩容、割接、调试，然后再扩容、再开局、再割接、再调试，循环往复。通宵加班割接都是家常便饭。此时的日本富士通公司在中国市场赚得盆满钵满。当然，也不只是日本富士通，其他几个国家的通信公司也是如此。

大城市电信局用的交换机市场被"七国八制"的国外超级巨头瓜分。当时的中国通信市场上总共有八种制式的数字交换机（其中日本的 NEC 和富士通分别占据了一种制式），来自七个国家的企业，分别是：美国的朗讯、加拿大的北电、瑞典的爱立信、德国的西门子、法国的阿尔卡特、比利时的 BTM 以及日本的 NEC 和富士通。他们在中国卖交换机赚钱又多又快，中国通信市场空间实在是太大了！仅 1993 年，整个邮电行业有账可查的投资就有 400 多亿元。这 400 多亿元的投资中有厂房、有管道，除此之外，大量的投资就是在通信设备上。把 50% 的投资用于投资设备，就是 200 亿元。

1984 年 1 月，上海贝尔电话设备有限公司成立，这是我国第一个研制生产程控电话交换机的中外合资企业，由中国邮电部门与比利时贝尔电话公司合资组建，中方控股。当时，市场份额最大的是合资公司。上海贝尔公司生产的 S1240 数字程控交换机供不应求，订单已经排到一两年以后了。

交换机、汽车、电视机等产品的生产和销售现状，使中国人痛苦地认识到，没有自己的科技支撑体系，工业独立就是一句空话。没有独立的民族工业，就没有民族的独立。这是华为的历史责任，没有华为等企业的奋斗和牺牲，中国的通信产业就站不起来，今天 14 亿中国人就未必能有这样低价格的通信产品和网络服务。令人惊喜的是，中国的高铁、华为手机、大疆无人机等开始在全球崛起。

全球通信行业最激烈的市场竞争格局

我们跳出华为看看外面的世界。华为在自己家门口就遇到了全球通信市场最激烈的国际竞争。在面向企事业单位的小用户交换机市场，国内有 300 多个厂家激烈竞争；大城市电信局用的交换机市场，被"七国八制"的国外超级巨头瓜分。中国爆炸式发展的交换机市场真正需要的是万门以上的数字程控交换机。外国厂商的交换机不但价格昂贵，而且，众多厂家制式之间互不兼容，使国内的电话安装费用和使用费用都十分昂贵，这给国内通信产业的发展造成了极大的影响。

20 世纪 90 年代初，国内先后研发出数字程控交换机的厂家超过 40 家，在这个时代背景下，一批国内的通信企业崛起了，分别是中兴、华为、巨龙、大唐、金鹏、烽火、普天等。当时有一个顺口溜叫"巨大金中华，烽火普天下"。

发展势头最好的四家企业巨龙通信、大唐电信、中兴通讯、深圳华为，被并称为"巨大中华"。全球通信市场最激烈的国际竞争在中国大地上拉开帷幕。（如图 1-1 所示）这就是当时中国通信市场的竞争格局。华为没有想到，首战即是决战，起步就是高潮。任正非说："我确实是由于幼稚，才进入通信行业的。80 年代末，我由于退伍而走向打工，因打工不顺利才走向创业。当时，我认为通信市场如此之大，以为我们做一点点总会有机会的。恰恰是由于这种无知无畏，我们才敢踩上这条'不归路'。走上这条路后，才知道通信市场如此之狭窄，技术要求如此之苛刻，竞争如此之激烈。通信市场需求量虽大，客户却很少，而这些采购巨额数量的客户，水平之高，也是小公司难以适应的。通信产品技术上要求如此苛刻，是因为电信网络是全程全网，任何一小点缺陷，就构成与全球数十亿用户无法准确连接；当时通信产品技术含量高，利润高，

"七国八制"的国外超级巨头

| 美国 朗讯 5ESS-2000 | 加拿大 北电 DMS-100 | 瑞典 爱立信 AXE-10 | 德国 西门子 EWSD | 法国 阿尔卡特 E10-B | 比利时 BTM S-1024 | 日本 富士通F-150 NEC NEAX-61 |

国内先后研发出数字交换机的厂家超过40家，国内厂家群体有联想、深圳桑达公司、潍坊华光、深圳长虹公司等。

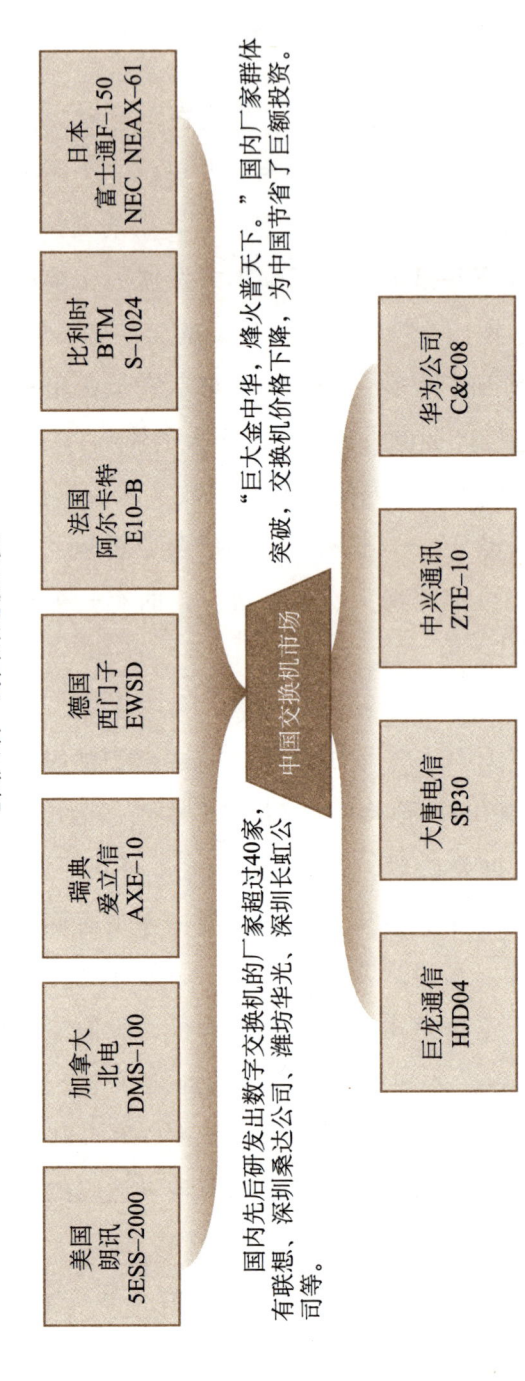

"巨大金中华，烽火普天下。"国内厂家群体突破，交换机价格下降，为中国节省了巨额投资。

中国交换机市场

| 巨龙通信 HJD04 | 大唐电信 SP30 | 中兴通讯 ZTE-10 | 华为公司 C&C08 |

图 1-1 全球通信市场最激烈的国际竞争在中国大地上拉开帷幕

导致世界上所有的大电子公司都聚焦在上面竞争，实际上是寡头之间的竞争。我们当时就像一只蚂蚁，站在大象脚下，在喊要长得与它一样高，（简直就是）现代堂·吉诃德。"

没有退路，后退就是死亡，只能勇敢亮剑。华为的数字交换机在国内众多企业技术群体突破的过程中，起步时间、资金投入、企业背景方面都没有优势，为什么华为能快速追赶，逐步超越，最后一骑绝尘，成为行业第一呢？靠的就是华为的营销。

国内最早研发出数字程控交换机的厂家还有深圳桑达、潍坊华光、深圳长虹（深圳市与长春邮电学院合资公司）等等。这么多厂家，为什么最后仅仅剩下了"巨大中华"？

深圳长虹当时销售额上亿元，优秀销售人员年终奖金10万元，当时也是轰动全国的，可以买深圳中心位置的一套最好的大面积的房子。很多企业，员工分到钱了，小富即安，没有人愿意继续奋斗了。这是初创企业"第二桶金"的坎没有跨过去。另外，大部分的厂家都有其他业务，电信基础设备行业，是一个技术加资金密集型的行业，没有强大的技术支持和足够的资金流量，都不可能长足发展，很多企业选择退出。"巨大中华"是做交换机的，没有退路，所以最后留下来。

最初抓住交换机大发展机遇的不仅仅是华为，在这四巨头里面，论综合实力及资源优势，华为是不占优的，大唐和巨龙都具有先发优势。

华为面临的是国内逐渐兴起的同行业竞争对手，以及国外对国内市场一直虎视眈眈的行业巨头。当时，很多人认为，华为这样的民营企业敢做通信产品，迟早倒闭！某通信设备制造商的高管曾经总结：过去20多年全球通信行业的最大事件是华为的意外崛起，华为以价格和技术的突破性创新彻底颠覆了通信产业的传统格局，从而让世界绝大多数普通人都能享受到低价优质的通信服务。

04

以客户为中心在华为营销的含义

华为公司的核心价值观是"以客户为中心，以奋斗者为本，长期艰苦奋斗"。

这是华为积累三十多年的发展实践，结合全球大企业兴衰的历史经验及任正非多年管理智慧，做出的精辟总结。任正非说："华为公司什么都可能变化，唯有以客户为中心永远不会变。"

2007年，华为经营管理团队（Executive Management Team，简称EMT）启动了核心价值观的修订。2008年，任正非正式提出了"以客户为中心，以奋斗者为本，长期艰苦奋斗"的核心价值观。这是华为发展的一个里程碑事件。2009年，时任轮值CEO的胡厚崑曾提议将"坚持自我批判"也写进核心价值观。任正非说"坚持自我批判"是纠偏机制，核心价值观还是那三句话。

华为的哲学是以客户为中心。什么叫"以客户为中心"？基本的理解是：客户是上帝（西方社会大多信奉上帝至高无上），企业围着客户转，快速响应客户的需求，企业一心为客户着想，为客户提供性价比高的产品，为客户服务，使客户感到快乐、满意，最终获得客户的信任。信任是取之不尽、用之不竭的商业源泉，是企业的核心竞争力。

第一章　以客户为中心的营销文化建设

为什么要"以客户为中心"？因为企业所有的收入都来自客户。企业给员工发工资、给供应商付货款、给股东分红的钱，都来源于这个收入。客户是我们的衣食父母。我们把产品卖给客户，为客户服务，客户把钱给我们。企业的每个员工都是给企业创造价值的人，通过为客户创造价值来实现企业的价值。为客户服务是企业存在的唯一理由。客户需求是企业发展的原动力。

企业界还有"以资本为中心""以股东为中心""以员工为中心""以创新为中心""以利益相关者（Stakeholder）为中心"为代表的种种企业经营理念。这些理念都不适合华为公司。华为公司的最低纲领是要"活下去"。企业不是要大，也不是要强，而是要有持续活下去的能力与适应力，生存下去的充分且必要条件是拥有市场。没有市场就没有规模，没有规模就没有低成本、高质量，难以参加竞争，企业必然衰落。

企业由于自身的性质不同、所处的环境不同、发展的阶段不同，会有不同的价值主张。华为认为"以客户为中心"是一个企业不断地变革、动态管理、持续改进的过程。

"以客户为中心"，很多企业也这么说，但是真正理解其真实含义的企业很少，绝大部分企业的"以客户为中心"停留在标语上、口头上，而在行为上是以领导为中心，以权力、利益、自我为中心。只有当客户利益和自己的利益冲突的时候，你首先想到的是保护客户利益，才叫以客户为中心。当你对自己的利益很满意，也想"顺便"对用户好一点的时候，是不会懂什么叫"以客户为中心"的。

"以客户为中心"在华为营销的理念和含义是："保姆式"地贴身为你服务，我们全心全意为你着想，为你研发技术先进、质量稳定、价格便宜、使用方便的产品，使你感到非常满意，愿意再次购买华为的产品或服务，并向同行、亲朋、社会宣传推荐华为的产品或服务，成为华为

27

的战略合作伙伴或忠实粉丝。

"以客户为中心"的价值观是贯穿于华为研发、制造、销售、服务等公司全流程的,华为全部业务流程以客户需求为导向。华为把"以客户为中心"的价值观在企业经营管理的每一个环节做到了极致。

"以客户为中心"在华为营销中包含了以下五个方面的核心内容:

(1)华为营销人员与客户在一起的时间最多。营销人员时刻围绕客户、聚焦客户、帮助客户。为客户服务是华为存在的唯一理由。营销人员脸对着客户,屁股对着领导。客户是你的真正领导、衣食父母。很多企业是以领导为中心的,围着领导转,因为领导决定了你的升迁、待遇、收入。而华为是以绩效来决定这些的。

(2)华为营销人员与客户的距离最近。华为的代表处、服务中心都建立在离客户最近的地方。华为的组织建设特点是客户在哪里,组织就建到哪里,国内外的代表处是最接近客户的组织。这是华为营销和服务快速响应客户需求、快速高效地服务客户的组织保障。

(3)华为的客户享受的待遇最高。华为最高级的汽车、最豪华的会议室、最奢华的餐厅等,都是给客户用的。客户优先,使客户方便、快捷、满意地获得华为的服务。华为营销人员对客户最重视,见客户优先于见非客户领导、优先于开会。很多企业中,最高领导的车是最高级的、办公室是最豪华的,员工开会优先于见客户。

(4)为客户创造价值、成就客户。客户需求是企业发展的原动力,以客户需求为导向是企业成长不可或缺的驱动力。华为为客户创造价值,帮助解决客户的痛点问题,制定面向客户、实现客户商业成功的解决方案。客户的成功才是华为的成功。客户赚钱了、发展了,华为才能长久发展,实现双赢。公司要保证产品质量好、服务好、运作成本低,优先满足客户需求。华为是一家高科技公司,但不管什么技术,不管它有多先进，只有满足了客户需求，才具有商业价值。在技术选择上，客户导向优先于技术导向。

（5）客户满意度是衡量服务绩效的标准。"以客户为中心"的最终目的就是使客户满意、使客户愿意再次购买华为的产品或服务，使华为成为客户最信任的品牌。企业是否真正做到了"以客户为中心"？做到了怎样的一个程度？可以通过第三方的客户满意度调查来检测。华为每年都会请世界著名的客户满意度调查公司对华为的客户进行调查。客户满意度的提升是华为每个销售服务人员绩效考核的关键要素之一，与升职、加薪、奖金等直接挂钩。华为建立了公司级流程ITR（Issue to Resolution问题到解决）网上问题处理流程，使售后服务规范化、标准化、可衡量，并衔接好IPD、LTC（Lead to Cash线索到回款）等核心流程，快速解决网上问题，从体系上、流程上为提高客户满意度奠定了基础。

华为营销人员与客户在一起的时间最多

华为营销人员白天几乎与客户一起上班，在客户办公室或设备机房，与客户一起探讨网络规划、运维情况、困难和需求等等。到了吃饭时间，请客户吃饭更是华为营销的惯例。业余时间与客户一起打球、下棋、爬山等。夜晚，在人们进入深睡眠的时候，华为销售人员、技术服务人员与客户领导和运维人员一起，参与一个个重大通信设备的割接入网。华为营销人员几乎是24小时地陪着客户。陪客户，是华为营销人员最基本的工作常态。陪客户也被华为营销人员视为第一重要的工作！

> **即便是与任正非开会也只能排在第二位**
>
> 有一次，华为变革指导委员会召开每两个月一次的例会。这个会是华为最重要、最高级别的管理会议之一，参加人员主要是担任委员的各常务副总裁或各大体系的一把手，委员们不能缺席，更不能迟到、早退。任正非到会后，发现一个常务副总裁委员没有到会，顿时脸色沉了下来，正要发火，这时，会务秘书悄悄告诉任正非，这个常务副总裁委员正在陪一个临时来参观公司的重要客户。任正非马上和颜悦色地说："是在陪客户，很好！这样做得很对！虽然我们的变革例会非常重要，但是，我们的销售人员千辛万苦把我们的重要客户请到公司来参观，让我们的常务副总裁出面接待一下，是很应该的。陪客户、见客户更重要！只不过，你们会后一定要把会议资料发给他，把决议重点说明清楚，请他发表意见。"

华为把陪客户、见客户排在了第一重要的位置。对于一名华为营销人员来说，最神圣的一句话就是："我正陪客户呢。"所有事情都要为陪客户让路。华为营销人员不是在见客户，就是在去见客户的路上。

华为营销人员为什么能做到与客户在一起的时间最多？这是由华为营销人员异地常驻制度决定的。在我国通信事业高速发展的初期，每个县、市的电信局都有设备采购权。为了抢市场，实现规模营销的胜利，就要有大量的营销人员到每个县、市去推销。华为营销人员开始数量很少，一个人要负责跑好几个县、（地）市，就需要营销人员全身心地投入，每天24小时都不够用，根本无暇顾及家人、亲戚、朋友，所以，华为要求营销人员异地常驻，即营销人员不能被分派到家所在的省份工作，例如湖南人可能被派去黑龙江省工作，北京人可能被派到广东省工作。我在某办事处工作时，就遇到两个高级客户经理，绩效、能力、技术都不错，做了几年，准备提拔到其他办事处做副主任。但是，由于各种原因，

第一章 以客户为中心的营销文化建设

他们不愿离开家所在的办事处，就一直得不到提拔，最后自动离职了。另外，有一个办事处副主任由于家里有点特殊原因，不愿意离开这个办事处，就一直没有被提拔。他在这个办事处做副主任快五年了，绩效、能力、水平都不差，由于华为办事处主任基本上两到三年轮岗一次，会被派遣到其他办事处去，后来，他同意调到其他办事处去，才得到提拔转正。再后来，发展、进步得很快。华为营销规定，没有常驻异地工作三年的干部不能得到提拔。后来又发展成，没有海外常驻三年工作经验的干部不能得到提拔。

华为营销人员远离家人亲友，异地常驻客户住地，把更多的时间、精力用在更好地为客户服务上。华为营销"保姆式"的贴身服务，是拓展、巩固和提升客户关系的重要法宝，保证了华为24小时随时响应客户需求。华为营销和服务人员招之能来、来之能战、战之能胜，这是其他公司很难做到的。

华为营销人员与客户在一起的时间最多

华为营销人员与客户在一起的时间最多，尤其体现在周末、小长假和寒暑假。在这些假期，常人是把时间花在陪家人、陪朋友、陪领导上，而华为营销人员却是在陪客户。我在某办事处工作时，对口的一个客户喜欢打乒乓球，我就经常约他打球。尤其是周末，我还常常邀请他老婆和孩子一起打乒乓球。周末成了客户一家人打乒乓球锻炼身体的快乐时光。有一次他老婆说："陈主任，谢谢您！"她说，与我坚持打乒乓球这么长一段时间后，她丈夫的身体好了很多。而以前，每到周末，她丈夫都会被一些供应商拉去搓麻将、搞活动，深更半夜不归家，把她们娘儿俩晾在家里。后来，他老婆偶尔打电话"查岗"，只要他说与华为的陈主任在一起，她就放心了。

五一小长假前夕，营销主管就会追问："五一准备怎样陪客户？安排了什么活动？要提前与客户确认好，不要让竞争对手把客户抢走了！"端午、中秋、十一小长假，营销主管又问："与客户有什么活动安排？准备了什么好的节日礼物？"寒暑假更是进一步提升客户关系的好时机，往往需要提前半年甚至一年就要策划与客户一起外出的活动计划。例如寒假邀请客户到暖和的海南三亚参观华为的样板点，顺路到华为深圳总部参观一下。在十天半个月的鞍前马后的 24 小时陪护过程中，营销人员与客户自然就有了更深的了解和充分的沟通，也更准确地把握了客户的痛点和需求。如果营销人员能及时行动，调动资源，帮助客户解决痛点问题，满足客户需求，客户对华为营销人员的信任就会增加，客户关系就会提升到更高的层面。暑假是带客户出国参加国际通信展览的最好时机，一般需要提前很长一段时间与客户沟通确认，以便提前办理签证。经过十天半个月与客户一家人在异国他乡一起吃、一起住、一起玩的深入接触和沟通，华为的营销人员与客户一家人都成了朋友。

与客户在一起的时间越多，越能巩固和提升客户关系。同时，也能使竞争对手与客户在一起的时间减少，从而打击竞争对手，获取销售订单就多了一分胜算。

华为营销人员与客户的距离最近

早期，华为的代表处在国内叫办事处，一个省建立一个办事处，一般以当地省会地名命名，例如江苏省的办事处就叫南京办事处。后来，华为进军海外，在一个国家设立一个代表处，一般以这个国家的名称命名，例如德国代表处。后来，又把大的国内办事处和海外代表处都统一叫代表处，把归属于代表处管理的（地）市级机构或业务量相对较少的海外办事处叫办事处，例如国内的烟台办事处归济南代表处管理；国外的里约办事处归巴西代表处管理。服务中心都建立在离客户最近的地方。华为的组织建设特点就是客户在哪里，组织就建到哪里，华为的代表处和地区部就是最贴近客户的组织。如果办公地点在距离客户比较近的地方，就可以快速响应客户，频繁和方便地见客户，与客户进行充分的沟通与对接，从而取得进一步的商业成功。

哪里有客户，哪里就有华为

华为早期的欧洲地区部就设在离伦敦 40 分钟火车车程的 Basingstoke 镇上，紧贴着沃达丰和英国电信两个战略大客户。华为设置代表处的原则，不是地理位置，而是业务量和为客户服务的需求，需确保保障客户通信设备安全畅通的服务人员及备件在 4 个小时内到达客户现场，保障通信网络的平稳运行。例如华为早期在山东有三个办事处：烟台、济南、青岛。这是因为这三个区域有较多华为的设备，需要服务；而业务量较少的区域可由临近的办事处代管，如由广西办事处代管海南，兰州办事处代管宁夏、青海。目前，在国内，由于增加了企业业务和手机业务，在代表处层级上共用一个行政平台。由于很多（地）市整体业务量的快速增长，需要在几个（地）市合建一个（地）市级的新销售平台，来满足为客户服务的需求。华为的营销服务网络的触角在不断地增加和延伸。

华为之所以能做到这么快速、高效，最主要的原因是华为的代表处、客户服务中心与客户的距离最近，结构效率大于执行效率。华为的贴近客户的组织设置和华为营销服务人员雷厉风行、军事化的做事风格是客户满意的根本保障。这也是其他公司做不到或做不好的。早些年，华为的设备故障还是比较多的，但是，很多客户仍然选择华为，什么原因呢？客户说："选择朗讯、爱立信，可能设备相对稳定一些，但设备一旦出故障，它们的服务会响应不及时，尤其是节假日时极难得到它们的及时服务，令人欲哭无泪。但是选择华为，即便故障相对多一些，可是它的服务真的很好，节假日华为的技术人员会陪你蹲点守机房，24小时随叫随到。"贴近客户、随叫随到的优质服务是华为的核心竞争力之一。

华为的客户享受的待遇最高

华为最高级的汽车、最豪华的会议室、最奢华的餐厅等，都是给客户用的。相反，在很多单位，领导的车是最高级的，领导的办公室是最豪华的，领导的待遇也是最高的，这是以领导为中心，不是以客户为中心。客户至上、客户第一、客户优先的理念，在华为得到了很好的落实。华为的客户享受的待遇最高。华为在初创时期只有一辆小客车，总经理任正非经常自己走路上下班，把车辆用于接送客户。任正非认为，华为人永远不能忘本，永远要以宗教般的虔诚感动客户！

华为把客户当上帝，不但接待客户的车辆、宾馆、展厅、餐厅等都是当时最豪华的，而且，在接待的全流程活动安排、时间衔接、礼仪方面更是超出客户的期望！

1996年，华为公司一次性购买了豪华奔驰S350和S500轿车50辆，全部用于客户接待。后来又一次性购买了豪华奥迪加长版轿车50辆。所有到华为参观的客户不分职务高低、男女老幼，都是华为的上帝，都享受着华为高规格的客户接待服务。华为接待客户的司机、用服大楼的保安很多是仪仗队的退役人员，他们在时间安排、驾驶安全舒适、接待礼仪方面都是世界一流的。华为营销人员见客户时要穿西装、系领带，连接待客户的司机也是穿西装、系领带的，到机场接机用的牌子都是统一、简洁、规范的，深圳机场出口处的华为接机的司机成了整条街"最靓的仔"。客户一眼就能看到华为的接机人员。华为营销人员请客户吃饭、点菜，都是经过专门培训的。了解客户的饮食习惯、选择合适的餐厅、点菜 N+1、酒水搭配选择等等，都是规范、标准、流程化的。早晨司机一定是比与客户约定的时间早 5 分钟开车到客户住的宾馆大门口等待，同时，把汽车里的空调调到合适的温度，见到客户的第一件事就是把一张打印好的当天的行程安排递给客户，上面有当天的天气、穿衣建议、参观、讲座、用餐菜系、陪餐领导等等。在客户到达公司进门的时候，迎接客户的是显示客户的单位、姓名的电子显示屏，客户可以在电子显示屏前拍合影照片，在参观结束前客户就会收到加了相框的照片。参观完公司后，客户会收到一个印有"华为人"的手提纸袋，里面会有纪念礼品和相关的公司介绍、技术资料彩页等。华为把客户接待的每一个细节都做到了极致，完全超出客户的期望，使客户超级满意。

华为每天的客户接待量是巨大的。上到总统，下到一个普通的客户工程师，华为都认真接待、精心服务。华为接待过绝大部分副总理以上级别的党和国家领导人，以及数不清的世界各国的总统、总理。连要求非常严谨、苛刻的日本客户到华为公司参观时都说："华为的客户接待是世界一流的。"

在华为客户接待流程中不同岗位上的人，都深深地知道，把一个客户请到公司来参观是多么不容易，往往是代表处的营销人员经过几个月甚至半年、一年的艰苦努力，从竞争对手手里把客户抢过来的，倘若能给客户留下一点点好的印象也会给项目成功增加万分之一的可能性。

为客户创造价值、成就客户

为客户服务是华为存在的唯一理由，客户需求是华为发展的原动力。我们坚持以客户为中心，快速响应客户需求，持续为客户创造长期价值进而成就客户。为客户提供有效服务，是我们工作的方向和价值评价的标尺，成就客户就是成就我们自己。

华为早期由于生存压力、竞争压力，在工作中不知不觉地建立了以客户需求为导向，快速响应、满足客户需求的价值观。应客户的需求及时地开发出一些产品，如接入服务器、商业网、校园网等，因为那时客户需要一些独特的业务来提升他们的竞争力。不以客户需求为导向，他们就不买我们小公司的货，我们就无米下锅。我们被迫接近了"真理"，但我们并没有真正认识到它的重要性，没有认识到它是唯一的原则，因而对"真理"的追求是不坚定的、漂移的。20世纪90年代后期，公司摆脱困境后，自我价值开始膨胀，曾以自我为中心。我们那时常常对客户说，他们应该做什么、不做什么，我们有什么好东西，他们应该怎么用。例如在下一代网络（Next Generation Network，简称NGN）的推介过程中，华为曾以自己的技术路标，反复去说服运营商，而听不进运营商的需求，最后导致华为在中国选型中被淘汰出局，连一次试验机会都得不到。后来，华为认识到自己错了，及时调整追赶。现在华为已经追赶上了，华为的NGN在国内外得到了大量使用，在中国重新获得了机会，例如中国移动的汇接网全部是华为承建的，也是世界上最大的NGN网。

华为为客户创造价值、成就客户的最典型的案例，就是华为帮助泰国AIS运营商从一家小的移动运营商迅速成长为泰国最大的信息通信综合运营商。

> **为客户创造价值、成就客户**
>
> 泰国Advanced Info Services公共有限公司，简称AIS，是泰国排名第一的数字生活服务提供商，也是泰国最大的移动运营商，成立于1986年。

第一章 以客户为中心的营销文化建设

1998年，华为与AIS合作时，AIS还是泰国一个很小的移动运营商。由于华为公司快速响应AIS的需求，并提供质量好、服务好的产品和解决方案，AIS一跃成为泰国最大的移动运营商，并成为泰国股市市值最大的公司。1999年6月，AIS和DTAC（泰国第二大移动运营商）同时推出了预付费业务。华为公司为AIS提供产品、解决方案及服务，先后八次对设备进行建设和扩容，帮助AIS把竞争对手远远地甩在了后面。华为在60天内完成了设备的安装和测试，快速满足了AIS的需求，比业界平均周期缩短很多，有力地帮助AIS领先对手，快速抢占市场，构筑了竞争力。华为专门为AIS开发了多达80项的业务特性以满足AIS在发展过程中的新需求，有效地提升了ARPU（Average Revenue Per User每用户平均收入），提高了盈利能力和竞争力。

华为为AIS提供了强大的支持，成为AIS的紧密战略合作伙伴。华为建立了一个高效的研发团队来确保迅速回应客户需求。在与AIS的合作中，华为通过每个月提供三到五个新的业务功能而始终保持高效率。华为还通过定期与AIS进行沟通，确保客户需求能够得到及时回应。

AIS的高层主管说，从2000年One-2-Call预付费业务开始商用以来，系统先后扩容八次，在此过程中，华为公司快速的市场响应速度、高效的业务开发机制、优质的工程服务以及稳定的系统能力，为AIS的业务发展提供了强有力的支撑；在需求研究方面，AIS和华为公司定期举办Workshop，共同分析需求，挖掘业务潜力，不断提供满足用户需求的新业务和新特性，使AIS的2G和GPRS网络业务能力不断得到增强。彩铃业务从2003年12月开始商用后，用户数每天增长一万，不到五个月就收回了初期投资，创造了业务发展的奇迹。泰国AIS与华为公司这种双赢的合作模式，在业界备受瞩目。

不能为客户创造价值的企业为多余的企业，不能为客户创造价值的部门为多余的部门，不能为客户创造价值的流程为多余的流程，不能为客户创造价值的人为多余的人。不管他多辛苦，也许他花在内部公关上的力气也是很大的，但他还是要被精简的。

华为以客户需求和技术创新为驱动，以客户需求为导向做产品，以技术创新为中心做未来架构性的平台。现在华为是靠两个轮子拉动创新，一个是科学家的创新，他们关注技术，愿意怎么想就怎么想，但是他们不能左右技术的应用。技术是否要投入使用，什么时候投入使用，华为要靠另一个轮子——市场营销。市场营销只有不断地听客户的声音，包括今天的需求、明天的需求、未来战略的需求，才能确定我们掌握的技术该怎么用，以及投入市场的准确时间。

华为成就客户的理念落地是通过与客户成立联合研发创新中心、向客户提供咨询服务等深度合作手段实现的。华为在全球范围设立了36个客户联合研发创新中心，与沃达丰、德国电信、西班牙电信、法国电信、意大利电信、软银移动、LG U+、AIS、Bell、Telus等领先运营商展开全面合作，共同把握发展方向，在共同创新中不断调整自身以匹配客户战略。在成就客户的同时，也成就了自己在行业的领导地位。

客户满意度是衡量服务绩效的标准

市场的竞争主要表现在对客户的全面争夺，而是否赢得客户取决于企业与客户的关系，取决于客户对企业产品和服务的满意程度。客户满意程度越高，对某种产品品牌或企业的信赖、维护和希望重复购买的意向越高，也就是客户忠诚度越高。企业竞争力越强，市场占有率就越大，企业效益就越好。"让客户满意"也成为企业的营销战略。任正非在1998年的《小改进，大奖励》中谈道："公司将持续抓管理进步，提高服务意识。建立客户价值观为导向的宏观工作计划，各部门均以客户满意度为部门工作的度量衡，无论直接的、间接的客户满意度都激励、鞭策着我们改进。下游就是上游的客户，事事、时时都有客户满意度对你进行监督。我们要以提高客户满意度为目标，建立以责任结果为导向的价值评价体系。企业是功利组织，我们必须拿出让客户满意的商品。因此整个华为公司的价值评价体系，包括对高、中级干部的评价都要倒回来重新描述，一定要以责任结果为导向。"

《华为基本法》里明确提出："我们要以服务来定队伍建设的宗旨，以客户满意度作为衡量一切工作的准绳。"

影响客户满意度的因素包括：品牌体验、产品体验、服务体验、方便体验、情感体验和收益体验。客户在购买产品或服务时只会选择自己最信任的品牌，在自己还没有可信任的品牌时，客户会选择能给自己带来最大利益的品牌。

2001年，华为公司在原有的客户服务满意度研究的基础上，与盖洛普咨询有限公司合作，开展了第一次由第三方进行的客户满意度调查综合研究。我是此项目华为方的项目经理。项目组根据华为国内各代表处客户的数量、分布，以及调查的内容，从专业、科学的角度随机抽取一定数量的客户样本。整体来看，样本数量很大，很有代表性。另外，调查的维度划分详细、专业、科学。有总体满意度、总体的相对竞争优势，也有细化的产品质量、品牌价值和服务质量，对服务质量更是细化到售前、售中和售后三个阶段。对客户的层级也进行了细化，分为客户高层领导、中层领导和基层员工三大类，这样调查的结果更容易使华为针对客户不同的层级进行更明确的改进。

调查结果包括基层分析报告和高层管理报告。基层分析报告包括：以各代表处为单位的客户满意度得分表；按客户群、被访者职务层次和产品类型划分的对华为品牌、产品和服务满意度的评价。高层管理报告包括：综合分析华为品牌形象和产品特征以及售前、售中、售后服务的总体满意度，华为客户满意度驱动因素分析、策略矩阵分析、优先度分析等。

在整个华为的满意度体系中，第三方满意度调查是关键的一环。针对其结果和改进建议，华为有对应的流程进行处理，并且监督解决和落实，是一整套闭环的体系。每年华为都会分层级开展客户满意度调查和评估，第三方客户满意度调查一年一次，业务满意度评估一季度一次，项目结束后的客户满意度调查是必不可少的。根据客户满意度调查的结果，每个代表处的客户服务满意度指标和优劣势排序结果一目了然，结合客户投诉等关键事件，就可以将各代表处客户服务绩效做对比。客户满意度的提升与改进是华为每个部门、每个销售服务人员绩效考核的关键要素之一，与职位、薪酬、奖金等直接挂钩。例如对客户经理的季度考评中，客户满意度的改进考评等级得 A 的要求是：经常听取客户意见并反馈，主动解决工作中的遗留问题，所辖区域的客户对其工作非常认同，从未出现客户投诉。得 B 的要求是：较好地反馈并解决工作中的遗留问题，所辖区域的客户对其较为认同，偶尔有一次工作投诉，但工作改进较大。得 C 的要求是：能够得到客户的认同，但因未处理好工作遗留问题，造成两次以上的客户工作投诉。得 D 的要求是：客户不认同，并有多次工作投诉。各等级对应的分值：A=5，B=4，C=3，D=2。因此，华为的客户满意度管理细化到每个部门、每个人，做到分层分级的可量化的测评，有据可依。这是华为管理精细化、科学化、规范化的体现。

影响客户满意度最重要的因素是产品质量和故障问题的处理。华为建立了 ITR 网上问题处理流程，这是华为全流程体系中 17 个公司一级流程中的一个，使售后服务规范化、标准化、可衡量，并衔接好 IPD、LTC 等核心流程，快速解决网上问题，从体系上、流程上为提高客户满意度奠定

第一章　以客户为中心的营销文化建设

了基础。它以客户问题为中心，围绕着快速高效解决问题，提升客户满意度，延伸到服务的全面变革与改进。ITR流程将在第四章详细讲解。

以奋斗者为本，为以客户为中心助力

怎样才能做到以客户为中心呢？华为公司的核心价值观是"以客户为中心，以奋斗者为本，长期艰苦奋斗"。这个价值观是有顺序的，首先是以客户为中心，为客户创造价值，才能为公司带来价值。以奋斗者为本，就是以用心工作、辛勤付出、做出一定贡献的人为企业的根本，要给他们施足肥、浇足水（高工资、高收入），再加上充分的阳光照射（爱护、鼓励、宽容），企业之树才能根深叶茂、茁壮成长。最后才是长期艰苦奋斗。你连工资都给得不够，怎么能吸引人才？你发的奖金、补助不够多，怎么能留住人才？你的股票分红没有达到预期的目标，怎么能激励员工长期艰苦奋斗？很多企业的领导对员工说："你好好干，将来公司不会亏待你的，我不会亏待你的。"现在都不能给你预期报酬的领导，做出的"未来不会亏待你"的承诺是不可信的。

华为的高工资、高收入，吸引汇聚了大量的人才。实际上，华为人在工作中的高压力、高付出的前提，是高工资、高收入的牵引。任正非洞察员工真正的需求。华为讲情怀，讲实干，但在讲这些之前先谈钱。任正非不爱财，深知财散人聚、财聚人散。他有一个理念，就是敢于分钱，愿意把钱分出去。比如说内部期权，华为在1990年就开始运作了。虽然这个全员持股制度在当时有资金短缺、被逼无奈的因素，任正非还为此遭到竞争对手诬告，承担了险些坐牢的风险，但他也实实在在地把钱分给了大家。

任正非敢分钱，真分钱，这是一般人做不到的。任正非常说的一句话是："钱给多了，不是人才的人也变成了人才。"

一个成功的销售项目奖励两次，每次700万

2012年底，华为在某国中标了一个10亿美元的大单，攻克了华为在该国多年未能拿下的"大粮仓"。任正非下令，给参与这个项目竞标的团队奖励700万元人民币！第二年上半年，销售合同签订后，任正非又拍板：再奖励该团队1 000万元！这下把所在地区部时任总裁吓坏了，赶紧推辞："老板，已经奖励了，这次您请大家吃个饭就行了。"任正非一听，很生气地回答："你自己吃饱了不管兄弟们死活，那我请你吃饭，把你的奖金股票工资都给我，我天天请你吃饭。"就这样，任正非又陆续打了5个电话给地区部总裁："你要认真想想，弟兄们在一线干活不容易，要给大家分好钱啊！"地区部总裁说："老板，1 000万元太多了，我不敢要，压力太大，哪有一个项目奖励这么多的？虽然我自己一分钱不拿，但我内疚啊。"任正非说："那你告诉我多少合适？"就这样一来二去，第二次的奖励最后按700万元发放，这个项目团队实际上等于被奖励了两次。一个项目，奖励两次，第一次700万，第二次再奖励1 000万！这在整个国内企业界甚至放眼全球，恐怕也只有任正非能做得出来！任正非对贡献者、奋斗者分钱毫不手软，华为一个高管一句话评价得很精辟，也很形象："我们要一碗米，他不是给你一斗米，他给你十斗米；你准备要一顿大餐，他给你十根金条。"奖励丰厚到下属都不敢要了，他却来一句："这本来就是你们挣的！"

"我们崇尚雷锋精神、焦裕禄精神，但绝不让雷锋们、焦裕禄们吃亏，奉献者定当得到合理的回报。"任正非说到做到，信守承诺，既赢得了客户的信任，也赢得了华为员工的信任。华为高压力、高绩效、高回报的薪酬体系是激励华为员工长期艰苦奋斗的制度保障。华为全力创造价值，科学评价价值，合理分配价值，构建价值创造、评价和分配的良性循环机制，使华为充满活力。

第一章 以客户为中心的营销文化建设

华为公司尊重知识、尊重人才、爱惜人才，对人才大胆任用、充分信任、容忍试错，形成了适合优秀知识分子大胆创新、勇于奉献、快速成长的优良土壤。在我国，绝大部分的知识分子有一种"自命清高"的传统，即羞于谈钱。"君子喻于义，小人喻于利。"而事实上，他们内心渴望能被尊重、被认可，能做出一番大事业，同时，获得应有的回报。华为公司正是他们苦苦寻求的沃土。在这里，"丰富人们的沟通和生活"是高大上的事业，在这里，工作氛围纯粹、人员关系简单，不需要拍马屁、拉关系，只要你好好干，公司就会给你应有的回报。在华为快速发展的时期，华为人个个全身心地付出，忙得夜以继日、加班加点，无暇他顾。经常是要花钱买东西时，才发现工资卡上又多了好多钱。去查一下详细清单，才知道在自己苦干实干时，公司已经把出差补助发到了卡上，把工资又涨了几千元。你根本不用去找公司领导谈工资、谈奖金、谈股票，公司已经看到了你的付出、你的贡献，已经提前把钱打到了你的工资卡上。这正是中国这些"羞于谈钱"的优秀知识分子想要的！华为成了中国优秀知识分子最适合工作的地方。华为使真正的人才进得来、干得好、留得住。

华为在招聘面试新员工时，最后一关，就是询问应聘者期望的薪酬是多少。大部分情况下，华为都会给出超出应聘者预期的薪酬，目的就是希望应聘者能感受到华为对他们的重视和期望，使他们发自内心地觉得要好好干，要对得起自己拿的这份工资，要对得起华为公司。

根据我国高校《2019届毕业生就业质量报告》《2020届毕业生就业质量报告》，参考U.S. News在2019年和2020年公布的中国大学排名前七的大学，得出就业数据如下：

清华大学2020届毕业生中，博士生74人、硕士生110人、本科生3人签约华为，总计187人，华为名列该校2020届毕业生雇主第一名。

北京大学 2019 年毕业生的重点用人单位依然是本校，共计 163 人，比 2018 年多了 41 人，而第二位则是华为，合计 134 人。

中国科学技术大学 2019 届毕业生中，博士生 42 人、硕士生 216 人、本科生 6 人签约华为，总计 264 人，华为名列该校毕业生雇主第一名。

复旦大学 2019 届毕业生（不含高职生、港澳台学生及留学生）中，华为共签约了 128 人，名列该校毕业生雇主第一名。

上海交通大学 2020 年毕业生中，华为签约了博士生 47 人、硕士生 334 人、本科生 21 人，总计 402 人，名列该校毕业生雇主第一名。

浙江大学 2019 届毕业生中，有 550 人加入华为。

南京大学 2019 届毕业生中，华为共签约了 274 人，名列该校毕业生雇主第一名。

表 1-2 是 2019 年华为接收毕业生数量前 30 的大学及接收人数列表。

表 1-2　2019 年华为接收毕业生数量前 30 的大学及接收人数　（单位：人）

序号	学校名称	华为接收的毕业生人数
1	西安电子科技大学	648
2	浙江大学	550
3	哈尔滨工业大学	472
4	东南大学	413
5	武汉大学	403
6	西安交通大学	402
7	南京邮电大学	369
8	上海交通大学	336
9	武汉理工大学	276
10	南京大学	274
11	中国科学技术大学	264
12	南京理工大学	251
13	中南大学	204
14	西北工业大学	201

续表

序号	学校名称	华为接收的毕业生人数
15	厦门大学	200
16	天津大学	195
17	山东大学	189
18	清华大学	189
19	湖南大学	183
20	哈尔滨工程大学	176
21	重庆大学	173
22	同济大学	147
23	大连理工大学	139
24	北京大学	134
25	上海大学	130
26	复旦大学	128
27	西南交通大学	120
28	北京航空航天大学	119
29	华中科技大学	83（仅为本科毕业生人数）
30	南开大学	77

注：表中华为接收的毕业生人数，包括华为旗下的华为技术有限公司、华为投资控股有限公司、西安华为技术有限公司等多所子公司接收的毕业生人数。

也有人说，这么多名牌大学的优秀毕业生选择华为，最主要的是看中了华为的高工资、高收入。这个话不假。人往高处走，水往低处流。华为不但给你高工资、高收入，还给你高起点、高层次、高技术的工作环境和全球化大平台，以及高标准、高挑战、高成就的发展机会和造福全人类的荣耀。人才不是华为最宝贵的财富，对人才的管理才是。

第一章总结 以客户为中心的营销文化建设

1. 从代理销售开始，任正非表现出营销高手的天赋。他用一个人的梦想，点燃一群人的理想。

2. 高学历、高能力、高素质的人杰才俊加入华为的营销队伍，使华为的营销如虎添翼，华为的市场份额迅速扩大，产品供不应求，华为"被逼"得走上自主研发交换机的道路。

3. 以市场和客户需求为导向牵引研发及服务：产品迭代，新品频出。以压强原则搞研发，华为在研发模拟空分交换机时，已经启动了数字程控交换机的研发。

4. 华为没有想到，首战即是决战，起步就是高潮。在自己家门口就遇到了全球通信市场最激烈的国际竞争。没有退路，后退就是死亡，只能勇敢亮剑。

5. 以客户为中心在华为营销的含义：华为营销人员与客户在一起的时间最多，华为营销人员与客户的距离最近，华为的客户享受的待遇最高，为客户创造价值、成就客户，客户满意度是衡量服务绩效的标准。

华为
规模营销法

第二章
贴近客户的营销组织战略设计

01 以客户群细分的三大营销体系
　　华为公司整体组织治理框架
　　华为三大市场细分策略
02 华为哑铃型组织结构的人员分布
　　市场和研发两头大的哑铃型人员分布
　　遍布全球的技术研发和联合创新中心
　　华为营销人员是全球销售人员中的"特战队员"
03 全球领先的规模营销服务网络平台
　　覆盖全球的内部IT网络平台支撑业务高效运作
　　华为营销部门是公司的龙头部门
04 构建面向客户的作战阵型：从单兵到"狼狈"再到"铁三角"
　　单兵销售：个人英雄主义时代
　　"狼狈组织计划"：客户经理与产品经理并肩战斗
　　三层含义的"铁三角"作战单元

01

以客户群细分的三大营销体系

2013年，任正非明确了公司治理的方向："公司管控目标要逐步从中央集权式，转向让听得见炮声的人来呼唤炮火，让前方组织有责、有权；后方组织赋能及监管。这种组织模式，必须建立在一个有效的管理平台上，包括流程、数据、信息、权力……历经二十多年的努力，在西方顾问的帮助下，华为已经构建了一个相对统一平台，对前方作战提供了指导和帮助。在此基础上，再用五至十年的时间，逐步实现决策前移及行权支撑。"

华为公司整体组织治理框架

公司划分为三大运营中心（即Business Group，以下简称BG）进行运作，包括运营商业务BG、企业业务BG和消费者业务BG。各BG是面向客户的端到端的运营责任中心，是公司的主力作战部队，对公司的有效增长和效益提升承担责任，对经营目标的达成和本BG的客户满意负责。

服务型BG是为三大BG提供支撑和服务的端到端的责任中心，要持续提高效率，降低运作成本。集团职能平台是聚焦BG的支撑、服务和监管的平台，向前方提供及时、准确、有效的服务，在充分向前方授权的同时，加强监管。在此基础上，华为形成了自己的整体组织治理框架（如图2-1所示）。

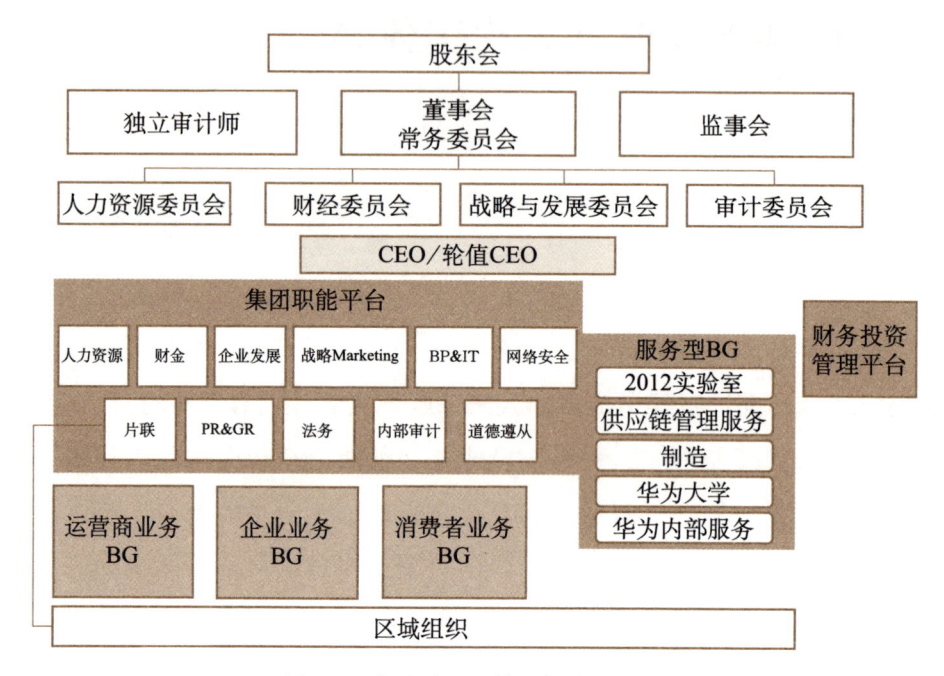

图 2-1　华为公司整体组织治理框架

注：BP & IT 指流程与 IT，PR & GR 指公共及政府事务。

股东：华为是 100% 由员工持有股份的民营企业。公司通过工会实行员工持股计划，员工持股计划参与人数为 121 269 人（截至 2020 年 12 月 31 日），参与人为公司员工。截至 2020 年 12 月 31 日，任正非的总出资相当于公司总股本的约 0.9%。

股东会与工会：股东会是公司最高权力机构，由工会和任正非两名股东组成。工会作为公司股东参与决策公司的重大事项，由持股员工代表会审议并决策。持股员工代表会由全体持股员工代表组成，代表全体持股员工行使有关权利。

董事会：董事会是公司战略和经营管理的决策机构，对公司的整体业务运作进行指导和监督，对公司在战略和运作过程中的重大事项进行决策。董事会下设人力资源委员会、财经委员会、战略与发展委员会和审计委员会，协助支持董事会运作。

人力资源委员会：人力资源委员会是华为组织、人才、激励和文化等组织核心管理要素的综合管理和提升者，负责人力资源管理关键政策和重大变革方案的制定、决策以及执行监管，支撑业务发展。

财经委员会：财经委员会是华为企业价值的综合管理者，对经营活动、投资活动和企业风险进行宏观管控，使公司在机会牵引与资源驱动之间达到动态平衡，实现公司长期有效增长。

战略与发展委员会：战略与发展委员会是公司战略发展方向的思考者、建议者和执行的推动者。通过洞察行业、技术及客户需求的变化趋势，寻找公司的发展机会和路径；对产业投资、技术、商业模式和变革进行宏观管理，实现公司持续有效增长。

审计委员会：审计委员会在董事会授权范围内履行内部控制的监督职责。包括对内控体系、内外部审计、公司流程以及法律法规和商业行为准则遵从的监督。

轮值CEO：公司实行董事会领导下的轮值CEO制度，轮值CEO在轮值期间作为公司经营管理以及危机管理的最高责任人，对公司生存发展负责。轮值CEO负责召集和主持董事会常务委员会会议。在日常管理决策过程中，对履行职责的情况及时向董事会成员、监事会成员通报。轮值CEO由三名副董事长轮流担任，轮值期为6个月，依次循环。2013年前后，每位轮值CEO轮值期如下：

- 郭　平：2012年10月1日—2013年3月31日

- 胡厚崑：2013年4月1日—2013年9月30日
- 徐直军：2013年10月1日—2014年3月31日

轮值机制最主要是保护干部，防止出现一朝天子一朝臣。比如，CEO对一个人印象不好，不可能上来就把他换掉，要经过集体讨论，还有两个轮值CEO、四个常务董事，还有董事会成员、董事长，他们牵制着CEO对干部的任用，所以，华为不存在大规模高级干部和高级专家流失的问题，继承性非常强，干部稳定性非常强。每个干部都不怕领导，某个领导不喜欢我也没关系，过几个月他就下台了，我可以用工作成绩来证明我自己。

轮值的作用：一是让公司长期保持新鲜感；二是保持干部稳定性；三是CEO下台期间为他的再次上台提供了"充电"时间。CEO在全世界跑，对于指导工作是起作用的，因为他也是高级领导。他与各个部门座谈，为上台以后如何进一步推动改革做准备。上台以后要当机立断处理问题，没有时间充电，他只有在下台后才有充足的时间去给自己充电。这种轮值机制使CEO的管理能够保持良性循环。应该说，轮值机制整体是比较成功的。

董事会常务委员会也有任期制，每五年进行一次选举。即使这个人太优秀了，能连续选进董事会常务委员会，最多也只能干三届。高级干部要有退出机制，如果都是终身制，年轻人成长不起来。CEO轮值期间，有很多董事、高管都会跟他合作，这些合作就是在培养下一代接班人。

华为三大市场细分策略

市场细分的目的是建立正确的目标市场模型，将相似程度高的市场归为一类，并针对该类市场采取较为类似的市场策略。同类市场的成功因子可以实现高速复制，有效降低市场拓展的成本。影响市场细分的重要元素有：客户需求模型、市场地域特点、行业标准、产品差异化与同质化程度。图 2-2 显示了华为三大市场的细分策略。

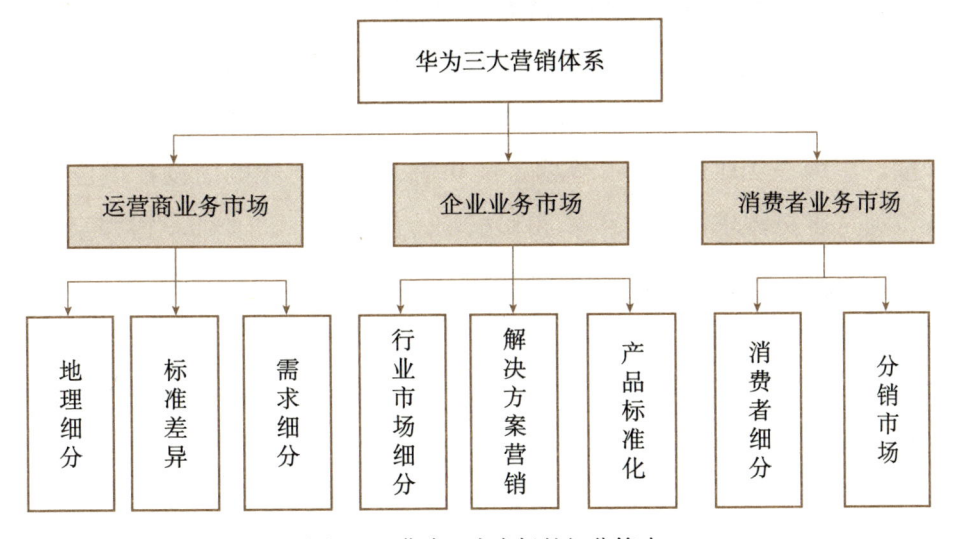

图 2-2　华为三大市场的细分策略

注：运营商业务是华为经营最早的，也是最稳定、最持久的主业务。

在运营商业务市场，同质化市场便于集团作战，运营商需求普遍类似；在企业业务市场，不同的行业决定了不同的产品模式，行业特点决定销售模式；在消费者业务市场，不同市场特点决定了不同的商业模型与组织架构。

运营商业务 BG 是华为最早，也是最稳定、最持久的主业务，为全球运营商服务。运营商业务 BG 2019 年销售收入约为 2 967 亿元人民币，约占华为当年总收入的 35%。总体策略：以客户为中心，与客户形成长期的战略合作伙伴关系；质量好、服务好、运作成本低，优先满足客户需求。研发技术：每年营收的 10% 以上投入研发；交换机、接入网、光网络、无线等产品及解决方案全球领先；分布式基站 SingleRAN 是技术颠覆性产品，可以为客户节约 50% 的建设成本，功耗低、环保。华为的竞争对手们也企图对此进行模仿创新，但至今未有实质性突破，因为这种多制式的技术融合，背后有着复杂无比的数学运算。正是这样一个革命性、颠覆性的产品，给华为带来了欧洲乃至全球市场的重大斩获。营销特点：运营商设备市场的主要特点是进入难度大，客户数量很少，重复采购。要为客户创造价值，长期持续地降低客户整体运作成本，实现双赢。华为在2013年营收超越了爱立信，成为全球电信设备供应商之首。满足客户需求的技术创新和积极响应世界科学进步的不懈探索，华为以这两个轮子来推动着公司进步。

企业业务BG成立于2011年，提供企业网络设备，如交换机、专业级服务器、企业用路由器等，这些是华为在企业级市场的硬件产品。企业业务BG还提供企业级智能解决方案，面向企业的数字化转型，为企业搭建智能化平台，这些相当于企业级市场的软件产品。通过ICT（Information and Communications Technology 信息与通信技术）基础设施建设，企业业务BG为企业提供云计算与数据中心、企业网络、企业无线、统一通信与协作等服务。企业业务BG 2019年销售收入约为897亿元人民币，约占华为当年总收入的10%。总体策略：合作共赢。全球有700多个城市、228家世界500强企业用了华为的企业业务产品。合作伙伴超28 000家，86%的企业业务收入来自合作伙伴。华为在企业业务市场采用的是差异化营销策略，实现选择专门化，不同产品针对不同市场；同时，华为在单个产品上又实现了产品标准化，即一个产品适用于多个企业业务市场。研发技术：得益于智慧城市、安平市场、公有云等数个产业热点的出现。芯片级的研发能力，平台级的赋能输出能力，以及有边界的生态合作态度，使华为始终能把握市场方向，使华为在各个新兴领域，始终能得到生态伙伴的支持。营销特点：在渠道价值被低估时，华为提出了"被集成"；在需要面向应用场景，提高生态解决方案效率时，华为提出了"联合解决方案"模式；在需要建立新型生态合作关系时，华为提出"平台＋生态"双轮驱动；在生态规则还不清晰时，华为明确了"边界"；在需要对生态进行端到端赋能时，华为建立了生态大学。上述变化均在不同时期引领了产业思维，也体现了华为对生态模式变化的快速敏锐判断。

消费者业务BG成立于2003年底，2011年前都是给运营商定制手机，2019年销售收入约为4 673亿元人民币，约占华为当年总收入的54%。总体策略：在集合竞争对手的研发和营销优点的基础上，快速赶超。研发技术：黑科技、技术上的底层颠覆式创新，挑战业界第一。具体包括：（1）华为自研的海思麒麟芯片是华为手机差异化竞争的核心优势，在成本上、性能上、时间上都有很大的优势；而国产的其他手机受高通和联发科的芯片限制；（2）软件优化技术解决发热、耗电、极速快充等问题，硬件软件智慧配合技术，GPU turbo加速技术等；（3）与徕卡合作，打造业界一流的手机摄影体系。营销特点：线上、线下双管齐下，线上有华为商城、京东等；渠道营销有授权代理销售、经销商销售、门店销售；在世界各地主要机场、港口、车站等人流量大的地方设置巨幅广告牌进行品牌宣传；在电视、广播、热门网络门户网站等全方位投放广告；张靓颖唱的《我的梦》、全球摄影大赛、梅西代言、技术软文、新闻通稿、微信推广等各类网络新营销手段齐发；网罗业界技术、设计、产品、营销高端人才加盟；抓住智能手机的每一个风口，如双摄、指纹识别、全面屏、齐刘海、三摄等。

02

华为哑铃型组织结构的人员分布

哑铃型组织是指企业的产品开发和营销能力强,生产能力相对较弱的一种组织结构形式,是一种中间小、两头大的管理结构。在管理方式上,哑铃型组织重点抓研究开发和市场营销环节,而生产环节主要以组装为主,少数关键、重要零部件由自己生产,多数零部件则是选择生产厂家进行外协和外购。在继续搞好生产管理的同时,提高市场营销能力和产品开发能力。

市场和研发两头大的哑铃型人员分布

华为公司整体人员分布呈哑铃型结构,两头的研发和市场大,中间的管理和生产小。技术研究及开发人员占46%,市场营销和服务人员占33%,生产人员占12%,管理及其他人员占9%(如图2-3)。华为最重视研发和市场。华为最优秀的员工主要分布在研发部门和市场部门,说明华为是一个重视技术创新、研发优先的高技术公司,同时,也是一个强调为客户服务,以客户为中心的服务型公司。

华为研发和市场就像两个驱动华为战车滚滚向前的轮子,动态平衡、有机协同、高速运转,牵动着华为战车高速前行,一骑绝尘,把竞争对手一个个远远地甩在后面。华为规模营销的能力相比研发更胜一筹,一

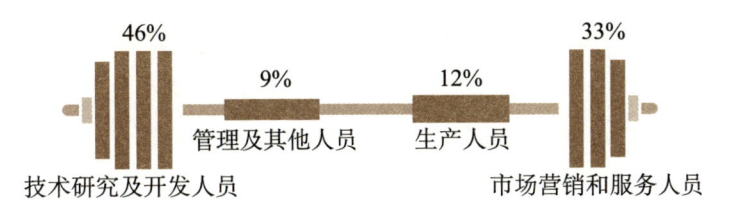

46% 技术研究及开发人员　9% 管理及其他人员　12% 生产人员　33% 市场营销和服务人员

图 2-3　华为哑铃型组织结构的人员分布

直代表着客户，牵动着研发，鞭策着研发。华为初创时期，交换机还没有研发完成，营销人员已经把它卖出去了，设备的调测是在客户的机房里完成的！华为的光传输产品 SDH155/622M 刚研发出来，华为营销人员就在最短的时间里把它卖出了，并且销量达全国市场 70% 的市场份额。SDH 2.5G 产品是华为于 1997 年底研发出来的，到 2001 年，华为营销人员就使这个产品占据了全国市场 65% 的市场份额，并且进入了国际市场，打开了发达国家的光传输市场。

华为 2011—2020 年销售收入、员工数量、研发投入和销售投入数据如表 2-1 所示。

表 2-1　华为 2011—2020 年销售收入、员工数量、研发投入和销售投入数据

序号	年份	销售收入（亿元）	员工人数（万人）	研发费用（亿元）	研发占比	销售费用（亿元）	销售占比
1	2020	8 914	19.7	1 419	15.9%	1 134	12.7%
2	2019	8 588	19.4	1 317	15.3%	1 142	13.3%
3	2018	7 212	18.8	1 015	14.1%	1 052	14.6%
4	2017	6 036	18	897	14.9%	927	15.4%
5	2016	5 216	18	764	14.6%	864	16.6%
6	2015	3 950	17	596	15.1%	623	15.8%
7	2014	2 882	16	408	14.2%	475	16.5%
8	2013	2 390	15	316	13.2%	381	15.9%
9	2012	2 202	15	301	13.7%	389	17.7%
10	2011	2 039	14	237	11.6%	338	16.6%
合计		49 429		7 270		7 325	

数据来源：华为年报。

很多人都知道，华为每年把销售收入的 10% 以上投入研发，所以，

华为的研发能力非常强大。事实上，华为的营销能力更强大。从表2-1我们看到，华为每年投入到销售的费用平均占销售收入的15%左右。除了2019年和2020年这两年受美国的打压和新冠肺炎疫情的影响，其他年份销售费用占销售收入的"销售占比"，都比"研发占比"高。这10年，销售费用的总投入是7 325亿元，比研发费用的总投入多55亿元。

营销只有能够深刻理解客户需求的真实性、紧迫性，抓住市场大发展的机会，才能牵引着研发尽快推出适应市场需求的产品，同时，通过市场上客户实际使用的投诉、痛点、问题反馈，推动、鞭策研发人员，使产品不断改进、完善。

2019年6月20日，华为决定从全世界招募20至30名"天才"少年，还计划2020年要从世界范围招募200至300名。华为希望这些"天才"少年像"泥鳅"一样，"钻"活它的组织，激活它的队伍。

人的天赋是有差异的，那些从0到1做出发明创造的人，是极少数的，是天才。华为早期自主研发出HJD48和C&C08交换机，就是从0到1的创新，虽然别的企业已经有了交换机，但对于华为来说，是郑宝用、李一男的天赋异禀，使华为的交换机在技术性能上能够脱颖而出、傲立群雄。这两人也因此被任正非称为"天才"。当华为2013年超越爱立信成为业界第一之后，原来的研发思路就有些跟不上发展需要了，需要做更多从0到1的事了。

华为认为企业发展的主要牵引动力是机会、人才、技术、产品，这四种力量相互作用，机会牵引人才，人才牵引技术，技术牵引产品，产品牵引更多的机会，这是一个循环。要重视对人的研究，让人在集体奋斗的大环境中，去充分释放潜能，更有力、有序地推动公司前进。

2020年拿到"201万元年薪"的华中科技大学计算机专业博士毕业生左鹏飞主要的研究领域是内存系统和架构、存储系统和系统安全。他在读博期间，发表在 OSDI 2018 和 MICRO 2018 上的论文，分别成为华科大历史上首篇计算机操作系统、计算机体系结构顶级会议论文，实现了华科大在这些领域中零的突破。

2021 年拿到最高档年薪的廖明辉，2012 年考入华中科技大学电信学院通信工程专业，2016 年本科毕业后硕博连读主攻信息与通信工程方向。廖明辉所在的实验室从事的是文字检测和识别。博士期间，廖明辉（以第一作者身份）发表了 10 篇论文，其中 2 篇发表在顶级期刊（均为 ESI 高被引论文）、7 篇发表在顶级会议、1 篇发表在二区期刊。谷歌学术引用数超过 1 900，GitHub 上开源的论文代码 star 总数超过 3 000，申请了 5 项发明专利。其发表的文字检测算法被腾讯微信和百度等公司采用，并收录于 OpenCV 主分支。

2019 年至 2021 年 7 月，华为"天才计划"已招募到 17 人，大部分为应届博士毕业生，仅 3 人为本科生。

任正非在 2019 年还曾表示："对世界各国的优秀大学生，从大二开始，我们就给他们发 Offer。这些孩子超级聪明，举一个例子，新西伯利亚大学连续六年拿到世界计算机竞赛冠军、亚军，但是所有冠军、亚军都被谷歌用五六倍的工资挖走了，从今年开始，我们要开出比谷歌更高的薪酬挖他们来，在俄罗斯的土地上创新，我们要和谷歌争夺人才。我们支持科学家的创新，对科学家不要求成功，失败也是成功，因为他们把人才培养出来了。只有这样，我们才有可能不断地前进。"

遍布全球的技术研发和联合创新中心

华为在全球设立了 18 个一级研究所、几十个中小研究所和 36 个联合创新中心。其中，海外设立了 7 个一级研究所，主要分布在美、英、德、法、俄等国家。国内设立了 11 个一级研究所，主要分布在北京、上海、南京、杭州、苏州、西安、成都、武汉、长春（筹建中）、广州（筹建中）、合肥（筹建中）。此外，华为有3个总部级研发中心，分别是深圳坂田总部（占地161.2万平方米）、东莞松山湖研发基地（占地600万平方米）、上海青浦研发基地（占地160万平方米）。

华为北京研究所于1995年成立，位于海淀区中关村，占地45.1万平方米。研发人员达10 000多人，主要负责数据通信产品的研发。后来，又增加了手机终端、核心网、海思等研发，荣耀手机研发基本来自北京研究所。

华为上海研究所在1996年成立，位于浦东新区，占地27.8万平方米。研发业务包括无线通信、智能汽车业务、数字能源等。

华为南京研究所于1999年成立，位于雨花台区，一期占地45.3万平方米，二期7.78万平方米。当初主要做运营商业务相关的软件开发，后来增加了企业网数据通信等业务。

华为杭州研究所于2000年成立，位于滨江区，占地23.1万平方米。主要负责三大块业务：数据通信、机器视觉与人工智能、云计算。

华为苏州研究所于2012年成立，位于苏州工业园区，占地43.2万平方米。负责组建华为公司"四总部"，包括华为公司中国区政企总部、华为公司中国区云与计算总部、华为公司EBG全球OpenLab总部、华为公司WLAN全球研发总部。

华为西安研究所成立于2000年，位于雁塔区，占地28.5万平方米（鹤鸣湖基地筹备中，大约80万平方米），员工总数超过16 000人。西安研究所包含三大研发中心（西安全球交换技术中心、西安智能终端中心、西安海思半导体研发中心）和三大技术中心（无线网、核心网、终端）。根据2012年的数据，西研所研发的产品占华为整个销售收入的30%。

第二章　贴近客户的营销组织战略设计

华为成都研究所成立于 2000 年，位于高新区（西区），占地 30.9 万平方米，正在筹备二期，员工总数超过 13 000 多名，研发领域涵盖固定网络产品、传送技术、存储、无线、海思等，确定了"三驾马车，两个平台"格局。三驾马车指的是存储研发中心、无线第二研发中心和传送研发中心，两个平台则是海思和 2012 实验室。

华为武汉研究所成立于 2006 年，位于江夏区，占地 80 万平方米。研发人员总数超过 10 000 人。业务范围包括光电子领域、终端类及芯片产品的研发。

华为长春研究所于 2020 年 12 月 30 日，在吉林大学宣布成立。长研所将聚焦 5G、光学、工业互联网、车联网及智能汽车等方面的科研创新。

华为广州研究所，筹建中。2020 年 12 月，华为公司竞得广州白云区华侨糖厂地块，拟在该地块投资建立华为广州研究所，占地 11.93 万平方米，预计项目 2024 年建成。2020 年 9 月，华为在广州白云区注册成立华为电动技术有限公司，主营智能车载设备研发、销售。

华为合肥研究所，筹建中。2019 年 5 月 16 日，合肥市政府与华为公司签署深化战略合作协议，华为合肥人工智能创新中心落户合肥高新区。华为公司将积极融入安徽发展战略，在 5G、人工智能、政府数字化建设等方面优化项目布局，加大与在皖大学和科研机构合作，推动更多高质量合作成果在安徽落地。

华为找到了打开世界的那把钥匙——招揽全球人才，开启了在全球的人才布局。研发全球化是市场资源和人才资源共同作用的结果。以华为欧洲研究所为例，通过把研究机构靠近德国电信、法国电信、沃达丰等运营商客户，可以充分了解其需求并开展联合创新，从而打造真正具有市场竞争力的产品。同时，也可以充分配置当地的人才资源，利用欧洲的研发人才来开展这方面的研究。综合全球的能力创新为华为所用，华为具备了强大的学习发展能力，每年有过万名新毕业的学生被转化为华为的合格工程师。

华为海外研究所的规模也不小，吸引了来自几十个国家的科学家和工程师一起工作。如欧洲研究所有3 000多人，印度研究所有5 000多人。

华为在以下国家设立了研究所：

法国：华为法国巴黎研发中心，一直致力于为客户和合作伙伴提供最好的技术支持，帮助他们增强国际竞争力，华为将持续对法国的创新领域进行投资。自2013年起，华为已在法国设立了芯片、数学、家庭终端、美学以及传感器和软件等五个研发中心，其研究成果在全球范围内得以应用。2020年10月，华为在法国的第六家研究中心在巴黎揭牌成立。该研究中心将与巴黎所在的法兰西岛大区合作，充分挖掘当地人才资源，聚焦数学和计算的基础研究。根据官方资料，法兰西岛拥有3 000名数学研究人员，是世界上数学家最集中的地区。2020年，华为法国公司表示，在接下来的四年里，华为将继续投资法国，预计将在法国进行约40亿美元（按当时汇率计算，约合276亿人民币）的采购。

德国：华为设置在德国慕尼黑的研究所拥有将近400名专家，研发团队本地化率近80%。慕尼黑研究所是华为的运营商软件、光网络和未来网络领域的研发中心，还研发机械工程和软件平台等；纽伦堡研究所是华为的能源领域的研发中心。华为设有面向市场的产品开发基地和尖端技术研究基地"X labo"。除了深圳、上海之外，华为在德国慕尼黑也设有"X labo"。

瑞典：斯德哥尔摩研究所是华为的无线技术研发中心；德隆研究所是华为的终端领域研发中心。

俄罗斯：华为在1999年就已经在俄罗斯莫斯科设立了数学研究所，

吸引顶尖的俄罗斯数学家来参与华为的基础性研发，是华为的技术研发中心，主要研究领域有数学算法研究等。

日本：华为在日本设立尖端技术研究开发基地，与日本企业合作开发物联网和 5G 无线技术。

印度：华为印度班加罗尔研发中心于 2000 年成立，有 5 000 多名员工，印度本地员工占比高达 98%。该研发中心充分利用印度当地服务优势，打造全球服务交付中心，面向全球客户开展研发工作，主要负责开发通信软件和尖端通信网络服务方案。

印尼：2015 年 5 月，华为与印尼通信部签署 ICT 中心合作谅解备忘录，双方联合打造印尼创新中心，共同推动印尼通信行业发展。

阿联酋：迪拜研发中心，满足中东和北非地区业务的需要。

比利时：布鲁塞尔研发中心是华为的运营商软件和业务分发平台领域科研中心。

波兰：华沙研发中心，是华为的技术研发中心。

意大利：米兰研发中心是华为的光电领域和微波传输领域的研发中心。

美国：华为在美国得克萨斯州的达拉斯、加利福尼亚州的硅谷设有技术研发中心。由于美国的打压，华为正准备把美国研究所迁移到加拿大。

华为的员工来自全球 160 多个国家和地区，其中外籍员工大约有 40 000 人，海外员工本地化率约 75%。在海外的华为当地公司中担任董事长或总裁的也大多是外国人。正是华为对海外人才的尊重和授权，才换来了人才"不把自己当外人"。也正是全球人才"为我所用"，华为才有了如今领先全球的实力。

华为营销人员是全球销售人员中的"特战队员"

2002年,华为内忧外患,濒临倒闭。2003年元旦,深圳宝安体育中心,华为万人齐聚一堂,举行迎新大合唱,大家众志成城,群情激昂,一致表示要保卫公司,打一场保卫华为的保卫战。任正非静静地听完所有方阵的演唱,没有讲一句话……

华为营销铁军不是军队,胜似军队!商场如战场,却比战场有更长时间的残酷与艰苦。华为的营销队伍有着充分的动力与巨大的压力,营销人员把动力和压力变成了行动并硕果累累。从高层到组织,从制度到文化,从流程到机制,一句话,华为的营销人员有着很强的自我驱动和制度驱动力量,同时,又将强大压力变成了推力,每个营销人员都是奋勇向前的战车,这样的组织和团队在市场上肯定所向披靡!

华为营销人员是全球销售人员中的特战队员,他们胸怀理想,勇于奉献,执着奋斗,快速高效。全球竞争最激烈的通信市场的环境,使华为营销人员磨炼出雷厉风行、快速响应、高标准、严要求的军事化做事风格。华为营销快速高效、导向冲锋的管理体系,把一个个高学历、高能力、高素质的知识分子打造成一个个意志坚强、身怀绝技、冲锋陷阵的特战勇士。华为的成功是"知识分子"与"军人气质"聚合的成功,是以知识型员工为主体的特别能吃苦、特别能战斗的华为人的成功,是始终充满激情和斗志的任正非及其领导团队的成功!

华为营销人员全身心地付出,贴近客户,手机24小时开机随时响应客户需求。他们远离家人亲友、常驻异国他乡,承受着比常人更多的身体上和精神上的煎熬和折磨,伴随着汗水、泪水、艰辛、坎坷,奉献了青春、健康甚至生命!华为人对得起国家、社会和人民,唯一对不起的是自己的家人,没有时间陪伴家人。任正非写的《我的父亲母亲》是每一个华为营销人员最真实的写照，每一个华为营销人读后都眼含泪水。

有人说，华为大部分员工是农村出身的苦孩子。在华为工作虽然经常加班、压力大、付出多、顾不了家，但是工资高。一个人进了华为，家里弟弟妹妹的学费有了，父母都能过上好日子，亲戚朋友都羡慕。1996年，我国城镇职工的平均月工资是500元左右，而华为人平均月工资是5 000元左右。其实，应该说大部分华为人能吃苦，不能吃苦的人在华为是干不长久的。

不能吃苦的人在华为是干不长久的

1996年，我进入华为公司，当时新员工入职培训时，我们市场部的社招人员（已经工作过的人，区别于应届毕业生）共14个人编排在一个班，先进行两周的全封闭课程培训。课程有交换机（A型机、C型机、East8000等）、传输、ETS无线系统、电源、法务、投标、胶片宣讲等，基本上是白天整天地听课、讨论，晚上闭卷考试，周末也一样。当时我就想，本来苦学了十几年，好不容易硕士毕业，以为再也不用考试了，要考也是考别人，没想到，在华为第一关就遇到了闭卷考试。两周的封闭培训刚结束，就有两个人由于坚持不下来，走了。后面还有客户接待、展厅讲解、单板维修、总测老化等实习，然后，去西南某代表处进行装机实习。记得当时一个从外企通信设备公司离职加入华为的员工，他老婆抱着孩子来探望时说："这工作太苦了，咱们不吃这个苦，不赚这个钱，咱们回家吧。"就这样，几个月的培训结束时，14个人走了一半，只剩下7个人。

西点军校最优秀的学生毕业去哪里？去阿富汗、去伊拉克、去利比亚，去打仗，最差的学生才留在五角大楼。不是说这些优秀学生不怕死，而是他们收入最高，机会最多，提拔最快。华为的"西乡军校"，也是这样，最优秀的学生去了海外最艰苦的地区，成长也是最快的。

事实上，在华为，大城市富裕家庭出身的孩子也不少。这些高学历、高能力、高素质的知识分子，一旦撕下知识分子清高的"面具"，能够走出去，请客送礼，低声下气地推销产品，千方百计地催收货款，持之以恒地用心为客户服务，那么取得营销成功是必然的。在当时市场上充斥的低学历、低素质、低信誉的销售大军中，华为营销人员西装革履、礼貌谦恭，"胸藏文墨怀若谷，腹有诗书气自华"，成了一道亮丽风景。当其他公司将客户关系停留在"降价＋喝酒＋回扣"的层次上时，华为已经在各地进行"网络规划＋需求挖掘＋规模营销"，帮助运营商分析网络现状，挖掘潜在需求，发展新业务，增加客户营业收入，获得客户的高度认可。

应聘华为营销岗位时，首先必须填写职位申请登记表。在职位申请登记表的封面上有一个慎重承诺，应聘者必须在四个工作地和派驻期限意向中选择一个。很多应聘者根据自己的期望，选择了 A 可以长期派驻海外地区或者 B 可以在国内各地工作或者 C 仅限在国内某些城市工作，如果不是公司特聘的专家或特聘的管理者，一般情况下，负责招聘的人员只要看这个封面的选择结果，就可以决定应聘人是否有继续面试的机会。只有选择了 AA，即可以长期派驻海外艰苦地区，才有机会进一步面试。华为鼓励员工长期派驻海外艰苦地区工作。吃不了苦、不能全身心投入到工作中、想拿高收入而不想长期艰苦奋斗的人，是进不了华为的。即使进了华为，不苦干实干也干不了多久。选择了华为，就意味着选择了艰苦奋斗。

华为的激励机制，就是鼓励员工到艰苦地区工作，提拔任用、薪酬、补助、发展机会等向艰苦地区员工倾斜。华为员工到全球各地工作有地区补助，根据地区的艰苦程度，补助不同。例如到艰苦地区工作每天的艰苦补助是 100 美元，在一般地区工作每天补助大约是 40 美元，而到发达地区工作则没有艰苦补助。到艰苦地区工作，任职资格的职级直接提升半级到一级。原则上是优先从艰苦地区的优秀员工中选调、提拔到经济发达地区工作。每年的年终奖也是艰苦地区的团队奖金包最高。绩效考评优秀指标、各种荣誉奖励也是向艰苦地区员工倾斜。这种导向艰苦奋斗、导向冲锋的激励机制，使华为人愿意在艰苦地区持续奋斗。

很多客户、亲友、同事、同学，看到华为员工收入高，想把家人、朋友介绍进华为工作。华为公司一律要求走正常的招聘流程，要经过考试、面试等多道关，合格的录用，不合格的不录用。

华为崇尚奋斗。什么叫奋斗？为客户创造价值的任何微小活动，以及在活动的准备过程中为充实提高自己而做的努力，均叫奋斗。否则，再苦再累也不叫奋斗。

一般人只注意身体上的艰苦奋斗，却不注重思想上的艰苦奋斗。科学家、企业家、善于经营的个体户、养猪能手，他们都在思想上艰苦奋斗。为了比别人做得更好一点，为了得到一个科学上的突破，为了一个点的市场占有率，为了比别人价格低些，为了养更多更好的猪，他们精神上承受了难以想象的压力，殚精竭虑。他们有的人比较富裕，但并不意味他们不艰苦奋斗。比起身体上的艰苦奋斗，思想上的艰苦奋斗更不被人理解，然而也有更大的价值。评价一个人的工作应考虑这种区别。

任正非说："我们永远强调在思想上艰苦奋斗。思想上艰苦奋斗与身体上艰苦奋斗的不同点在于：思想上艰苦奋斗是勤于动脑，身体上艰苦奋斗只是手脚勤快。"华为公司的内部文件上曾说："我们倡导尽心工作，思想上艰苦奋斗。尽心与尽力，是两回事。一个人尽心去工作与尽力去工作有天壤之别。尽心工作会积极开动脑筋，想方设法去工作。尽心工作就是思想上艰苦奋斗，尽力工作就是没有目标地完成任务。"

> **尽心工作，一粒米卖出三项服务**
>
> 台湾前首富王永庆尽心工作，一粒米卖出三项服务。他15岁进入米店打工，一年后，父亲向朋友借了200元钱，给王永庆开米店。一开始，王永庆的米店生意很差，没有人上门买米，他就上街挨家挨户推销。在当时的台湾，大米加工技术比较原始、粗糙，稻谷收割之后，混杂了许多小石子和其他杂物，于是大家卖的米里面都有一些小石子和小杂物。他和两个弟弟每次在卖米之前就把所有的小石子和杂物都挑干净，于是他的米比较好卖，在当地慢慢地传开了。这是他卖米的第一项服务。当时，所有米店还没有外送服务，他就主动送米上门，这也成了他卖米的第二项服务。并且他还帮顾客把陈米倒出，洗米缸，再把新米放入。就当时而言，这又是一个创新。还有一项服务，王永庆会记下每家每户的米缸大小，家里有多少人吃饭，每个人饭量怎么样，这样每次不用等顾客吃完米上门来买，他的米店就把米送到人家家里。一连三项服务让他的生意大红大火。只用了一年时间，他就有了足够的资金和顾客的积累，第二年他自己就办了一个碾米厂。

任正非强调，在华为，无论是新员工还是老员工都需要成为奋斗者。从高管团队到每一个基层奋斗者，都必须保持不懈怠的状态。只有这样，华为公司才可能活着走向明天，这也是一种不断得到赋能的奋斗状态。

华为人有理想、有抱负。华为公司的愿景是：丰富人们的沟通和生活。后来又修改为：把数字世界带入每个人、每个家庭、每个组织，构建万物互联的智能世界。愿景（Vision）是企业的理想，是企业为之奋斗

第二章 贴近客户的营销组织战略设计

的意愿、企业最终希望实现的蓝图，是企业长期的发展方向和目标。一个美好的愿景能够激发人们发自内心的力量，激发人们强大的凝聚力和向心力。华为人的理想凝聚在公司的愿景里，华为人胸怀天下，以造福全人类为己任，努力为全世界、全人类做出贡献。华为在短短的 30 年，做到了业务遍及 170 多个国家和地区，使全球 30 多亿人口享受到华为质量好、运作成本低的优质服务。华为公司价值体系是为人类服务，不是为金钱服务。通过普及电话和通信网络来丰富人们的沟通和生活，靠的是华为以及与华为有着相同理想的企业、单位的努力和奋斗。"七国八制"的通信巨头们的理想和目标是赚钱，赚取超额的垄断利润！在 100 多年的电话技术、市场发展过程中，只有那些发达国家或地区，或者那些权贵阶层才能享受到打电话沟通的乐趣。它们从根本上是不会考虑贫困国家的人们也有打电话的需要。它们控制着电话交换机的技术输出，哄抬交换机的市场销售价格，只关心着它们自己的垄断利益，它们是为金钱服务的，而不是为大多数人服务的。在通信交换机领域，华为用了近 30 年时间，从追赶到超越，最后成为行业领先。

华为营销人员胸中有理想、脑里有方法、心里有激情、眼前有榜样、身体向前冲。

华为营销人员执着坚持，意志顽强，屡败屡战，百折不挠。早期的国内市场，由于大中城市市场都被"七国八制"的国际通信巨头瓜分了，华为只能从农村或县城开始逐步打开市场。在进攻城市市场时，华为营销表现出了足够的战略耐心。1996 年，在华中某省华为的交换机一直没有获得准入，营销人员就从卖电源开始，逐步与运营商建立了关系。在把电源产品卖到占据市场第一份额的时候，伺机把交换机送进去，以便取得市场目标的突破。但几次都没有成功。此时，华为代表处的主管已经更换了几批了。华为营销人员执着地坚持着，想尽各种办法寻求突破。

1999年，运营商在省会城市的交换机要扩容，华为不直接推广交换机，而是推广光纤接入网，以 V5.2 接口对接局方的交换机，避开交换机没有获得准入的缺陷。实验局开通后，效果很好，获得了局方的好评。由于实验局客户给我们的容量非常小，不久后就需要扩容了。此时，我们说，在华为接入网的 OLT 机柜边上增加一个机柜就可以快速方便地扩容，用户侧的 ONU 更是组网灵活，方便扩容了。后来，经过整网的规划调整，华为的交换机已经实际地在网上运行了。再后来，运营商高层也阻挡不了华为交换机的规模进入了。

华为在俄罗斯坚持奋战八年始获成功

1996 年，徐直军和任正非先后出访俄罗斯，希望能够打开局面，但都无功而返。在第八届莫斯科国际通信展上，任正非亲自看到了俄罗斯市场对华为的冷漠——客户一问是中国公司，又惊奇又怀疑，马上就扬长而去。

1998 年，俄罗斯的市场一片萧条。俄罗斯的一场金融危机，使整个电信业都停滞下来。华为逆水行舟，迎难而上。当年，就在"亚欧分界线"的乌拉尔山西麓军事重镇俄罗斯乌法市建立了第一家合资公司：贝托-华为合资公司，由俄罗斯贝托康采恩、俄罗斯电信公司和华为三家合资，采取的经营战略是本地化模式。在俄罗斯市场前景十分不明朗的情况下，华为对俄罗斯持续加大投入。整整四年，华为几乎没有一单业务，可这份执着换来的是客户的信任。当俄罗斯经济出现"回暖"之际，华为终于赶上了俄政府新一轮采购计划的头班车。

2000 年，华为斩获乌拉尔电信交换机和莫斯科 MTS 移动网络两大项目，华为加快了在俄罗斯市场规模销售的步伐。2001 年，华为与俄罗斯国家电信部门签署了上千万美元的 GSM 设备供应合同。当年，华为在俄罗

> 斯市场销售额超过1亿美元。2002年底，华为又取得了3 739公里超长距离的从莫斯科到新西伯利亚国家光传输干线的订单。2003年在独联体国家的销售额超过3亿美元，位居独联体市场国际大型设备供应商之首。经过八年艰苦卓绝的奋战，华为最终成为俄罗斯市场的主导电信品牌。那几年华为在独联体国家的销售额几乎占到了华为整个海外销售的1/3。

到底是什么支撑了华为八年的坚持和执着？任正非说，是不屈不挠的奋斗精神，支撑他们跌倒了再爬起来，擦干身上的泥水，又前进。他们在一次一次的失败中，相互包扎好伤口，又投入战斗。他说："华为在国际市场上屡战屡败，屡败屡战，败多胜少，逐渐有胜。是什么力量支撑着我们呢？是祖国，是我们希望祖国强大起来。"

华为营销人员的"快速、高效"体现在日常的销售运作、项目管理中。经常是，市场一线需要技术、项目支持时，一个电话打来，后方相关人员就立刻订飞机票、办签证。后来，由于支持海外的项目多了，干脆就先把需要花费较长时间的欧洲申根签、美国签证等签证提前办好，随时准备着出国支持项目。1998年，我还在外地出差，部门主管电话告诉我三天内到某省代表处报到常驻，正式任命还没有下来呢。没有提前沟通、没有理由、没有选择，只有命令、服从和快速报到。这就是华为营销军事化的做事风格。

华为大规模高薪招聘高学历技术服务人员

> 1997年，华为在《中国青年》杂志封底打出招聘广告，要在全国招聘100名硕士及以上学历的人，从事技术服务工作，工资每月4 000元起。

> 当时，很多人想：为什么要招这么多高学历的人，给这么高的工资，从事技术服务工作呢？这些售后安装调试的工作让本科生来做都绰绰有余。然而，华为不是这么想的。因为，华为在1994年开通第一个C&C08数字程控万门交换机后，连续几年的合同销售额几乎都是翻倍地增长，华为在国内通信市场逐渐有点小名气了，加上华为的高工资、高收入，汇聚了大量的博士、硕士及优秀本科毕业生。1977年国家恢复高考，80年代末90年代初才开始逐步恢复硕士、博士研究生的招生培养。当时，全国各大学的博士、硕士研究生数量几乎屈指可数。这些博士、硕士是真正的精英中的精英。即使这样，华为当时拥有的博士数量几乎占到员工总数的10%，也几乎占据了那几年全国博士毕业生人数的五分之一。华为硕士、博士的数量占员工总数的30%多，他们主要分布在研发和市场的相关岗位，研发和市场在他们的带领下突飞猛进地发展，然而，售后服务却成了华为发展的短板，安装调测操作不规范、工勘错误导致合同更改、交付进度推迟，以及技术服务人员能力、素质、责任心不够等问题，使华为痛下决心，一定要招一批高学历、高层次、高素质的技术服务人员，补上售后服务的短板，也为华为将来大规模营销上量后的售后服务做准备。多年后的事实证明，当年的这个招聘高学历、高工资员工的决定是英明的、成功的。因为，那一批招聘的硕士、博士们，不但迅速扭转了华为售后服务的被动局面，而且逐步建立起世界一流的、客户满意的技术服务体系。而且，他们中的很多人后来转岗到了研发、市场，成为研发、市场的骨干，有不少已经成长为公司的中、高层管理者。

华为招聘人员，不仅仅是看中应聘者的高学历，更看中的是他们的能力、素质和潜力。员工刚开始进入华为工作时，比的不是学历，而是学习力！硕士、博士毕业生，学习能力强。当年华为要想从一流大学，尤其像清华、北大这样的学校招到学通信的人才难之又难，即使从一般的大学招到学通信专业的学生也不容易。华为在 2000 年之前招收的理工科知识分子，绝大多数都不是学通信的。但是，就是这批年轻的知识分子，因为有很强的学习能力，加上对通信技术、设备的求知欲和成就欲，一边工作一边学习，从通信的 ABC 学起，从西方公司的设备说明书学起，对着字典一个词、一个句子地啃，每天工作学习十七八个小时，半年到一年的时间下来，人人都成了通信技术的内行，许多人后来成为业界专家。

除了要学习通信知识、产品知识，还要学习工作上的很多技能、方法。例如在早期开拓海外市场时，如果需要一个人，必须提前两到三个月计划，还不一定能保证人员及时到位。经常是一个人什么事都要做，大到各种产品的技术推广、汇报会、高层攻关、政府关系、项目融资、招投标、现场勘测设计、技术方案洽谈、产品配置报价、合同起草洽谈、代理商发展、举办大型鸡尾酒招待会、参加国际性专业会议、本地广告宣传、注册公司或者代表处活动等，小到电脑维修、外语应用、做饭、开车这些基本技能，样样都要学习，样样都要从不熟悉到熟悉、再到熟练应用。这些，在学校是很难学到的。

1996 年，华为开始开拓海外市场，遇到的第一道难关就是语言关。当时，大部分的市场营销人员没有海外工作经历，外语水平只能达到听、说简单单词的水平，根本达不到自由交流、用外语工作的水平。于是，华为招聘了一批学外语的人员，试图凭借他们的外语优势，尽快地把华为的产品推销出去。然而，经过一段时间的运作，市场还是没有丝毫的起色。有他们不懂产品、不懂销售的原因，也有运营商对中国不了解，对中国产品、对华为不认可的原因。靠这些学外语的人员去学习、培训华为的产品和技术不现实，时间上和效果上都不可行。还不如让华为的懂产品、有技术的"理工男"去强化学习外语来得容易。就这样，华为把所有代表处、片区、公司总部的营销人员中具有博士、硕士学历的人列了一个清单，让他们带头奔赴海外市场。因为，博士、硕士们毕竟比本科毕业生多学了几年外语，而且，学习能力强，在海外的外语环境里，很快能把外语水平提高起来。华为营销队伍里的这些高学历的博士、硕士，发挥了学习能力强的优势，有的请家教、请国外当地的大学生当培训老师，强化学习外语。有一个海外代表处代表请了三个外语家教，自己一个、老婆一个、孩子一个，同步学习外语，无论在办公室还是在家里都强制只能说外语；还有不少人直接把《新概念英语》第二、三册，从头到尾地背诵下来；有的直接找当地人聊天学到带当地口音的地道的外语。就这样，快的几个月，慢的半年、一年，大部分海外营销人员都基本能达到与客户交流、用外语办公的水平了。拼搏的华为营销人员，就这样跨过了进军海外市场的第一道关。

华为营销人员不但高学历，而且是高智商、高才干，这体现在他们遇到困难和问题时总能想到好的解决方案，最后完成目标任务。

在有的国家，华为营销人员见不到客户，但又想了解客户的网络现状、客户需求，以及什么时候扩容、发标书，怎么办？高智商的华为营销人员想到了托人买那些已经过期的废标书，或者流标的标书。过期的标书会显示客户以前的需求以及大致的网络状况。通过分析，华为就可以猜测，客户现在有什么需求。有了这个分析，华为就有了与客户交流的底气。通过学习旧标书，华为营销人员更直接地学到了国外通信巨头的销售方式、投标方法。经过不断地总结、改进，华为营销人员逐步从"土八路"锻炼成了"正规军"。

走出国门的华为营销人员意识到，要想销售产品，必须让世界了解

第二章　贴近客户的营销组织战略设计

中国、了解华为，让客户了解中国改革开放这几年的发展成就以及华为所做出的贡献。因此，华为制订了一个"新丝绸之路"计划，邀请大量的外国运营商客户和政府官员、电信专家到访中国。可是，人家不愿意来怎么办？

"新丝绸之路"计划

华为制作了一本漂亮的画册式的邀请函，名字就叫"Huawei in China"，里面每一页都是中国美丽风光的照片，还有改革开放以后新发展起来的城市，如北京、上海和深圳，此外，还有华为产品的应用情况。这个画册式的邀请函产生了效果，很多客户一下子就感兴趣了。他们倒不一定是对华为感兴趣，大部分客户是对到中国一游感兴趣。邀请客户来中国的时机很重要，因为客户出差也是要有理由的，所以香港国际通信展成了华为营销人员邀请客户来参观的最佳时机。华为调动起了所有海外代表处的营销人员，让他们给客户广发邀请函。只要你愿意来，华为负责你的行程。行程是从北京入境，之后到上海、深圳，然后从香港出境，或者从香港入境，到深圳、上海，再到北京出境。首先，华为请这些客户、官员和专家参访中国的城市，让他们体验中国的电话、手机，他们发现中国通信行业的发展质量、电话普及率已经接近世界先进水平。其次，再安排他们到中国电信或中国移动的机房参观华为的通信设备，让华为在中国的客户告诉他们，华为是中国最大的通信设备制造商。最后，再安排他们到深圳，参观华为优美的园区和展厅，并进行技术交流。为了让客户了解华为的实力，华为在深圳坂田建设了巨大的总部基地，到这里参观过的人都印象深刻。看到中国和华为的强大实力，往往会让很多国外客户打消疑虑。然后，再到香港参观国际通信展，从香港起飞回国。有的客户是先参观香

> 港通信展，再游览国内其他城市、参观华为。这一整套的营销方法，一下子就使客户转变了对中国、对华为的看法，这条"新丝绸之路"不仅使客户了解了中国的改革开放成就，也认识了华为，为华为进一步地打开海外市场奠定了基础。

华为总体上靠的是快，学得快、做得快、改得快，快的背后是勤奋。华为快速发展的历史，就是不断学习进步的历史。向全球各领域的业界最佳学习，向竞争对手学习，向客户学习，向一切先进学习。西方著名通信设备公司不仅是竞争者，更是老师与榜样。它们让华为在自己的家门口遇到了最激烈的国际竞争，知道了什么才是世界先进。它们的营销方法及其员工的职业修养、商业道德，都给了华为启发。华为是在竞争中学会了竞争的规则，在竞争中学会了如何赢得竞争。

运营商客户始终是华为的良师诤友。他们在项目谈判、招标、评标中，用职业水准来衡量每一家竞标者，使华为认识到，我们的标书规格如果再差一点，就不可能入围，更不能中标；特别是华为的解决方案，要在先进性、合理性、低成本、高增值，以及优良的服务上与西方公司进行综合比较才有可能入围。他们的苛求迫使华为这支"山沟沟的游击队"不得不迅速国际化。他们对网络的理解，远远超过华为年轻的研发人员。一次又一次的谈判与技术澄清，就是一步又一步地引导华为人真正读懂技术标准，读懂客户的需求。一群土生土长的华为人，很快成为世界领先产品的开发者，要感谢他们的引导。他们像严厉的诤友，逼着华为一天天进步。如果华为哪天不进步，就可能被淘汰。没有他们的严厉和苛求，华为就不会感受到生存危机，华为就不会迫使自己一天也不停地去创新，也就不会有今天的领先。

03

全球领先的规模营销服务网络平台

截至 2019 年底，华为在 150 多个国家和地区建立了代表处，业务遍及 170 多个国家和地区，服务 30 多亿人口，并在全球建立了 9 个地区部。

华为在全球拥有 1 000 多个备件库，支撑 170 多个国家和地区的备件服务业务，可为 66 个国家和地区的主要城市提供 4 小时服务，拥有全球领先的规模营销和服务网络平台。2019 年 11 月，华为获得 TSIA (Technology Service Industry Association 技术服务行业协会) 技术支持"杰出"认证 (EMEA 区域，包括欧洲、中东和非洲)。这标志着华为在 EMEA 区域的技术支持服务领域已经达到业界最高标准。

覆盖全球的内部 IT 网络平台支撑业务高效运作

华为营销组织的设置是以客户为中心，采取贴近客户、贴心服务的规模营销服务网络平台的战略布局。（详见图 2-4）这个营销服务平台无论是覆盖国家数量，还是人力、车辆、设备维修备件等资源配备，以及办公生活等设施的宽敞舒适，都是世界一流的。

```
                    EMT (Executive Management Team 经营管理团队)
         ┌──────────┬──────────┬──────────┬──────────┬──────────┬──────────┐
    行政基建IT    财经      研发     销售与服务    供应       战略与      人力资源
    等支撑体系    体系      体系      体系      链体系    Marketing     体系
                                        │
    ┌─────┬─────┬─────┬─────┬─────┬─────┬─────┬─────┐
  独联体  亚太  中东北非 欧洲  中国   东欧   南非   东太   拉美
  地区部 地区部 地区部 地区部 地区部 地区部 地区部 地区部 地区部
    │                 │      │      │                   │
  兰州代表处 ……    广州代表处 北京代表处 上海代表处    哈尔滨代表处
```

图 2-4　华为营销组织架构简图

说明：华为有七大体系，33 个一级部门，在全球 150 多个国家和地区建立了代表处；图中的组织架构参考华为 2004 年公布的信息。

覆盖全球 150 多个国家和地区的代表处，就是华为触摸世界的"手"和"脚"，是华为洞察客户需求、快速服务客户的前线堡垒。

华为在国内几乎每个省、市、自治区都建立了代表处，在全国组建了 31 个省级技术服务团队，以及超过 2 000 支服务合作伙伴队伍，保证每个区域的服务需求及时响应。在备件保障方面，华为在全国共有 190 多个备件库，根据客户不同的备件需求，可提供 2 小时、4 小时、6 小时等不同级别的备件到达服务。在节假日及重大活动前夕，华为网络保障团队会提前完成备件盘点及补库，当紧急问题发生时以最快速度将备件送达。当遇到极端天气造成的航班延误时，受航班影响的标准级别备件将选择最优路径进行交付。

华为的一个代表处有几百个甚至上千个常驻人员，拥有连接华为全球内部 IT 网络系统，拥有几十甚至上百辆业务用车辆，拥有备件库、工具库、资料库、培训中心等等销售服务能力齐全的市场一线作战平台。随着华为将运营商业务扩展为企业业务、消费者终端业务、运营商业务三大业务，在多业务线的发展过程中，代表处层级共用一个行政平台。

华为的营销服务人员绝大部分都分布在全球这150多个代表处，公司总部机关和各地区部的人员很少，而且，总部和地区部的人员大部分时间也是在各代表处支持销售项目的。

以华为武汉代表处为例。在国内代表处中，武汉代表处属于中等大小的代表处，位于武汉市首个国际甲A级写字楼武汉天地企业中心。华为租用了大厦的23层和24层共两层，建筑面积大约5 200平方米，视野开阔，风景优美。华为武汉代表处员工有大约500人，业务用车20余辆。2019年销售额达80亿元人民币，2000年的销售额大约5亿元人民币。20年来，销售额约增长到16倍。为了更好地销售、服务客户，华为在很多地市级城市也建立了办事处，例如在襄阳、荆州、宜昌、黄冈、十堰等地都建立了办事处。这些办事处一般租用的办公面积有几百平方米，供一二十人办公使用。

再来看看华为的海外代表处。

华为在南非的约翰内斯堡购买了15万平方米土地，自己建设了办公园区。这里风景如画，办公园区共有18座风格迥异的建筑，错落有致，巧妙排布，相映成趣。各项办公设施应有尽有。南非的办公园区被员工称为"海外最棒的办公园区"。园区大门和园区内分别配置了保安、巡逻犬等，24小时警戒。园区主干道一圈约1.3公里，非常适合饭后散步、晨跑和夜跑。南非华为园区已成为南非将士们的奋斗乐园。

华为南非员工有1 000多人，65%是本地员工。华为1998年开始进入南非通信市场，是南非信息通信设备供应商的第一品牌。南非70%以上的基础通信设施都是华为建设的。华为手机在南非很受欢迎。这源于一个"华为手机挡子弹"的真实故事。

华为手机在南非挡子弹的真实案例

2016年9月,中国手机品牌华为屡屡登上南非甚至英国媒体的报端,起因不是该手机实用而不贵,而是其在用户遭枪击的生死攸关时刻上演"神防守",成功挡住了射向心脏的子弹。据悉,这位使用华为手机的幸运儿名叫西拉杰·亚伯拉罕(Siraaj Abrahams),41岁,是五个孩子的父亲。他是南非的港口城市开普敦的一名商人,拥有一家科技公司和一家汽车公司。8月底的一个深夜,他参加完一个生日聚会后驾车回家,在等待家里的电动门开启时突然遭遇数名武装劫匪的袭击,其中一人在两米外残忍地朝着他连开两枪。幸运的是,他胸前上衣口袋中的华为P8青春版金属机身手机为他挡住了一颗夺命的9毫米口径子弹。他中枪后一度昏迷,劫匪以为他已经丧命,抢了300兰特的现金后扬长而去。闻讯赶到的女儿和邻居发现,射向他心脏的子弹被手机挡住,弹到了一边。子弹在他衣服上打了一个洞,并在他身上留下了一个极小的伤痕。得知此消息后,当地媒体感慨道:"人们一直在喊手机为现代'救星',不过通常却不知道其字面背后的内涵。"此次西拉杰使用的华为手机可以说很好地诠释了这一点。西拉杰表示,如果不是华为手机,子弹将射穿他的心脏。从当地媒体上得知该消息后,华为当地的营销总监邀请西拉杰和他的妻子沙米拉共进午餐。沙米拉对丈夫的死里逃生感触颇多:"这真是老天的杰作,万事皆有其发生的方式。"她还透露说:"他出门时本来想不带手机,因为已经快没电了。后来他还是决定带着,因为他可以到朋友家充电。他的口袋破了,所以他才不得不把手机放到上衣口袋。"鉴于西拉杰的"英雄"手机已经中弹受损,华为公司免费为他更换了一部全新的P9青春版手机。此事经过开普敦当地一家媒体报道后,又经过英国媒体转载才传到中国。在此过程中,华为并没有刻意向南非主流媒体和中国媒体宣传该消息。

第二章　贴近客户的营销组织战略设计

华为印尼代表处，位于首都雅加达 CBD 核心地段的 WISMA MULIA 2 大楼，总面积约 15 868 平方米，其中办公楼层 7 层，餐厅及健身区 1 层。该楼宇为甲级写字楼，楼下就是首都主要干道 GATOT SUBROTO 大街、城市快速路出入口和公交站点，交通方便；更重要的是办公楼非常贴近客户！

华为印尼雅加达代表处办公人员有 1 800 多名。印尼代表处还实现了面向员工的平台化和 IT 化。大多行政业务都可以远程在线办理，另外，通过一站式服务中心，可以快速处理各种报销、资产、IT、签证、保险等问题。有很多同事经常见客户、跑项目，并不一定会在代表处长待。同时，又有很多来出差的同事。因此印尼代表处设置了共享办公区，出差的同事们不用担心去了没位置。

印尼代表处还有个很特别的地方，叫创新中心，来到这里仿佛进入了高科技电影。在这里，你将体验到华为各个运营中心的解决方案，还有来自消费者业务的设备产品。华为印尼代表处其实就是公司数字化转型的探索实践，既是技术和生态产品的集成，也是数字化转型的样板点。

华为 2000 年在印尼成立代表处时只有 5 名员工，现在已经发展到近 2 000 名员工，其中 90% 都是当地员工。印尼华为从一个年销售额不到 1 000 万美元的小企业，发展到现在年销售额达十几亿美元规模的领军企业，现在为印尼 10 家主要运营商中的 9 家提供服务，在印尼通信市场占有重要地位。

我们再来看看华为在海外工作过的员工是怎么介绍华为海外工作、生活的：

> 华为的业务覆盖全球 170 多个国家和地区，人员到不同国家和地区常驻和出差的补助是不同的。华为把国家和地区按照发达程度和是否有疾病、战乱等风险分为一类到六类，一般发达国家

81

和地区都是一类，没有艰苦补助，其他几类国家和地区的补助有40美元一天、60美元一天等等，而六类国家和地区的艰苦补助则是每天100美元(不包括工资和其他补助)。

在一些小国家，华为公司一般都安排有宿舍，而且宿舍环境都很好，很多都是独栋小别墅，而且有打扫卫生的本地阿姨。同事们也都住在一起，并且安保这块的工作都是有保障的。由于安全等原因，宿舍和办公室离得很近，路途远的地方也配有司机车辆，只需在内部的车辆预定平台上操作就好。而在一些发达国家和地区，公司会发本币的房补，可以在外面自己租房住或者跟同事合租，跟国内情况类似。在一些大的代表处，很多同事也会自己买车，大部分国家都承认国际驾照，只需要在国内办好即可。当前大部分国家和地区的代表处都设有食堂，师傅也是从国内过去的，南、北方的特色菜都会，定期还会举办一些特色活动，如海鲜宴、火锅宴等等。

其实海外业务的岗位不仅仅局限于市场销售和服务，还有财经、HR、项目管理等很多岗位。所以出国前必须要经过英语托业考试和业务培训，保证大家有最基础的外语沟通能力和业务能力。并且，除了接触客户需要用到外语，很多时候和公司内部的同事交流也是需要外语沟通能力的，一个代表处经常有超过10个国家和地区的人在一起工作。在这种多文化的环境中工作也是很有趣的。除了日常工作，周末的时候大家也会组织一起外出爬山、郊游、野餐、烧烤等活动。海外的生活相比国内确实会稍微枯燥一些，但也更加纯粹。总的来说，海外的生活跟你去的国家和地区有很大的关系。即使去一些艰苦地区，公司安排的小环境还是很好的，衣食住行各方面肯定是不用担心的，但"吃喝玩

第二章 贴近客户的营销组织战略设计

乐"方面在一些特别艰苦的地方还是比较匮乏的。不过，工作人员的物质奖励肯定不会少，所以就看大家的选择了。

华为公司内部组建了一个覆盖全球的 IT 网络工作平台（见图 2-5），连接全球 150 多个国家和地区的 1 000 多个办公地点，涵盖 19.7 万名员工，服务遍及 170 多个国家和地区；支持全球 18 个一级研究所和几十个中小研究所、36 个客户联合创新中心、70 多个数据中心；网络带宽达到 70GB，云存储的容量达到 70PB。在该平台上，每年有 150 多万个合同和 5 亿多行 PO，平均增长 50% 以上；每天 280 多万封邮件，8 万多次会议；研发 IPD 流程、集成供应链 ISC 平台、客户关系管理 CRM（Customer Relationship Management）平台、集成财务服务 IFS（Integrated Financial Services）平台以及 HIS（Huawei IT Service）上面 600 多个应用，这些是华为人每天工作中离不开的流程、平台和各种应用。支撑这些流程、平台、应用和大规模业务能够平稳、有序、高效运作的，便是华为安全、可靠、稳定的 IT 网络系统，是全球最大的企业 Wi-Fi 办公网络。

覆盖全球的内部 IT 网络平台已成为华为核心竞争力的重要组成部分。端到端流程框架和与之相适应的信息系统平台，有力支撑了华为核心业务的集成，大大提高了运作管理效率。华为员工在任何时候、任何地点都可以方便地使用公司网络和应用系统，进行业务操作及多媒体会议和协同办公。华为覆盖全球的内部 IT 网络平台全面实现研发、订单、制造、采购、物流、技术支持和财务等的数据和信息的集成和闭环业务处理；集中管理全公司的关键业务和技术数据，为企业智力资产的安全管理和有效使用提供了强有力的基础设施保障。

华为公司每年在内部 IT 网络系统上的投资约占公司年营收的 1.6%，30 多年来，华为内部 IT 网络总投资累计近千亿元人民币。内部 IT 网络是业务流程化运作的工具，是大规模提高运作效率的承载体。

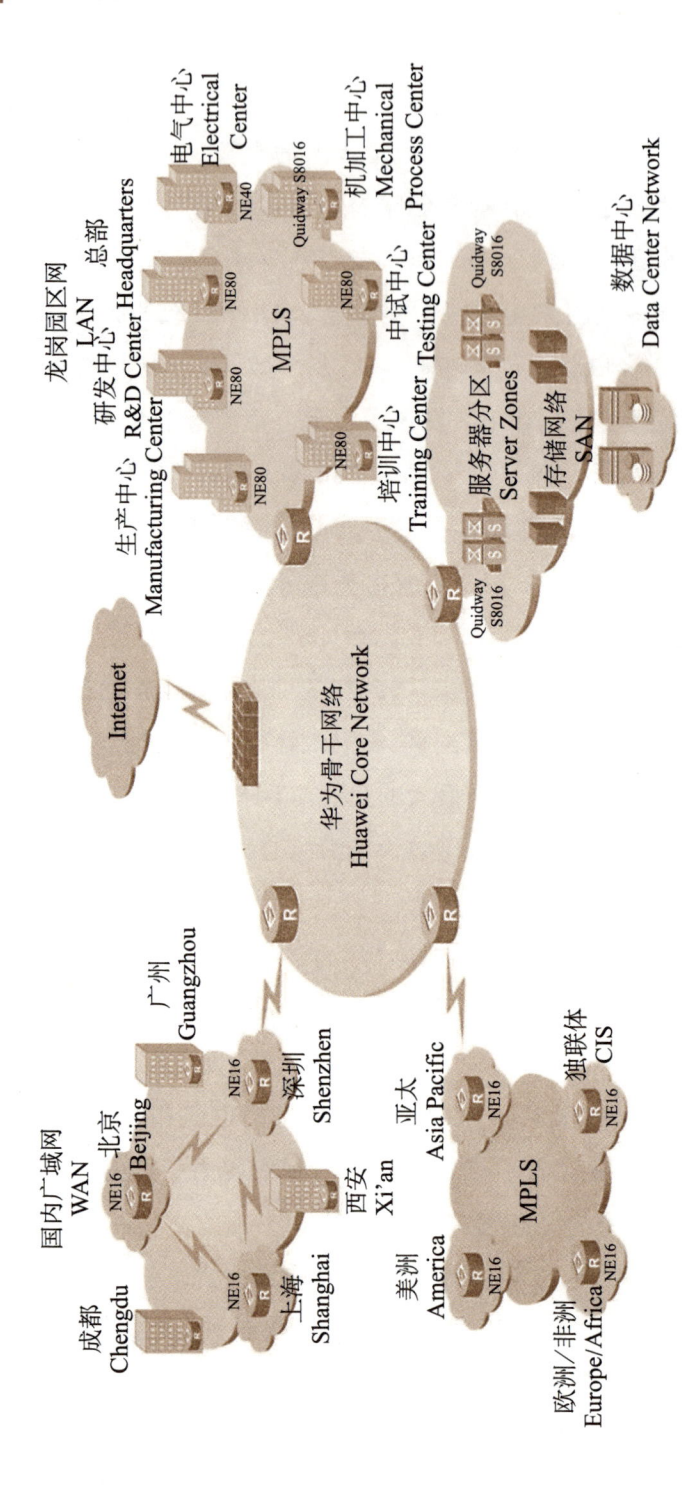

图 2-5 华为覆盖全球的内部 IT 网络平台

说明：全网采用华为自行研制的系列数据通信产品；龙岗园区网共有 10 万个数据点和 5 万个语音点；海外网络覆盖 150 多个国家和地区。

华为营销部门是公司的龙头部门

华为营销部门是公司的龙头部门、最强势的部门，代表着市场、客户需求，牵引着研发、供应链、售后服务等部门。这是由华为以客户为中心、客户至上的传统以及企业文化决定的，也是华为营销组织能快速高效地响应客户需求的重要因素，是华为营销组织运作的独特优势。

华为要赶超强大的竞争对手，就必须价格低、到货快、安装运行早，把客户的压力从市场一线直接传递给后方相关支持环节、部门。由市场牵引着研发、供应链、售后技术服务的能力提升。

华为总部机关的营销组织架构（如图 2-6 所示）很独特：定价中心、市场财经部、技术服务部、综合计划部都直接划归营销部门管理。只要是影响到销售项目运作效率、影响到销售项目成功的环节，都要掌控在营销部门手里。这些部门的人员编制、工资、奖金、收入等都归属于营销部门，这样，他们才会"让屁股决定脑袋"，在做业务决策时与市场一线保持一致，避免了相关支持部门的推诿、扯皮。在其他企业，商务部一般是独立于销售部门的，是掌控着销售合同生死大权的重要部门，严格要求销售产品要卖高价，卖的价格低了就不允许签合同；而供应部门会说："合同供货时间太紧了，我们供不了货。"例如华为某主要竞争对手公司采购主管是公司老板的儿子，如果他说时间太紧供不了货，那么营销人员也没有办法。

华为不但每年要从研发体系大量地输出技术专家到营销部门，而且从供应链、财经等部门输出人员到市场一线。同时，营销部门每年也输出干部到研发、财经、供应链等部门，把市场人员雷厉风行、以客户为大、顾全大局、快速高效的运作理念带到后方支持部门。例如数据通信产品行销部长姚福海任全球采购部总裁，接入网产品行销部长邓飚任研发软件公司总裁，光网络产品行销部长王维滨任光网络研发产品线总裁，等等。

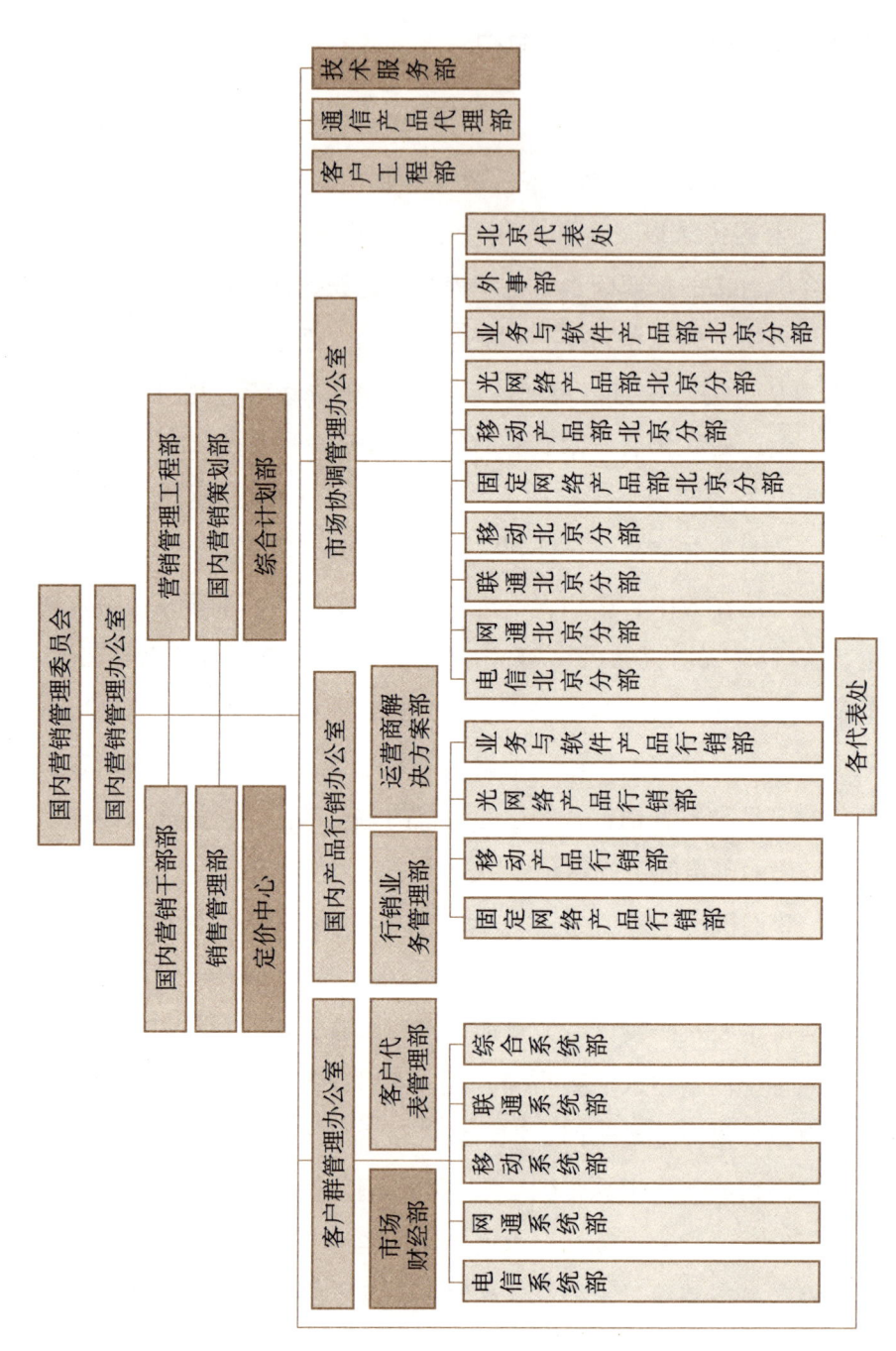

图 2-6 华为总部机关的营销组织架构

注：市场财经部、定价中心、综合计划部、技术服务部都直接划归营销部门管理。

04

构建面向客户的作战阵型：从单兵到"狼狈"再到"铁三角"

华为初创时期就是单兵销售，是个人英雄主义时代，靠的是比竞争对手想得多一点、跑得勤一点、做得多一点、守的时间长一点、吃的苦多一点。能力强的、关系好的销售人员销售业绩好，但很难快速形成规模销售能力，更难使公司获得规模的销售业绩。单兵销售，就是个人上门推销。个人业绩再好，也不能形成规模。对于公司来说，不能形成规模销售，就不能达到获取规模利润的目的。

单兵销售：个人英雄主义时代

我们来了解一下世界销售冠军的销售与规模营销的不同。

> **世界上最伟大的推销员乔·吉拉德**
>
> 世界上最伟大的推销员乔·吉拉德（Joe Girard），1928 年 11 月出生于美国底特律市的一个贫民家庭，35 岁时成为一名汽车推销员。当时，在汽车之城底特律至少有 39 家大型的汽车经销店，每家又各有 20—40 人的销售员，可以说是全世界竞争最激烈的汽车市场。三年之后，吉拉德一年

销售1 425辆汽车的成绩，打破了汽车销售的吉尼斯世界纪录。在1963年至1978年的汽车推销生涯中，吉拉德总共推销出13 001辆雪佛兰汽车，平均每天销售6辆，而且全部是一对一销售给个人的。他也因此创造了吉尼斯汽车销售的世界纪录，同时获得了"世界上最伟大推销员"的称号。

杰出的营销大师李·艾柯卡

1924年10月，艾柯卡生于美国宾夕法尼亚州。1946年8月，艾柯卡来到底特律，在福特公司当见习工程师，他找机会当了汽车推销员。艾柯卡虚心好学，很快学会了推销的本领，不久，他被提拔为宾夕法尼亚州威尔克斯巴勒的地区经理。有一次，艾柯卡想出了一个推销汽车的绝妙办法：谁若想购买一辆1956年型的福特汽车，只要先付20%的货款，其余部分每月付56美元，3年付清。这样，一般消费者都能负担得起。艾柯卡把这个办法称为"花56元钱买56型福特车"。这个诱人的广告，使福特汽车在费城地区的销量直线上升，成为全国销量第一名。福特公司把这种分期付款的推销方法在全国各地推广后，公司的年销量猛增，艾柯卡也因此名声大振。

不久，公司晋升他为华盛顿特区经理，几个月后，又调到福特公司总部，担任卡车和小汽车两个销售部的经理。在总部，他开始显露出非凡的管理才能。四年后，艾柯卡担任了副总裁。进入20世纪60年代后，他亲自研制出一款专为年轻人设计的新车"野马"，第一年销售量高达41.9万辆，创下了全美汽车制造业的最高纪录。头两年"野马"型新车为公司创纯利11亿美元。获得这些成绩的背后，还有两个很重要的因素。一个是福特公司在1913年发明了世界上第一条汽车流水装配线。福特将装配线

第二章　贴近客户的营销组织战略设计

> 拆分成几十个小步骤，每个工人只需熟练掌握其中的一个步骤，一辆汽车的装配时间从原先的 12 小时减少至 90 分钟。就这样，每个装配环节都在年复一年的技术创新中被缩短了时间，到了 1927 年，流水线每 24 秒就能组装一部汽车。大规模的标准化生产，产生了规模效应，使得成本大幅下降。另一个是采取"5 美元日薪制"——远远高于当时 2.35 美元的平均日薪，吸引了许多忠诚的工人，为产品的质量稳定和生产效率的提高奠定了基础。1970 年 12 月 10 日，艾柯卡登上福特公司总裁的宝座，此时福特年产汽车近 500 万辆。1978 年，福特公司年销售额约 420 亿美元。

我们对比一下吉拉德与艾柯卡，可以发现他们处在相同的时期——20 世纪 60 至 70 年代，和相同的地点——美国底特律，拥有相同的工作——推销汽车。

吉拉德从 1963 年至 1978 年，累计销售汽车 13 001 辆，如果按当时一辆雪佛兰家庭轿车的平均售价 4 000 美元来计算，吉拉德总共销售的 13 001 辆车的销售总金额是 52 004 000 美元。艾柯卡花了 24 年的时间，使福特公司仅 1970 年就生产了近 500 万辆汽车。1978 年，福特公司年销售收入 420 亿美元。这两个营销大师的销售额数据简直是天壤之别！这就是单兵销售与规模营销的明显不同。有的人说，不能拿一个人的销售业绩与一个公司的销售额进行比较。是的，吉拉德把个人的勤奋负责、聪明才智发挥到极致，创造了常人无法企及的销售奇迹！艾柯卡把个人的优秀转换成了组织的优秀，通过组织运作的规模化、统筹化和可复制性，达到规模营销的目的。这是他们本质上的不同。

著名管理学家彼得·德鲁克说过，营销的真正目的就是要使推销成为多余，营销的目的在于深刻地认识和了解顾客，从而使产品或服务完全地适合顾客的需要而形成产品自我销售，理想的营销会产生一个已经准备来购买的顾客，剩下的事就是如何便于顾客得到产品或服务。而规模营销不仅仅关注销售或产品这两个环节，而且要推动客户需求分析、研发、生产、供应、销售、交付和服务的全流程最优化，并有机协同，达到快速高效占领市场的目的，充分获取市场"机会窗"的规模利润。

我们需要像吉拉德这样的优秀销售员，我们更需要像艾柯卡这样的规模营销大师。艾柯卡不仅仅是一个营销高手，更是一个优秀的商业奇才，一个卓越的企业家，是美国商业偶像第一人。

全球销售冠军优秀的销售方法和经验是值得我们每一个销售人员学习的。

总结一下全球优秀销售人员的共同特质和优秀的销售方法和经验：

（1）积极主动，热情细心，有亲和力，乐于助人；自信，有激情，全身心投入。为每一次对客户的拜访做充分的准备。

（2）敢于竞争，不怕失败，抗挫折能力强，永不言败。

（3）信守承诺，对客户负责，获得客户的信任。真正的销售始于售后，让客户为你带来更多客户。

（4）动脑筋，想办法，销售创新是销售从 0 到 1，从 1 到 N，再到规模上量的关键。

（5）说服能力强，洞察客户需求的关键点，充分了解产品的优劣势及竞争态势。

（6）快速学习，善于阶段总结，提高营销能力，不断进步。好记性不如烂笔头。很多世界级大企业的高管随身带一个小本子和笔，随时记录客户的需求、改进的思路、做事方法的灵感等等。

这些优秀销售人员的共同特质和优秀的销售方法和经验，一定会给我们的日常工作带来很多启示和灵感，帮助我们不断进步。

第二章　贴近客户的营销组织战略设计

华为营销提倡群体奋斗，不提倡个人英雄主义。销售人员没有提成，业绩是和自己团队的业绩挂钩的。这样避免销售人员有机会主义行为，忽视与客户的长期关系维系。华为营销运作建立在团队作战的模式上而不是简单地建立在个人的基础上，成功的做法可以复制，可以全面推广，这是华为与一般企业在市场营销管理上的本质区别。

"狼狈组织计划"：客户经理与产品经理并肩战斗

1993 年，华为开始进攻电信局市场。但是，电信局原来的交换机都是进口的，建设、运维人员都经过一定的培训，比较懂技术，也更关心设备的技术性能、运行功耗、成本及维护扩容的便利性等等。而华为早期销售人员主要专长在"搞关系"上，跟电信局的人相比不太懂技术，无法清楚地向客户宣讲产品的技术优势。这就要求华为的研发技术人员走出实验室，来到市场一线，给客户讲技术、讲产品、讲特点、讲优势。走出研发实验室的华为技术人员用一个双肩包背着投影仪和一些电路板，开始在一些电信局与客户进行技术推广交流，对促进销售起到了很好的作用。后来，全国各地几乎每个稍微大点的销售项目或展览会、技术汇报会都要求研发的技术人员到市场一线来给客户讲技术、讲产品、讲优势。这就形成了销售过程中除了客户经理外的另一个不可或缺的技术推广人员的角色。华为把这个角色起名叫产品行销经理，简称产品经理。研发技术人员到市场一线给客户讲技术、讲产品、做技术交流，开启了华为产品行销经理宣传推广的先河。这是客户经理与产品经理并肩战斗的起点。后来，就固化成面对客户的由客户经理和产品经理组成的销售小组的运作模式（如图 2-7 所示）。这是华为面向客户的最小的销售作战单元，是华为营销组织运作的独特优势。

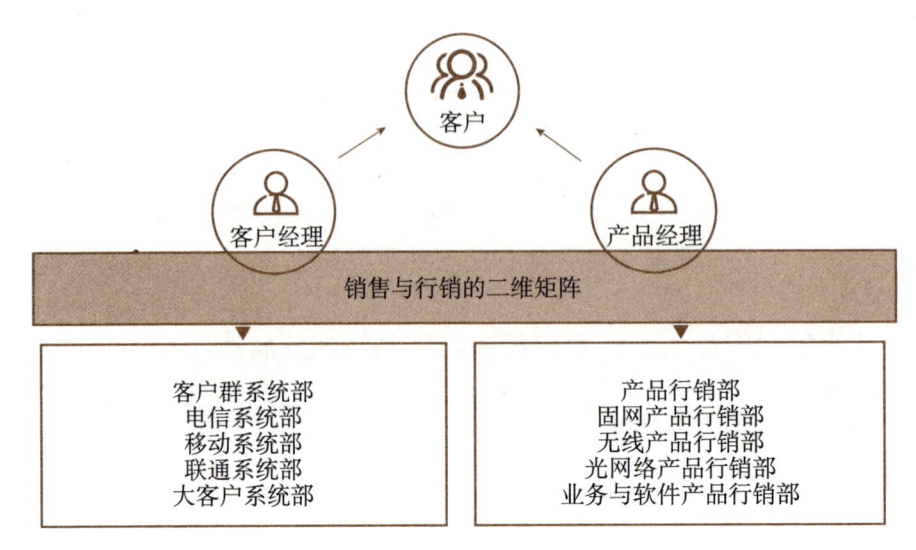

```
                        客户
                       /    \
                      /      \
                     ↓        ↓
              客户经理        产品经理
        ┌─────────────────────────────────┐
        │      销售与行销的二维矩阵         │
        └─────────────────────────────────┘
             ↓                    ↓
   ┌──────────────────┐  ┌──────────────────────┐
   │  客户群系统部     │  │  产品行销部           │
   │  电信系统部       │  │  固网产品行销部       │
   │  移动系统部       │  │  无线产品行销部       │
   │  联通系统部       │  │  光网络产品行销部     │
   │  大客户系统部     │  │  业务与软件产品行销部  │
   └──────────────────┘  └──────────────────────┘
```

图 2-7 销售与行销的二维矩阵

公司规定每年研发部门要选择一定比例的技术骨干转岗到市场一线做营销，承担产品行销经理的重任，提高技术营销层次。同时，招聘、培训一大批懂技术、懂产品的人员充实到产品行销经理的岗位。

任正非在华为市场部的一次会议上说："我们提出'狼狈组织计划'，是针对代表处的组织建设，是从狼与狈的生理行为归纳出来的。狼有敏锐的嗅觉，团队合作的精神，以及不屈不挠的品质。而狈非常聪明，因为个子小，前腿短，在进攻时不能独立作战，因而它跳跃时是抱紧狼的后部，一起跳跃，就像舵一样操控狼的进攻方向。狈很聪明，很有策划能力，很细心，它就是市场的后方平台，帮助做标书、网规、行政服务……狼与狈是对立统一的案例，单提'狼文化'，也许会曲解了狼狈的合作精神。而且不要一提这种合作精神，就理解为加班加点，拼大力，出苦命。那样太笨，不聪明，怎么可以与狼狈相比。"

客户经理与产品经理经过一段时间的并肩作战，以销售项目组的形式共同面对客户，逐步磨合出相对独立又有机协同的各自的职责分工和运作

第二章 贴近客户的营销组织战略设计

要点。(如图 2-8 所示)例如客户经理主攻电信局客户一把手的客户关系；技术副局长的客户关系就由产品经理主攻。客户经理确保一把手支持华为，负责回款与统筹；产品经理确保技术排名第一，产品技术方案有竞争优势，等等。

狼：客户经理
- 市场规划与实施
- 客户关系拓展与巩固
- 销售目标
- 货款回收
- 销售项目运作
- 客户经理关键行为

狈：产品经理
- 产品规划与实施
- 产品宣讲、技术方案
- 市场目标、样板点
- 销售目标
- 销售项目运作
- 产品经理关键行为

职责分工

图 2-8　客户经理与产品经理职责分工

说明：1. 客户经理搭台，各路产品经理唱戏。一般情况下，一个客户经理分管 1-2 个大的地市或 3-4 个小的地市，侧重于客户关系的突破和巩固；一个产品经理分管 4-5 个地市，只推广其负责的产品，侧重于技术引导、方案推广，确保技术排名第一。
2. 客户经理与产品经理的知识、能力、技巧方面是互补的，匹配客户决策层、技术运维层等多维度的建设、方案、运维等的市场牵引和产品技术推广。
3. 客户经理与产品经理是相互帮助、有机协同的，也是相互制约、相互监督的。

大部分企业销售是一个人或者临时的几个人一起去与客户交流、沟通。而华为是相对固定的客户经理和产品经理的销售小组，他们经常性地泡在电信局里，客户经理几乎成了局长助理，产品经理几乎成了局里的技术顾问。客户经理与产品经理是相互帮助、有机协同的，也是相互制约、相互监督的。

"狼狈组织计划"实质上概括了华为营销在员工、干部、组织三个层面的有机协同机制，有利于资源共享、优势互补、灵活机动，取得 1+1>2 的效果。

- **在员工层面**：客户经理与产品经理的有机协同（左右协同）。

- 在干部层面：正职与副职的有机协同（上下协同）。
- 在组织层面：市场一线与后方平台的有机协同（前后协同）。

华为营销干部正职与副职的有机协同要求副职一定要精于管理，大大咧咧的人，不适合做副职。副职要通过精细化管理，来实施组织意图，这就是狈的行为。正职必须要敢于进攻，"眉毛胡子一把抓"，而且越抓越细的人是不适合做正职的。正职必须清晰地理解公司的战略方向，对工作有周密的策划，有决心，有意志，有毅力，富于自我牺牲精神，能带领团队不断地实现新的突破。这就是狼的标准。我们在评价正职时，不一定要以"战利品"的多少来评价，应对其在关键事件过程行为中体现出的领袖色彩给予关注。

机关副职的责任承担者要逐步地由具有成功实践经验的职业经理人来担任。而机关正职的责任承担者则应从一线成功管理者中选派，并定期与一线主管轮换，原则上正职不在机关尤其是原机关的副职责任承担者中选拔任用，杜绝把机关副职直接提升为正职。

为避免出现不良的组织问题，原则上，副职不能直接承担已被末位淘汰的正职的职位。一把手要战略方向清晰，抓住主要矛盾及主要矛盾的主要方面，明确主攻方向。胜任上一级副职的人，不一定胜任下一级的正职。副职一定要讲精细化管理，撕开口子后，要能精耕细作，守得住。而一把手要有狼的精神，狼有三个特点：敏锐的嗅觉、矢志不渝的进攻性和团队合作精神。有清晰的方向感，富于自我牺牲精神，有策略和有意志，这些都是正职需具有的特性。

在组织层面，"狼狈组织计划"主要指销售客户经理在市场一线寻找市场机会、发现机会，迅速传递给后方平台支持部门，产品行销人员、研发人员、售后服务人员、财经融资人员等等，快速到一线团队作战，形成前后方一体化的营销运作模式。

营销组织客户群系统部与产品行销部的二维矩阵，贯穿了华为营销的代表处销售项目组、地区部客户群系统部和产品行销部以及公司总部机关的客户群系统部和产品行销部，形成了华为营销体系的组织核心。（如图 2-9 所示）

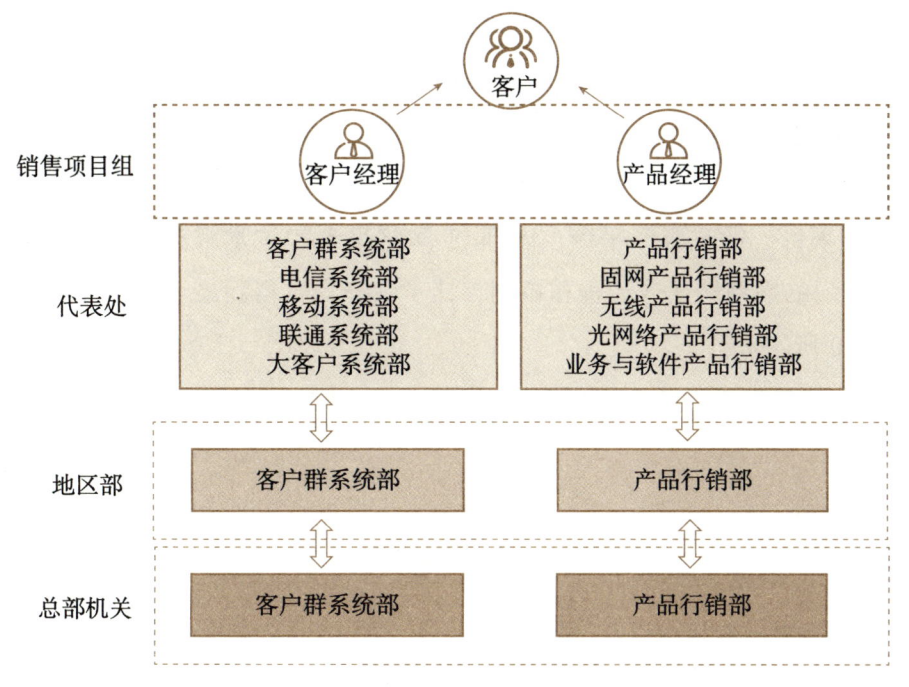

图 2-9　客户群系统部与产品行销部贯穿营销三级组织

营销系统的构架是按客户对象建立销售系统，按产品建立行销系统，形成由客户-销售、产品-行销的二维矩阵覆盖的营销网络。

三层含义的"铁三角"作战单元

华为销售的产品，从单一的交换机，到光网络、无线、数据通信等多产品的组合，再到通信整网解决方案甚至交钥匙工程，销售项目的规模和金额越来越大，组合的产品越来越多，覆盖的地域越来越广，交付的时间周期要求越来越短，导致一个销售项目的交付难度越来越大，交付工作的重要性日益突出。无论是招投标时面对客户的交付答疑，还是交付过程中针对交付问题与客户的沟通协调，都需要一个交付服务专家加入客户经理与产品经理组成的面对客户的销售小组，这就形成了新的一线营销核心组织"铁三角"。当然，一线的"铁三角"是有前提的，即后方平台必须专业化，而且有能力快速响应、快速支持到位。华为之所以走到今天，可以把权力授予"铁三角"，前提是花了上千亿元，建造了技术研发平台、生产制造平台、全球采购平台、市场营销平台、人力资源平台、财务融资平台、行政服务平台、内部IT网络平台和技术服务平台九大平台及跨部门的端到端运作流程和机制，让"铁三角"得到最专业的支持。（如图2-10所示）

以客户为中心的"铁三角"

"我是AR。我的职责是确保客户满意，与客户建立良好关系。同时，盈利性销售对我来说也同样重要。"

"我是SR。我的职责是确保提供满足客户需求的有竞争力的解决方案。"

"我是FR。我的职责是保障合同成功履行，以及客户对合同履行的满意度。"

AR 客户关系责任人
SR 解决方案责任人
FR 交付服务责任人

华为后方强大的支持平台

| 技术研发平台 | 生产制造平台 | 全球采购平台 | 市场营销平台 | 人力资源平台 | 财务融资平台 | 行政服务平台 | 内部IT网络平台 | 技术服务平台 |

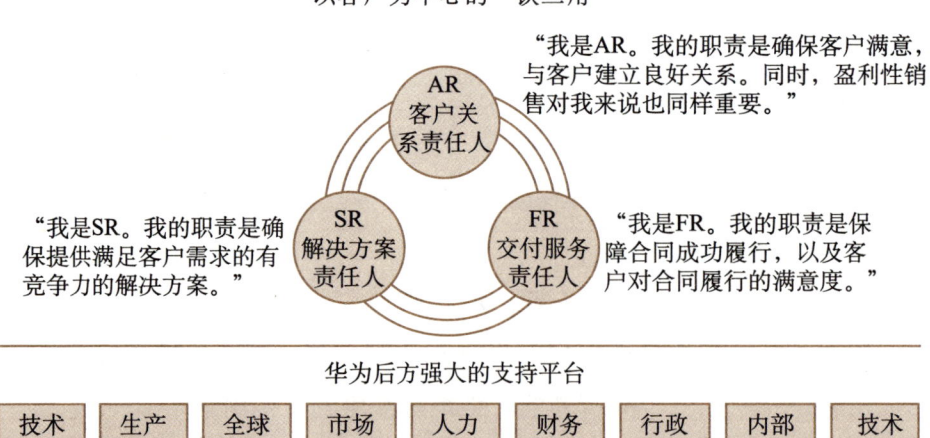

图2-10 "铁三角"与华为后方强大的支持平台

注：AR指Account Responsibility 客户关系责任人；SR指Solution Responsibility 解决方案责任人；FR指Fulfillment Responsibility 交付服务责任人。

客户关系责任人（Account Responsibility，简称 AR）、解决方案责任人（Solution Responsibility，简称 SR）和交付服务责任人（Fulfillment Responsibility，简称 FR）的职责如图 2-11 所示：

AR客户关系责任人 负责总体客户 关系和盈利性销售	SR解决方案责任人 负责技术和服务解决方案	FR交付服务责任人 负责客户满意度和合同履行
客户关系建设 · 负责建立并维护客户关系； · 管理客户在各种机会点活动中的期望； · 销售成功与盈利； · 驱动盈利性销售，确保合同成功； · 负责财务概算和预测、定价策略、融资策略、条款及相关风险识别； · 制定谈判策略，并主导合同谈判； · 确保合同签署、回款以及尾款回款。	**技术和服务解决方案** · 负责制定解决方案策略、规划、质量，标书总体质量以及提升竞争力； · 制定并引导客户接受我方方案； · 确保解决方案与华为产品、服务组合和战略保持协同； · 准备报价清单，识别解决方案风险及风险规避措施； · 负责与客户共同解决有关技术与服务方案的问题； · 负责相关客户关系的维护。	**端到端客户满意度** · 组织和协同"铁三角"，统一管理客户期望和客户声音（如非技术问题与投诉），持续提升客户感知； · 负责相关客户关系的维护。 **合同履行第一责任人** · 在售前阶段进行早期介入，保证合同质量和可交付性； · 负责合同执行策略及相关风险的识别与规避； · 保障合同履行，负责合同履行中与客户之间的争议的解决。

图 2-11　"铁三角"角色及职责

2006 年，"铁三角"作战模式在北非的苏丹代表处开始运作，是华为探索出的营销创新管理模式。以客户关系责任人、解决方案责任人、交付服务责任人组成的工作小组，形成面向客户的"铁三角"作战单元，努力做厚客户界面，有效地提升了客户的信任，较深地理解了客户需求，关注良好有效的交付和及时的回款。（如图 2-12）"铁三角"的精髓是为了目标而打破功能壁垒，形成以项目为中心的团队运作模式。公司业务开展的各领域、各环节，都会存在"铁三角"，三角只是形象说法，不能被简单理解为三角，四角、五角甚至更多的角也是可能的。这给下阶段组织整改提供了很好的思路和借鉴，公司主要的资源要用在找目标、找机会，并将机会转化成结果上。

```
                        Sponsor
                        Owner
                     PD/项目核心组
以CC3为核心
  客户和商务工作组    解决方案工作组    交付与履行工作组    项目支撑工作组
      (AR)              (SR)              (FR)
     客户工作组       产品解决方案工作组
     融资工作组       专业服务解决方案工作组
     商务工作组
```

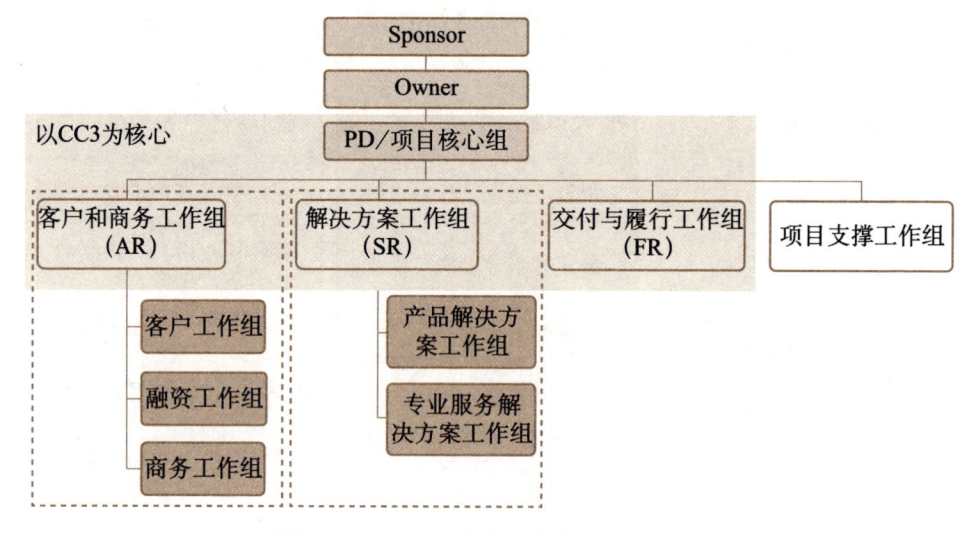

图 2-12 以 CC3 为核心的大销售项目组

说明：CC3 即 Customer Centric 3，以客户为中心的"铁三角"；"铁三角"只是直接面向客户的核心团队的代表，他们的背后都有相应的工作组来支撑他们在市场上冲锋陷阵。

  市场一线针对某一个客户，要依据客户关系责任人 AR、解决方案责任人 SR、交付服务责任人 FR 这三类人来做决策。在很多大的销售项目运作过程中，也可以是三个职责分工不同而有机协同的工作组：客户和商务工作组、解决方案工作组、交付与履行工作组。面对客户时，三个工作组的领导代表华为公司统一接口客户的相应组织。

  我们来看一个"铁三角"在重大销售项目中实际应用的案例。

第二章　贴近客户的营销组织战略设计

巴西重大销售项目的投标与交付

2006年6月，巴西最大的移动运营商VIVO决定在原有的CDMA网络基础上，快速再建设一张全国范围的可在未来向3G演进的GSM网络。这是近几年拉美最大规模的GSM建设项目。VIVO向全球八家GSM设备厂家正式发出投标邀请书，华为是其中之一。投标开始了。在圣保罗华为的办公室里，聚集了来自产品线、客户线、技术服务、Turnkey部、投标办、采购部、财务部、Marketing等各个部门的人。由于客户项目覆盖全国整网，技术上又要求未来可向3G平滑演进，而且希望快速建设开通运营，客户自己发出的标书都是经常更改的。客户常常晚上8点做好标书，要求华为第二天早上8点就交标，白天必须随时准备在规定时间里回答客户需要澄清的问题。客户对标书的任何一次更改，华为都需要各个部门重新计算商务合成标书，以至标书从V1.0到V10到Vn……由于VIVO是西班牙电信Telefonica和葡萄牙电信的合资公司，项目组需要跟Telefonica和葡萄牙电信以及巴西VIVO三地的技术团队、采购团队沟通。不仅如此，还要能够随时参加在葡萄牙、西班牙、巴西的现场澄清会议，同时还要及时和公司总部进行汇报和沟通。四个地域的时差，要求大家必须24小时保持着工作状态。

从7月3日的第一轮投标到7月17日的多轮投标，不断有供应商因为不满足标书要求而被淘汰。7月18日早上8点，在交出了最后一轮标书之后，项目组成员都静静地等在办公室。早上10点，来自客户采购部负责人的电话响起："祝贺你们，因为你们出色地理解了VIVO的需求，我们决定授予华为巴西里约州、圣埃斯皮里图州、巴拉那州、南大河州和圣卡塔琳娜州五个州的GSM项目！虽然你们的产品还没有在我们的网上应用过，但VIVO从华为的答标过程中，看到了华为可以成为VIVO信赖的合作伙伴。"

华为规模营销法

　　中标还仅仅是这个项目的开始，真正的挑战是后续的交付。6个月要完成近3 000个站点的建设和开通！这不只是华为从未有过的经验，连华为的客户也没有这样的经验。新一代的基站能否大规模运用于巴西五个业务量很大的州？从中国到巴西大约有两万公里，一个月完成所有的交付，空运、海运的能力是否具备？巴西代表处以前只有每个月100个站的交付经验，而巴西境内有一万多个基站需要安装，分包资源从何而来？如何做好跨区的项目管理？所有的问题都还没有确定的答案。

　　然而，华为人团结奋战、有机协同的精神，一定能把不可能变成可能！研发部门不分昼夜地开发、测试，确保了新一代基站在巴西应用的质量标准；采购紧锣密鼓地找到厂商，将每个月100台的室外机柜生产量提升到了每月1 000台；数万块巴西专用的载频板按时生产出来；物流部门统筹发货，制定了海空联运方式；项目前三个月，公司总部和一线项目组每天开一次碰头会。由于巴西与中国的时差，双方的会议基本都是在夜里举行，成了"夜总会"。货物从公司发货开始，物流跟踪人员开始了三班倒的24小时工作制。送货信息时刻刷新。每天高峰期有多达60辆送货的车跑在巴西的这五个州中。采购部在两个月内见了几百家分包商，经历了无数次谈判，在10月初，合作方资源基本落实。11、12月份将是安装高峰，必须要有当月安装超过1 000个站的能力，才能有机会完成任务。进度白板上记录着安装数量、激活数量和具备安装条件的站点数量，每一个基站被安装或者激活后都会在交付白板上更新记录。就这样，一个奇迹般的数字诞生了，每周安装、激活300个站点。这个数字，是华为历史上不曾有过的，甚至在世界电信发展史上，它一样闪着自豪的光芒。VIVO CTO看到华为如此全情投入，给项目组发来鼓励邮件，他说："世界上有

第二章　贴近客户的营销组织战略设计

> 些人只会坐下来想，而且不停地想下去。而华为与之相反，更加看重'做完了'，而不是'我会去做'。胜利属于你们，属于真正为之奋斗的人。"
>
> 　　2007年1月15日，圣埃斯皮里图州率先完成任务；到22日，五个州相继商用放号；1月31日，2 546个站点完成安装，达到了项目组与客户结合实际制定的目标，标志着华为VIVO GSM项目一期胜利完成。
>
> 　　2007年2月，VIVO在巴塞罗那通信展举行盛大仪式，庆祝其GSM网络成功建成。仪式上，VIVO公司CEO将"GSM网络优质交付奖"授予华为，他说："在这个非常重要的项目中，华为充分证明了自己专业和高质量的项目管理能力。VIVO非常感谢华为履行的承诺，并对华为在项目中取得极大的成功表示祝贺！"华为人挑战极限，在巴西创造了人类通信史上的又一个奇迹。

　　华为代表处组织随着运营商客户组织的变化以及大项目运作的需要做出相应的改变。代表处的组织面对客户的组织变化存在三个问题：一是没有统一的解决方案行销部，只有固定网、移动网、传输网、业务与软件等一个个的产品行销部，客户需要固定网、移动网、传输网的综合解决方案时，华为只能各个产品都派人去，而爱立信则一两个解决方案专家就可以解决问题；二是用户服务部下面没有统一的工程交付部，只有一个个的产品部，在网络交付时由大的产品部牵头，交付后产品部一部分人就地负责维护，网络的交付和维护都是由各个产品部独立进行；三是客户群系统部只有客户经理，客户商机来了，就由各产品行销部派产品行销经理配合客户经理去见客户，这明显地使大客户感觉华为对他们不够重视。

　　针对这三个问题，华为迅速进行了代表处的组织调整，以便与客户

101

的组织对齐、业务匹配。具体措施有：

（1）设立解决方案行销部，与客户的网络规划部对应，负责跨产品的综合解决方案。

（2）交付与服务部下设两个部门：一个是工程交付中心，与客户的网络工程部对应，负责网络部署和交付；另一个是维护中心，与客户的网络维护中心对应，负责客户网络的日常运维。

（3）加强客户群系统部的建设。根据运营商的规模和贡献，除了客户经理 AM 外，在客户群系统部内增加解决方案经理 SM 和交付经理 DM，以便日常与每个客户的网络规划部、工程部对应。当客户进行网络建设时，客户经理 AM、解决方案经理 SM 和交付经理 DM 立即组成临时"项目铁三角"客户关系责任人 AR、解决方案责任人 SR、交付服务责任人 FR。

经过改革，代表处组织就形成了面向客户的三个"铁三角"：由客户群系统部、解决方案行销部、交付与服务部三个常设部门组成的"代表处铁三角"，面向所有客户；由 AM、SM、DM 三个常设岗位组成的"系统部铁三角"，面向特定的系统部客户；由 AR、SR、FR 组成的"项目铁三角"是临时销售项目组，面向战时销售项目。

任正非说："我们机构设置的目的，就是作战，作战的目的，是取得利润。平台的客户就是前方作战部队，作战部队不需要的，就是多余的。我们后方配备的先进设备、优质资源，应该在前线一发现目标和机会时就能及时发挥作用，提供有效支持，而不是拥有资源的人来指挥战争、拥兵自重。谁来呼唤炮火？应该让听得见炮声的人来决策。"

第二章总结　贴近客户的营销组织战略设计

1. 华为有遍布全球的技术研发和联合创新中心，贴近客户、贴心服务的规模营销服务网络平台的战略布局。营销部门是华为的龙头部门，是以客户为中心在组织层面的表现。

2. 华为营销人员远离家人亲友，奔赴异国他乡，常驻客户住地，是全球销售人员中的"特战队员"。他们胸中有理想、脑里有方法、心里有激情、眼前有榜样、身体向前冲！

3. "狼狈组织计划"实质上概括了华为营销在三个层面的有机协同机制，有利于资源共享、优势互补、灵活机动，取得了1+1>2的效果。

- 在员工层面：客户经理与产品经理的有机协同（左右协同）。
- 在干部层面：正职与副职的有机协同（上下协同）。
- 在组织层面：市场一线与后方平台的有机协同（前后协同）。

4. 三层含义的"铁三角"作战单元：由客户群系统部、解决方案行销部、交付与服务部三个常设部门组成的"代表处铁三角"，面向所有客户；由AM、SM、DM三个常设岗位组成的"系统部铁三角"，面向特定的系统部客户；由AR、SR、FR组成的"项目铁三角"是临时销售项目组，面向战时销售项目。

第三章
华为规模营销的组织运作机制

01 充满活力的营销高层决策组织
    高层干部是市场一线打仗的营销高手
    干部能上能下，使组织充满活力
    个人绩效承诺（PBC）管理方法
    建立三道防线，严防内部腐败

02 客户群系统部组织运作机制及特点
    从品牌营销到国家营销
    技术与商务谈判中的技巧及案例
    有据可依的量化的绩效考核标准

03 产品行销部组织运作机制及特点
    营销"少将连长"
    压强原则打市场
    展览和会议
    华为接入网产品行销部的组织运作

01

充满活力的营销高层决策组织

华为规模营销的组织运作是全面铺开的,以规模化、大战役的方式运作。华为总部机关的营销组织架构,核心就是客户群系统部和产品行销部。华为营销部门是公司的龙头部门,代表着市场、客户需求,牵引着研发、供应链、售后服务等部门。定价中心、市场财经部、技术服务部、综合计划部都直接划归营销部门管理。这在组织设置上为快速高效地响应客户需求提供了保障。这也是华为营销组织运作的独特优势。

华为没有国际大公司积累了几十年的市场地位、人脉和品牌,没有什么可以依赖。华为人只能比别人更多一点奋斗,只能在别人喝咖啡和休闲的时间努力工作,只能更虔诚地对待客户,否则怎么能拿到订单?

华为蓝军司令在文章《方向大致正确,组织充满活力》中说:"什么是高层决策组织?决策组织不是评审组织,而是负责最终胜利的主管组织,目的是获取最后的胜利,打仗只是过程,评审只是手段。在关键战略领域决策者不能仅是评审者的角色,不能只是怀疑和挑战,一定要把自己当成项目组的一员,深入理解业务,主动学习,少说 No(不),多一起研究怎么能做到 Yes(是)。在一个阶段决策完成后,要积极帮助配置资源,确定政策,鼓励冲锋,做好分配,激励士气。因为这些都是战略领域胜利的关键，如果决策层不参与，那么下面的动作就容易变形。在出现新变化后，决策者主动积极复盘，一起调整战略和策略。这就好像一个精英小团队，主管是领导，也是打仗的主力，撸起袖子亲力亲为，是决策执行者，这样带着团队往前冲，才能完成艰巨的挑战任务。就是因为不确定的未来对战略制定的挑战越来越大，所以做到大致正确相当不容易。决策执行需要充满活力，决策制定、决策落实、决策调整更需要充满活力，用决策层的开放、努力、敢于自我批判、亲力亲为来弥补可能的战略能力缺失。华为营销高层决策组织，是华为面向客户的龙头组织，龙头要抬起来，这就是方向，大致要正确；更重要的是随后龙身子要舞动起来，要有力，整个龙才能舞起来、活起来。"

高层干部是市场一线打仗的营销高手

华为营销高层决策组织的成员自己首先是营销高手，是从市场一线打仗打出来的。宰相必起于州部，猛将必发于卒伍。被提拔的干部必须拥有基层业务经验，没有基层成功经验的员工一律不得提拔和任命。优先在有成功经验的团队中选拔干部。为什么要选拔有成功经验的人呢？不管团队成员是在大项目还是小项目中取得成功，他们总有一个适用的方法论，他们已不仅仅拥有知识，而且已经将知识转换成能力。这些人又善于总结与自我批评，那么他们被培养后就会再有进步，做出的贡献就会再大一些。

华为每年度绩效考核，排名在全国后十分之一的代表处主管要下台，公司在绩效排名靠前的有成功经验的团队成员中选拔干部补充到相应的代表处。这也是激发营销团队目标一致、集体奋斗的重要原因之一。只有项目的成功、团队的成功，才有个人的进步和发展机会。项目成功了、出成果了，团队就要出干部。我们不能老是空投一个"连长"过去。当然，代表处的代表和更高级的干部，有可能不是本地提拔，而是跨区域选拔的。华为要求高级干部必须走"之"字形成长路线，既要有一线业务经验，还要在研发、销售、服务、机关等多个岗位上锻炼过。

任正非对营销高层干部的选拔和任命极其重视，任何一个代表处代表的任命，他都亲自审核拟聘人的简历，把有的拟聘人抽调到总裁办工作3—6个月，亲自培养。其他部门的中、高级干部的任命也都是任正非亲自审核的。华为营销在全球150多个国家和地区建立了代表处，各级营销干部岗位很多。在华为，有能力的人一定有发挥的机会！绩效结果暂时不好的、退下来的主管，并不是淘汰掉、离开公司，而是被安排在地区部或总部机关的营销重大项目部。其实，他们都被安排了公司级重大销售项目的任务，大部分时间是长期在项目客户所在地做项目。

徐直军，毕业于南京理工大学，博士。1993年加入华为，历任无线产品线总裁、战略与Marketing总裁、产品与解决方案总裁，曾任杭州代表处代表、华东片区总经理，后来任市场部主管等，现任公司轮值董事长。

任正非评价他"总能先于他人闻到任何机会"，这可不是一般的营销高手能做到的。徐直军足智多谋，你说出上句话，他就能猜出你的下句。1997年，华为总部在深圳科技园，几乎每个周日下午他都会带领大家加班，提前把下一周要做的工作准备好。晚餐时徐直军就在附近的大冲村大排档请大家吃饭。接入网行销部主管委屈地说："我们接入网很努力了，做得也不错，进步挺大的，您为什么总是在大会、小会上批评我们？"徐直军笑着说："我不在会上批评你们批评谁？你们不知道，交换机行销部的很多人是从研发转过来的，他们脸皮薄，要多鼓励，少批评。我知道你们接入网做得不错，该涨工资、发股票，该提拔的不都给你们了吗？批评使人进步。"有一次，在新疆市场上，有一个销售项目，接入网行销部的产品经理建议推销接入网，交换机行销部的产品经理建议推销交换机，争论不休，找到徐直军，让他来决断。徐直军笑呵呵地说："上哪个都行，只要是华为的产品就行。如果上接入网，接入网行销部就增加了销售额，同时，也给交换机行销部记销售额，就是虚拟销售额，使你们的辛勤付出都有好的绩效结果。"

市场部高层主管徐直军跑市场一线、带项目

西南某省第一个接入网项目，是华为需要重点突破的市场目标。一个周末，局方在一个地级市电信局安排了一场华为光纤接入网和无线接入网的专题技术汇报会，地区局及各县、市（县级市）局的主管和技术骨干全部参加。华为方由徐直军亲自带队，周五赶到该省的会议地点，与华为当地合资公司总经理、代表处代表会合。徐直军马上开始约客户高层一起吃饭、沟通。

周六局方安排了一天的技术汇报，由我主讲光纤接入网。当时用的投影仪还是3M的胶片投影仪，需要先打印好文字、图表，然后复印到透明胶片上，才能投影出来。我原来的胶片在说明为什么要上光纤接入网时给出了6条理由，经过几次与客户交流、沟通后，我发现应该增加3条理由，总共应该有9条理由。我就向徐直军请示，要找到会务组打字、复印投影胶片，不能与客户一起吃晚餐了。徐直军同意了。我把这个有9条理由的新胶片做好后，试用了一下，感觉不错，就再复制了七八张一样的胶片。周六白天的技术汇报很顺利，局方人员对建网、开局、维护等方面当场提出了不少问题，我都一一做了清晰的回答。晚上，局方安排了晚会。徐直军坐在局长的边上，我坐在局长的另一边，然后穿插坐着局方和华为的相关领导。晚会结束的时候，局长总结说："感谢华为公司的领导和专家们，

给我们上了一整天的技术课，使我们收获很大。周一就开始，请华为的专家们具体指导一下，一个局一个局地做方案，尽快动起来，早上早收益。"

周一，我们首先给市局做了一个接入网方案和技术建议书，把配置报价一打印出来，才发现，由于局里想先尝试使用一下华为的接入网，首期的用户数不到 1 000 线，这样主机、网管等设备的费用只分摊在这 1 000 线上，每线的授权销售价格高达 2 000 多元。我们硬着头皮把配置报价和建议书递给了局方，局方一看每线价格这么高，当时就生气了！局领导说："你们华为的接入网好我承认，这价格这么高，我们无法接受！我要让徐直军看看你们的报价有多离谱。"他当即给徐直军打了电话。不久，徐直军给我打电话，我还没开口，徐总就吼道："你们还想不想卖接入网了？！2 000 多元一线，你们抢钱啊！"我说这是公司给的最优惠的授权价了，而且，如果上量了价格会分摊下来的。徐总说："那就是你们的授权价格有问题，要马上改，不能超过每线 1 000 元！"我马上联系定价中心和部门主管，特殊授权，终于把这个接入网合同搞定了！通过这个项目，我更体会到为什么要把定价中心等支持部门划归到营销部门管理的必要性和重要性了！

孙亚芳，毕业于成都电讯工程学院（现为电子科技大学），1989 年加入华为，从培训部经理做起，曾经是武汉代表处代表，后来任市场部负责人、变革指导委员会主任、战略与客户委员会主任、华为大学校长等，1999—2018 年任公司董事长。她有一个令人胆寒的称号"市场杀手"，因为没有她攻克不了的市场堡垒。

华为 规模营销法

董事长孙亚芳、总裁任正非到市场一线支持销售项目

问题：华为的特大销售项目，部里、省里的领导都插手了，怎么办？

2000年，我在某代表处做副代表，代表处有一个公司级的特大项目，总金额大约1亿元人民币，这在当时国内是超级大的项目。一般超过千万的就已经是代表处重大项目了。这个特大项目特别申请到公司时任董事长孙亚芳的现场支持。孙亚芳做事认真、细致、果断，到代表处听取了我们的汇报后，立即打开电脑，亲自整理编辑了一套准备给客户宣讲的汇报胶片。我们以为这样就可以出发去见客户了。但是，孙亚芳不同意，说："我在这里先宣讲一遍，你们看看还有什么需要修改的。"就这样，我们把投影仪架上，她把我们当作客户，把胶片从头到尾认认真真地讲了一遍，后来，做了一点小修改，就出发去客户办公室了。见到客户局长聊了一会儿后，局长让秘书安排中午去酒楼吃饭。孙亚芳赶紧说："不用出去吃饭了，就叫几个盒饭来，我们中午边聊边吃。"说着就打开了投影仪，开始认认真真地讲起胶片来。有趣的是，讲解过程中，局长越听越专注，还时不时地问一些问题。最后，局长说："你不这样系统地讲一下，我还真不知道华为这个产品的技术性能已经发展到这么高的水平了！"孙亚芳认真、细致的做事态度，拼命三郎似的工作作风，极强的沟通能力和独特的处事技巧给我们留下了深刻的印象。后来，孙亚芳还特意告诉我们，一定要申请任总到现场来支持项目。再后来，我们专门申请了任正非来客户现场支持项目。任总见了客户局长回来说，这个项目太大了，目标太大，不仅竞争对手盯得紧，部里、省里很多高层领导都开始插手了！局里也不知道怎么办才好。我们代表处经过半年多的努力，上上下下、方方面面已经做了很多工作，在这临门一脚的时候，却无能为力了！代表处几个主管心不甘啊！正在大家愁眉不展之际，聪明的销售副代表说："既然项目金额太大，我们就把

第三章　华为规模营销的组织运作机制

> 它拆分，拆分成三四个标，每个标的金额就没有那么大了，部里、省里的高层领导也就不会感兴趣了。而且拆分招标，对局里和竞标者都很公平。"任正非听完后说："好主意！"赶紧又去见了局长，引导局长拆分招标。局长也觉得这个办法很好。不久，这个销售项目开标，总共拆分成了三个标，华为拿下了两个稍大点的标，金额超过8000万。后来，任正非在公司电子公告牌签发文件说："代表处在这个销售项目的运作上是成功的，虽然我们没有全部拿下，但是，你们该做的已经做得很好。"

孙亚芳是一个具有领袖气质的人，谦和、优雅、好学，看问题很深刻，又是一个做事认真、细致、果断的人，一个敢打、敢拼、迎难而上、带头冲锋的人。

1996年，孙亚芳带领市场部干部集体大辞职，开创了华为干部能上能下的先河。

2008年5月12日，四川汶川发生8.0级大地震，华为迅速成立"抗震救灾领导项目组"，孙亚芳亲自任组长，当天就乘飞机赶到尚有余震的成都指挥抢险。

2011年3月11日，日本发生9.0级大地震，地震引发海啸，海啸导致福岛核电站泄漏。各国纷纷派出飞机撤离本国公民，华为的一些竞争对手向南撤离到大阪，那里远离辐射的威胁。更有公司包机将雇员及其家人撤到香港。孙亚芳立即赶赴日本，看望在一线坚持作战的所有代表处人员，在晚宴上鼓励大家："目前的东京就像是飓风的风眼，周边虽然乱成了一锅粥，但我们这里依然很平静。"

领导身先士卒，以身作则，在华为已经成为一种传统、一种文化。

虽然孟晚舟不是华为营销干部，但她作为华为副董事长、华为首席财务官（CFO），也是华为的高层干部。在日本大地震时，她是一名勇敢的"逆行者"。

2016年9月，孟晚舟在清华大学的演讲中，把华为成功最重要的两点原因归结为："一是为客户创造价值，二是艰苦奋斗。"她讲道："2011年，日本9级地震，引发福岛核泄漏。当别的电信设备供应商撤离日本时，华为选择了留下来，地震后，我从中国香港飞到日本，整个航班连我在内只有两个乘客。在代表处开会，余震刚来时，大家脸色骤变，到后面就习以为常了。与此同时，华为的工程师穿着防护服，走向福岛，抢修通信设备。勇敢并不是不害怕，而是心中有信念。"

当绝大多数航班都在飞离日本时，孟晚舟选择了逆向飞进日本。航班上的另一位乘客是一位日本人，还问孟晚舟是不是坐错航班了，机组人员也反复确认。

当外国供应商都从灾区中心撤离时，她以"逆行者"的姿态，向日本传达了什么叫大国信誉，也为华为在国际上奠定了良好的品牌声望。

到达日本后，孟晚舟连夜开会讨论抢修预案，穿防护服穿越隔离区。

那时的日本灾区，刚经历9.0级大地震。海啸过境，余震不断。而隔离区也充斥着堪比切尔诺贝利事件的7级核辐射。这直接威胁到每一个工作人员的生命安全。

华为员工元光燮也在华为内部的回忆录中真实记录了这次抢修：

> 我们一直工作到第二天凌晨5点多，把能恢复的基站都恢复了……乘着电车回到家附近，大部分的店还没开门，我们就在麦当劳吃了早餐，算是生日宴了。在孟晚舟的带领下华为在两周内就恢复了680个基站，这些基站是日本灾区重要的通信生命线。

第三章 华为规模营销的组织运作机制

胡厚崑，毕业于华中科技大学，1990 年加入华为，是长沙代表处创始人，曾任西北片区总经理、市场部总裁、拉美地区部总裁、美国华为董事长等，现任公司轮值董事长。他严肃、认真、果断，对下属和自己都非常严格，用兵狠，爱兵切。有一次我出差新疆，坐代表处的桑塔纳汽车去支持销售项目。当我驰骋在新疆这片占据祖国西北的大地上时，才感受到新疆大漠、戈壁、草原的壮美。然而，路途的遥远和"早穿皮袄午穿纱，围着火炉吃西瓜"的温差，对汽车的质量要求高。我们的桑塔纳轿车，在新疆开三五个小时，就要休息一段时间，或者换轮胎，否则，很容易爆胎。另外，由于沙漠、戈壁地带多，加上冬季严寒时间长，汽车很容易陷入冰雪、沙漠中。因此，一辆质量优越的四驱沙漠越野车就成了运输载客的必需品。司机告诉我，当时最高级的、最流行的也是最贵的沙漠越野车就是"牛头"——新疆的司机没有不知道的。"牛头"是指丰田陆地巡洋舰越野车。当时，代表处已经给上级提出了购买"牛头"车的需求。等我半个多月后回到代表处，司机高兴地告诉我，胡厚崑一次性批给了代表处三辆"牛头"。胡厚崑的办事果断、爱兵切，由此可见一斑。

郑树生，1983 年至 1993 年就读于浙江大学通信与电子专业并获得博士学位，毕业后加入华为，是华为第一个博士。郑树生曾任中试部总监、生产部兼技术支持部总监、交换事业部总裁、国内营销管理办公室主任等；1997 年起，担任华为常务副总裁。2003 年，华为三康（H3Com）公司成立，郑树生担任华为三康公司总裁兼 CEO。在他的领导下，仅仅六年时间，华为三康公司成为国内市场龙头。

华为公司曾试行过事业部制。当时，为了调动交换机、接入网产品研发、市场、供应链及售后服务的积极性，抓住市场需求放量的机会，快速抢占市场，华为先在交换机产品线的基础上，建立了交换机事业部。

郑树生担任交换事业部总裁。实际上他把大部分时间、精力用在了市场销售的指挥和调动上。

郑树生博闻强识，为人低调，很少在公众场合露面。他信奉多做、多听、多学、少说，善于思考，很少说话，偶尔冒出一句，就足够说到点子上。有一次我负责应届毕业生招聘面试工作，我是第二阶段的面试人，郑树生是最后阶段的面试人。有一个班的毕业生来了很多人，有好几个人的简历都写着担任过班长职务。我想：我也是读了大学本科、硕士的，好像一个班也不会那么频繁地更换班长吧？我面试了几十个人，并且让大部分人进入到下一关。后来，中途休息时，我坐在边上看郑树生面试毕业生。有几个毕业生滔滔不绝地说着自己的优点，郑树生就打断他们说："优点就不用说了，只说说你的缺点？"有几个人答得没有令人满意而遭到拒绝。后来，郑树生也发现了"班长过多"的问题，就问他们当班长的时间段，就这样把几个假班长找出来了。

郑树生说："创业没有捷径，就是坚守领域，做精技术，做好产品，多听用户需求，适应用户变化。IT 领域仍然需要工匠精神。"

说到华为三康（H3Com）公司，我不得不说一下郭平，虽然他不是营销高层干部，但他对华为公司、对营销的贡献是巨大的。

郭平，华中科技大学毕业，硕士，1988 年还是研究生的时候就来到了华为，并且一直留在了华为，1989 年抽空回学校进行了硕士论文答辩，把学长郑宝用也带来了华为。郭平历任产品开发部项目经理、供应链总经理、总裁办主任、首席法务官、流程与 IT 管理部总裁、企业发展部总裁、华为终端公司董事长兼总裁、公司轮值 CEO、财经委员会主任、公司副董事长、轮值董事长等，现任公司监事会主席。他是在华为各大体系都工作过的最早的、业务面最全的管理人才，勤勤恳恳、任劳任怨、尽心尽责，别人不愿管的杂事、烂事、伤脑筋的事，他都从不推辞地认

第三章　华为规模营销的组织运作机制

真去做，而且，一做就能做得很好。他是华为很多业务部门、体系的创始负责人，是功勋卓越的多面能手。

郭平任公司变革项目管理办公室主任时，是公司客户满意度项目的赞助人（Sponsor），我担任客户满意度项目的项目经理。头几年，华为都是与全球第一的客户满意度调查公司盖洛普咨询有限公司合作，开展第三方客户满意度调查的。有一天，郭平对我说："任总听说有两家新兴的满意度调查公司做得不错，发展很快，要我们也了解一下这两家新兴公司的情况，以便对三家公司进行综合比较，优中选优。"我当天晚上就加班查找这两家公司的资料，一直到晚上12点多，把其中一家公司的资料整理了个大概就睡觉了。第二天，上班没多久，郭平就来找我要这两家公司的资料。我说："昨天晚上加班到12点多才整理完其中一家的资料。"他让我加快进度，中午马上给他资料，说如果老板上午要资料，我们就全完了！我心里想：我平时做事都够快的了，这一次也是加班加点地做的，没想到，领导要求得这么快！我赶紧找了几个同事帮忙一起找资料、做汇总、做分析，争分夺秒地整理完两家公司的资料，同时，把三家公司的优缺点也系统、全面地做了比较分析和总结，赶在午饭前终于递交给了郭平。说来也巧，老板上午在会见客人，没有时间顾及这个。下午一上班，老板就把郭平叫去了，郭平赶紧拿着资料就去给老板汇报了。我发现，郭平中午没有睡午觉，在看那份资料。这样老板问起来，他也就可以回答相应的问题了。我心里挺愧疚的，由于我的原因他不能睡午觉。要知道，华为人经常晚上加班到很晚，中午必须休息一下才能熬过下午高强度工作。后来，郭平回来挺高兴的，告诉我："老板看了资料，觉得最后的总结比较好，表扬了我。"但开玩笑地补充了一句："你昨天晚上没做完就不应该睡觉。"从此以后，我再也不敢把该做的事拖到第二天做，哪怕晚上再晚也要做完、做好了才去睡觉。

117

郭平担任华为真正意义上的第一款自主研发的 HJD48 交换机研发项目经理，HJD48 交换机在 1992 年给华为带来年总产值超过 1 亿元、总利税超过 1 000 万元的销售业绩，使华为活下来并坚定了在通信设备领域继续打拼的信心。在 HJD48 之后，任正非发觉了郭平身上适合做管理者的才能和气质，郭平就被提拔为生产制造部负责人。从此郭平长期担任华为公司的高层管理者，采购、供应链、基地建设、合作公司、流程与 IT、法务、对外投资合作、企业发展部以及终端公司等部门或体系，都是从无到有、从有到强，由他带头创建并一手带大的。他是下得生产线能与生产工人一起劳动的工人；也是穿上西装、打上领带能与外国总统促膝而谈的企业领袖；还是在世界级高层论坛上潇洒自信、慷慨发言的精英人士。

杨汉超，重庆邮电大学毕业，硕士。1992 年加入华为，出自著名的 C&C08 交换机研发项目组，曾任哈尔滨代表处代表、研发体系总裁、人力资源总裁和全球营销总裁等，后来任公司常务副总裁，曾对口西南片区的高层支持。1991 年从重庆邮电大学硕士毕业后他留校当过老师。因此，他成了华为为数不多的口才绝佳、技术精湛、善于沟通的市场部高层主管之一。他为人随和、温文尔雅，对华为产品技术、华为文化、华为的发展历程都烂熟于胸、倒背如流。很多代表处在为到华为参观的高级别客户申请陪餐的高层领导时，他是最抢手的。

王诚，北京邮电大学毕业。1991 年加入华为，曾经是沈阳代表处代表，后来任市场部总裁、亚太地区部总裁、公司常务副总裁，是华为屈指可数的邮电大学科班出身的高层干部之一。这也为他打开市场提供了天然独特的优势。因为华为的客户、大部分电信局的主管都是邮电大学毕业的，大家一聊起来，发现彼此是校友，是师兄师弟，关系很快就建立起来了。王诚为人比较低调，很能吃苦，哪里需要就到哪里，在华为刚开始开拓国际市场时,他就带头奔赴海外,是华为首任亚太地区部总裁。他大智若愚,对在市场一线奔波的销售人员关爱有加。1996年,手机和便携电脑刚开始兴起,价格非常贵。不像现在的新员工一进入华为都能配备手机和便携电脑,那时的华为员工要配备手机或便携电脑是需要分批分期采购、排队分配的。各部门就把申请手机和便携电脑的人员名单分批分期上报给市场部总裁等待审批。有的人就私下传授经验说:"你们上报审批,一定要把握好时机,当看到市场部总裁王诚情绪好、高兴的时候,就把申请单赶快送过去,他一高兴就立马签字了;如果遇到他不高兴,你们就不知道要排到猴年马月了。"有一次,我按照这个经验的提示,去找王诚审批,他当时就签字同意了,我非常高兴。拿到审批单后,我赶紧叠好揣到口袋里,生怕他反悔。临走时,我还是忍不住地问了他:"王总,我还以为您不会这么快地批给我们呢。"他打开抽屉,拿出一摞申请单,对我说:"你们以为我傻啊?以为我高兴了就签字,不高兴了就不签字。其实,我是体谅你们经常出差的人,使你们最优先,你们更需要手机和便携电脑来提高工作效率。这些是机关的和出差不多的申请单,是他们的理解和谦让使你们能优先获得审批。"听到这里,一股暖流涌上我心头。我道谢后回到部门,把这事告诉了部门同事,大家由衷地敬佩王诚这个市场部总裁。

　　王诚在工作上很聪明,但是在生活上确实有点"傻"。有一次,时任华为亚太地区部总裁的王诚到印度,住在布里斯托尔(Bristol)酒店,服务生帮忙停车,他给了一美元小费,服务生表情非常激动,不停地道谢。王诚回到酒店房间后惊呼:"给的是100美元的票子!"——美元纸币从1元到100元,都是同样大小同样色泽的,很容易搞混。

　　华为这些高层干部都有共同的特点:

　　(1)知名大学毕业,高学历。学习能力强,聪明好学。全身心投入工作，尽心尽责。

（2）从最基层做起，服从分配，勤奋努力。善于思考，总能想出好办法克服困难，积累了丰富的成功经验。

（3）个个是身怀绝技、独当一面的高手。一个人就能带出一个部门、一个体系、一支队伍。

（4）身先士卒，以身作则，带头冲锋。越是艰险越向前！敢打、敢拼、敢闯，打开国内市场后，又奔赴海外开拓国际市场。

（5）用兵狠，爱兵切。他们自己工作起来个个是拼命三郎，不但对自己要求严格，对下属也是要求极严的。同时，他们也是无时无处不为下属着想的。

2008年，华为EMT会议再次强调："大仗、恶仗、苦仗一定能出干部，总部机关、产品体系都要派后备干部到艰苦地区锻炼，在艰苦环境中成长，公司要在'上甘岭'培养和选拔干部。"

在干部选拔上，华为认为要优先在影响公司长远发展的关键事件中选拔干部。华为重视员工在关键事件（如公司经营出现危机、公司需要采取战略性对策、公司实施最大业务和员工管理政策调整、公司业务发展需要员工一定程度上牺牲个人短期利益等）上的态度和言行，公司核心员工必须在关键事件中表现出鲜明的立场、敢于为公司利益而坚持原则。核心员工选拔首先考察关键事件中表现出的忠诚。核心员工的忠诚必须经得起长时间的考验。华为要选拔培养的是对公司忠诚、艰苦奋斗、绩效结果和在关键事件考核中突出的优秀骨干。

干部能上能下，使组织充满活力

营销高层决策组织里保持10%绩效考评末位淘汰率，与员工的考评淘汰率是一样的。末位淘汰机制迫使干部自我学习、自我提高、科学奋斗。高层干部能上能下，使营销高层决策组织充满活力。任正非说："华为干部不是终身制，公司不会迁就包括本人在内的任何人，末位淘汰是日常绩效考核工作体系，烧不死的鸟都是凤凰！"

高级干部要能上能下。任期届满，干部要通过自己的述职报告，以及下一阶段的任职申请，接受组织与群众评议以及重新讨论薪酬。长江一浪推一浪，没有新陈代谢就没有生命。必要的淘汰是需要的，任期制就是一种温和的方式。如果不能形成一种有利于优秀人才成长的机制，高速前进的列车不能有上、有下，那么列车的运行就不能脱离开生命的束缚，华为必将走在盛极必衰的路上，所以要加强新干部的提拔，特别是艰苦地区的干部。不提拔新干部，华为的商业模式就继续不下去了。

华为不可能有永恒的高速度，每个人的素质、学习努力的程度、自我改造的能力差异都很大，怎么可能步调一致地推动公司前进？"至少，我看不清华为长远未来的前景，所以，我们不能懈怠，干部能上能下一定要成为永恒的制度，成为公司的优良传统。"任正非说。

任正非说："末位淘汰是从西点军校学来的，它的目的是用来挤压队伍，激活组织，鼓励先进，鞭策后进，形成选拔领袖的一种方式。高端员工要去做领袖，逼着他优秀了，还要更优秀，是痛苦一些。不是天将降大任于斯人必先苦其心志吗？不能指望基层员工一下子就去做领袖，要让他们在宽松的状态下去工作，创造绩效，多些收益。"

"能上"是种激励，"能下"是种挑战。让不能干的干部"真下"，并不是为了惩戒处分、排斥打击哪个干部，而是要优胜劣汰、奖优罚劣、激发全体干部工作积极性，构建起"能者上、平者让、庸者下、劣者汰"的良性循环机制和用人导向。

华为 规模营销法

华为市场部干部集体大辞职

1996年1月,华为市场部干部集体大辞职,开创了干部能上能下的先河。是一个"惊天地泣鬼神"的伟大壮举!也确定了华为干部"能上能下"的管理机制。

1995年底准备、1996年初实施的市场部干部集体大辞职,正是在华为大市场、大科研、大结构、大系统的高速发展的开始阶段。当时,华为有1750人,其中1400多人受过本科以上教育,包含800多名博士、硕士。研究开发人员占总人员的40%,市场营销占33%,生产占15%,管理占12%。任正非说,1996年华为将发展到2500—2600人。1995年销售额是15亿,1996年华为定下的目标是21亿—25亿的销售额。

人多了管理问题就多,多年来任正非就像个"甩手掌柜",任凭全国各地代表处的"游击队长"自由发挥。用什么人、用多少人、发多少工资,基本全依赖各地代表处代表的意见。而当时有些代表处已经有"诸侯割据"的苗头了,无法统一管理,任正非为此深感忧虑。他在跟孙亚芳商量的时候,孙亚芳(当时负责市场工作)提出干脆来个市场部大辞职,对固化的干部进行一次大整顿。

任正非在1995年11月份《解放思想,迎接1996年市场大战》的讲话中说:"到今年年底前所有市场部正职干部向公司提交述职报告,述职报告里检讨1995年的工作,提出明年工作计划,希望在递交述职报告的同时,也要提交辞去正职的报告,在两份报告中公司一定会批准一份。市场部是公司先锋队,以后全公司每个(部门)都要采用这个模式,推广到所有部门去。你应该很愉快地接受新的工作。对所有的正职干部都有这个要求,办事处主任也可以要求你的下属这样做,今后对干部的管理要有这种层层考核制。你们应有强烈的危机感,说不清楚怎样管理办事处,说不清楚怎样开拓市场，这样的人是不能做正职的。公司每年会对照述职报告检查工作。

办事处主任应由原来的公关型转换为策划型，每个办事处要做出明年的市场总策划，不是市场策划部策划好了，由办事处来干，一定要办事处自己策划，由市场策划部给予技术性的支持和协助。下一代的办事处主任应该要从策划型转向管理型。我们告诉大家，就是让大家抓紧学习。你们一定要好好读我的文章，我在做某件事的时候，早在一年前或半年前就埋下了伏笔，大家认真阅读这次企业文化教育中的文件，会从中得到启发。"

"主动辞职、重新竞聘上岗"的内部整训运动整整持续了一个月左右，孙亚芳带领团队的26个办事处主任，同时向公司递交两份报告——一份辞职报告，一份述职报告，由公司视组织改革后的人力需要，具体决定接受每位递交报告者的哪一份报告。在竞聘考核中，大约30%的干部被替换下来。就地下岗，择优录用，华为也由此开启了大规模人力资源体系的建设。

任正非说："在市场部集体大辞职中毛生江是受挫折最大的一个人，经历的时间也最长，但是他在这四年中得到了很大的锻炼，也得到了很大的成长。"毛生江、纪平等都是那个时期波浪起伏的典型人物。

2000年，任正非在市场部辞职四周年的讲话中强调："市场部集体大辞职，对构建公司今天和未来的影响是极其深刻和远大的。任何一个民族，任何一个组织，只要没有新陈代谢，生命就会停止。如果我们顾全每位功臣的历史，那么就会葬送公司的前途。如果没有市场部集体大辞职所带来的对华为公司文化的影响，任何先进的管理、先进的体系在华为都无法生根。"

以下为1996年华为市场部干部集体大辞职时的"辞职书"：

尊敬的总裁：

　　1996年是市场大决战的一年，市场的发展势不可当。随着公司产品结构的多元化，产品档次的提高，随着市场竞争的日益白热化，市场对产品、对公司、对市场人员的要求也越来越高。

　　作为一名在市场上战斗多年的市场人员，一方面，为公司市场的发展做出了努力，奉献了我的青春。但在市场前线上工作的几年中，自己的技术水平、业务能力可能已跟不上公司发展的速度，落后了。另一方面，公司也涌现了大批有冲劲、技术高、有策划能力和管理水平的优秀市场人员。长江后浪推前浪，公司的发展需要补充大量的新人。如果公司通过考评选拔出更适合承担市场工作的人员，我将诚心诚意辞去我现在的职务。

　　说自己不难过，说自己很坦然，这是不真实的。中国几千年的文化，使得"能上能下"对每一个将下的人来说，不能不说是一次心理承受力的挑战。但是，作为华为的一名市场人员，为了公司能发展壮大，我可以离开心爱的岗位、熟悉的市场、亲密的战友，接受公司对我的选择。

　　最后我想说的是：我决不气馁，将更加努力地学习，适应新的工作岗位，为公司的发展做出我的贡献。

市场人员：
一九九六年一月二十八日

　　任正非经常提及"沉淀"这个词，他最担心由于企业运行时间长了，员工的收益稳定增长、职位固化，奋斗精神被稀释，大家都开始怠惰了，所以，如何将企业保持激活状态是任正非时刻在思考的问题。

个人绩效承诺（PBC）管理方法

营销高层干部每个人都有个人绩效承诺（Personal Business Commitment，简称 PBC）计划。华为的 PBC 管理方法来源于 IBM，但经过自己的改良，内容有所不同。年初每个员工都要在充分理解公司的业绩目标和具体的关键绩效指标（Key Performance Indicator，简称 KPI）基础上，在主管的指导下制定自己的 PBC，并列举出下一年中为了实现这些业绩目标、执行方案和团队合作所需要采取的具体行动。这相当于员工与公司签订了一个一年期的业绩合同（协议书）。

华为 PBC 设置的原则

第一，以责任结果和关键事件作为行为导向，引导员工做正确的事。

第二，确保个人目标和组织流程目标的一致性。

第三，客观公正。考核的结果，以客观事实和数据为依据，不搞人情分，所以华为不搞 360 度考核。

第四，分层分类。华为每年从 10 月份开始到第二年的 2 月份，要层层做战略解码，形成目标及指标集，然后 2—4 月份完成全员 PBC 签署。

华为 PBC 管理的流程

第一步，设置目标。包括三大部分：业务目标（权重 80%）、管理目标（权重 20%）、个人发展目标（参考指标）。

（1）业务目标：分为 KPI 和关键任务。KPI 是常规性指标，包括营收、开拓、RePAR、品质、安全等指标，体现为结果性指标的分解。关键任务是动态性指标，是对 KPI 的补充和完善。

设置业务目标时，信息来源包括以下几个方面：

- 可以参阅主管 PBC 中业务目标部分（来自上级、同事和客户的信息）；

- 可以参阅相关内部资料，比如公司战略发展思路、公司的价值观等等；
- 可以与主管直接沟通自己负责的阶段性重点工作（参照部门阶段性重点工作）；
- 可以参阅自己的岗位职责说明书；
- 可以向部门领导申请参阅部门组织绩效指标库。

做什么业务就有对应的业务目标去承诺。例如市场目标可能就是产品覆盖率、客户关系管理等。

个人重点关注的项目，比如说重点交付项目，可能几亿美金，可能员工全年就干这一件事情，那这个项目的完成情况就是员工全部的KPI。

（2）管理目标：签订PBC协议的如果是一个团队，团队负责人就必须设置团队的管理目标。此时，需要从三个方面进行设置前的思考：业务目标对组织建设、员工管理的要求；优秀经理应该具备的七个管理行为（目标承接、团队合作、绩效管理、鼓励创新、发展下属、承认贡献、氛围营造）；亟待建设的岗位胜任力体系。在此基础上，负责人要明确部门管理的重点和难点，以进一步设定员工管理目标、年度组织建设与管理改进目标。

在华为，管理者需要根据组织的挑战去设定人员管理目标，包括人才培养、人才引入、知识共享、知识建设等。

（3）个人发展目标：应在主管的协助下设置，指标总数2—4个。这个目标仅作为参考目标，但所有员工均要求设置。

用PBC的模式，把个人需要成长的东西列出来。例如华为前些年推进国际化，每个人要考过托业，总分要超过600分才是及格的。学英语、研发项目经理必须考过PMP等，这些就是个人提升的目标。

第二步，辅导绩效。过程很重要，要动态管理过程，定期回顾重点工作进度，这是必须要做的。辅导绩效是一种随时可以开展的双向过程。辅导绩效的本质，就是管理者和他的下属共享知识和经验，最大限度挖掘下属的潜力，帮助他达成一致目标。

第三步，及时刷新PBC。有一些指标落后了，那就要调整它，环境发生变化了，也要调整它。但这种调整不是随意的，一定要回到目标分解，得有依据，要有独立的部门审核才行。

第四步，记录关键事件。实施过程中的好经验要拿出来分享。这一点华为做得非常好。好的经验、好的信息就要通过人力资源体系在全公司传播。

第五步，评价绩效。华为有绩效评价这个环节，包括个人自评、主管评价和集体评议。每个干部都要层层述职，所以就形成了人人有目标、人人有压力、人人要考核、人人要汇报的机制。

第六步，反馈结果。即主管一定要与被考评者面谈。

第七步，申诉考核。员工对考核结果不服，可以申诉。找领导申诉？官官相护，不会有好结果！找HR申诉？HR只能看考核的过程是否符合流程，结果是否符合比例要求，具体结果还得业务部门决定。华为想出了一个很好的办法：找思想导师、老专家申诉。1999年，华为荣誉部聘请了一批退休的老专家来到华为做思想导师，他们有来自部队的，有来自四川绵阳某某研究所的，也有来自中国工程物理研究院的，其中还有当年参加过中国"两弹一星"研制的工作者，还有一些是国内著名高校的退休教授。当时，华为有十几个大部门，几乎每个部门都有1—2名思想导师，让这些老专家通过自己的亲身经历与言传身教来影响教育华为的新员工。这些导师的主要工作就是利用员工的"茶余饭后"时间和员工交谈。当员工遭遇工作与生活中的具体困难时，需要有人给他们"解惑"；当员工感到遇到不公正对待、遇到挫折时，可以找老专家申诉。

在华为，一个典型的工作场景是：一个干部在市场一线做得不好，被免职，这个干部觉得冤枉甚至委屈，他会抱怨不是他不努力，而是市场环境太恶劣了，竞争太激烈了，竞争对手太坏了，客户太刁蛮了，于是怎么也想不通。思想导师就要帮他理解公司的决定，比如导师会告诉他在降下来的岗位他同样可以做得很出色。

华为 PBC 的考核周期与等级

华为在很早期的时候做过月度考核，后来变成季度考核，再后来变成半年度和年度考核，趋势是不断拉长目标责任制员工的考核周期，从一个较长时间去考量它的过程和结果。

执行简单的月考、季考不科学。因为很多事情在月度或季度内根本就没结果，所以适度拉长考核周期，不仅能够减少绩效考核的工作量，还能使员工聚焦于工作结果。

通常越高级的领导，考核时间周期越长，以年为单位。中、基层员工就按照半年度加年度考核两次考核的方式去做。

华为强调结果输出，怎么衡量？绩效评价最经典的方式是打分。华为制定的考核标准是：在结果评定上设置 5 个等级。2010 年的华为绩效管理在等级上做了清晰的定义，那就是按团队总人数的百分比来确定结果：（1）杰出贡献者 A，占 10%—15%；（2）优秀贡献者 B+，不超过 45%；（3）扎实贡献者 B，占 40%—50%；（4）较低贡献者 C 和 D，占 5%—10%。较低贡献者指无法完成组织目标的人。根据目标完成的差异，做出 C 和 D 的区分。

如果团队的整体目标完成得好，得 A 或 B+ 的比例可以多一些，但 A 不能超过 15%。为什么华为能够以 30% 的增长率在成长？绩效是巨大的驱动因素。要想达到好，你就要努力往前冲。这一冲，一个巨大的动力就冲出了，所以这是绩效对于公司业务的巨大推动力。

华为 PBC 考核结果的应用

（1）决定工资、奖金多少

考评的等级中，考评结果是 C、D 的员工是不涨薪的。在华为，奖金可以使员工的收入差距很大。有奖金的员工算下来有平均 40 多万的年薪，没有奖金的员工可能只有 10 来万的年薪。

绩效为 C 和 D 的时候，配股也是没有的。

A、B+ 和 B 这 3 类都是有机会进行工资调整、有机会发奖金的。对 A 来说，配股是一定会有的，B+ 和 B 要根据条件来看。

2010 年任正非提出"要给火车头加满油"，绩效好就要加大配股力度，所以在华为，同样一个部门的员工，同一个阶段一个层级的员工，实际的收入差距是很大的，这真正体现出了绩效考核的魔力。

（2）决定晋升资格

提拔干部的时候，绩效评价等级是重要参考维度。对 A 来说，人岗匹配、职位晋升和成长机会都是优先的。

华为的惯例是两年升级，越往上走，级别越高，晋升比例越低，所以在华为的成长确实是不容易的，必须"杀"出一条血路来。

但是在华为，你不用"跑关系"，老老实实把公司给你定的指标超额完成就行了，目标的设定和完成情况是公开、透明、公正的，所以员工的关系极为简单。

对 B+ 和 B 来说，有机会晋升，但排名相对靠后，C 和 D 就不用考虑了，没有机会。在华为，干部的压力很大。每年的干部胜任考察，有 10% 的淘汰率，绩效排名后 10% 的干部一定会下台，低绩效员工不一定清理，但是干部一定要免职。

很多公司实行内部调动，员工在这个岗位做得不好，换个岗位就好了，这在华为是行不通的。员工在某个岗位做不好不能调，想内部调动，必须是绩效好的人才行。在华为，绩效评价的结果涉及人员发展的全部状态。职级提升、干部任命、任职资格、内部调动、再入职等多个领域，全部是以绩效为依据的，没有什么特例。员工在公司成长的一切都与绩效挂钩。你只要老老实实把工作做好，做得卓越，做得优秀，结果一定是好的。不用担心站错队了，跟错人了。这就建立了一个清晰、透明的企业文化——绩效文化，解决了全员的出路问题。

华为绩效管理能够做得很好的原因就在于此：流程设置闭环合理，过程跟进有据可依，结果刚性拿来就用。

华为营销高层决策组织的成员，在早期国内每个人都要对接两三个片区的八九个办事处，负责高层客户关系的突破和巩固，需要定期出差，跑到各地电信局拜访客户，同时，考察当地办事处运作情况。他们不但要管好相应部门的团队日常运作，是决策者、领导者，而且是重大销售项目组的成员，背负着任务指标，项目成功了有他们的功劳，项目失败了有他们的责任。这样就使这些将军们大部分时间都在市场一线拼搏，而不是坐在总部机关的办公室里遥控指挥。即使回到了总部机关，这些高层干部们也是忙得脚不沾地。公司规定营销高层干部每周至少陪客户吃饭两次。因为几乎每天都有来公司参观的客户，如果客户的级别比较高，例如某省电信局的副局长，华为总不能派个一般级别的人去接待吧？起码也得派个公司副总裁级别的人接待陪餐吧。只要营销部门的高层主管没出差、在公司，就肯定要被抢着安排去陪客户吃饭。可以想象，全国30多个办事处，有上千个高级别客户，每天轮番地被华为的客户经理们邀请到公司总部参观，这个接待规模、陪餐任务也是可观的！仅陪客户吃饭这一项就快忙不过来了，更别说还有一大堆的事务性工作要完成。难怪连华为市场部的秘书都要每天忙到晚上9点多才能赶晚班车回家。遇到开重要会议，加班到晚上11点的情况也是常有的。由于陪餐需要，后来公司又规定，除了市场部的高层要陪客户用餐外，研发部门、供应链部门、财经部门等的高层每周也要至少陪到公司参观的客户吃饭两次。有的研发领导不善言辞，刚开始陪餐时，只顾自己一个劲儿地吃，不聊天，哗啦哗啦很快就把饭吃完了，搞得用餐气氛挺尴尬的。就这样，研发高层领导被赶鸭子上架，陪餐的次数多了以后，慢慢地也学会了怎样接待客户，不但吃饭时能聊点技术、产品，有时还能说几个故事或笑话，活跃一下气氛。

华为营销高层干部不但带头冲锋，以身作则，而且在应用绩效的评价结果上，比一般员工要求更严格、处罚更严厉，以锻炼高层干部的韧性，磨炼他们的意志。

> **锻炼高层干部的韧性，磨炼他们的意志**
>
> 2013年1月14日，公司召开2013年市场大会。在"优秀小国表彰会"上，公司对取得优秀经营成果的小国代表处进行了隆重表彰。共有11个小国代表处获得二等奖，9个小国办事处获得一等奖，两个小国办事处获得特等奖。大会分别向他们颁发了奖盘、奖牌和高额奖金。
>
> 在此次表彰会上，还有一项特殊的表彰——"从零起飞奖"。在过去的一年里，有一些团队奋勇拼搏，虽然取得重大突破，但结果并不如人意。这些团队的负责人在表彰会上践行当初"不达底线目标，团队负责人零奖金"的承诺。主持人李杰宣布了"从零起飞奖"获奖人员为徐文伟、张平安、陈军、余承东、万飚。获奖的人员2012年年终奖金为"零"。其实在过去的一年里，终端公司取得了巨大的进步，企业业务BG也在重大项目上屡屡突破，这些领导们自愿放弃奖金，意味着他们将来有更大的起飞。2012年时任轮值CEO郭平、胡厚崑、徐直军，CFO孟晚舟，还有片联总裁李杰，包括任正非和孙亚芳，都没有年度奖金。

> 任总在为他们颁发"从零起飞奖"后发表讲话，他说："我很兴奋给他们颁发了'从零起飞奖'，因为他们五个人都是在作出重大贡献后自愿放弃年终奖的，他们的这种行为就是英雄。他们的英雄行为和我们刚才获奖的那些人，再加上公司全体员工的努力，我们除了胜利还有什么路可走？未来人力资源政策的改进还会更加激励我们。我们在讲热力学第二定律的时候，就反复说要拉开差距，现在人力资源政策刚刚在拉开差距，以后人力资源政策还会有进一步的改进，会让优秀员工得到更多的鼓励。"
>
> 余承东事后在微博发表感言说："从零起飞，新的征程。我所获得的年度零奖金——从零起飞奖的奖品，中国第一代舰载机歼-15 战斗机正从我国第一艘航母辽宁号甲板上起飞的模型，意义深远，值得珍藏！"

华为公司 2012 年度奖金总额比 2011 年提升了 38%，在这种好的形势下，这些高层领导自愿放弃年终奖，领取"从零起飞奖"，体现了他们勇于担当的品质，这些"火车头"会更好地牵引华为前进。"零奖金"的主要原因是消费者 BG 和企业业务 BG 两位 CEO 因为没有达到年初的个人 PBC 承诺，余承东等人主动放弃了高额奖金。同时，华为此措施只针对核心管理层，员工不包括在内。相反，员工有着高达 125 亿元的总奖金，比上一年增长了 38%。

2018 年 1 月 17 日，任正非签发公司文件《对经营管理不善领导责任人的问责通报》，通报部分内容如下：

> 公司一直强调加强经营质量管理，杜绝作假。
>
> 近年，部分经营单位发生了经营质量事故和业务造假行为，公司管理层对此负有管理不力的责任。经董事会常务委员会讨论决定，对公司主要责任领导问责，并通报公司全体员工。

任正非罚款 100 万元；

郭平罚款 50 万；

徐直军罚款 50 万；

胡厚崑罚款 50 万；

李杰罚款 50 万。

这是对公司最高核心领导成员的罚款。华为公司高层干部的自我批判精神由此可见一斑。

各级干部自律宣誓

早在 2005 年，任正非敏锐地警觉到华为做大以后（那时候华为已经成为世界三大通信设备供应商之一），高层干部已经有了一定的权力，华为最大的风险不是来自外部，而是来自内部干部的腐败和惰怠。为了保证干部廉洁自律，2005 年 12 月，华为在马尔代夫召开了 EMT 民主生活会，讨论干部队伍的廉洁自律问题。EMT 成员共同认识到："作为公司的领导核心，要正人须先正己，以身作则。"会上通过了 "EMT 自律宣言"，要求在此后的两年时间内完成 EMT 成员和中、高层干部的关联供应商（即与干部有利益关系的供应商）申报与关系清理，并通过制度化宣誓方式层层覆盖所有干部，接受全体员工的监督。2007 年 9 月 29 日，公司举行了首次 "EMT 自律宣言" 宣誓大会，并将这项活动形成制度，开展至今。

公司最高管理团队举行 "EMT 自律宣言" 宣誓，表明了高层领导从自身做起，严格自律，众志成城，把所有力量都聚焦在公司的业务发展上的决心。他们将坚持公司提出的 "聚焦管道战略，简化管理，力出一孔，实现有效增长；优化组织流程，激励绩优，利出一孔，提升效率效益" 的发展战略，在高层领导的奋力牵引和全体员工长期的艰苦努力下，公司一定会保持持久的蓬勃生机，不断健康发展！

以下为华为公司"EMT自律宣言":

华为承载着历史赋予的伟大使命和全体员工的共同理想。18年来我们共同奉献了最宝贵的青春年华,付出了常人难以承受的长年艰辛,才开创了公司今天的局面。要保持公司持久的蓬勃生机,还要数十年地继续艰苦奋斗下去。

我们热爱华为正如热爱自己的生命。为了华为的可持续发展,为了公司的长治久安,我们要警示历史上种种内朽自毁的悲剧,决不重蹈覆辙。在此,我们郑重宣誓承诺:

1. 正人先正己、以身作则、严于律己,做全体员工的楷模。高级干部的合法收入只能来自华为公司的分红及薪酬,除此之外不能以下述方式获得其他任何收入:

绝对不利用公司赋予我们的职权去影响和干扰公司各项业务,从中谋取私利,包括但不限于各种采购、销售、合作、外包等,不以任何形式损害公司利益;不在外开设公司、参股、兼职,亲属开设和参股的公司不与华为进行任何形式的关联交易;高级干部可以帮助自己愿意帮助的人,但只能用自己口袋中的钱,不能用手中的权,公私要分明。

2. 高级干部要正直无私,用人要五湖四海,不拉帮结派。不在自己管辖范围内形成不良作风。

3. 高级干部要有自我约束能力,通过自查、自纠、自我批判,每日三省吾身,以此建立干部队伍的自洁机制。

我们是公司的领导核心,是牵引公司前进的发动机。我们要众志成城,万众一心,把所有的力量都聚焦在公司的业务发展上。我们必须廉洁正气、奋发图强、励精图治,带领公司冲过未来征程上的暗礁险滩。我们绝不允许"上梁不正下梁歪",绝不允许"堡垒从内部攻破"。我们将坚决履行以上承诺，并接受公司审计和全体员工的监督。

宣誓人：

后来，成立了董事会机构，宣誓的誓词做了少量的修改，增加了"不贪污，不受贿；不窃取、不泄露公司商业机密，不侵犯其他公司的商业机密；绝不接触中国的任何国家机密，以及任何其他国家的任何国家机密；不私费公报"的内容。

2019年初，华为各部门相继举行干部工作作风自律宣誓。誓词如下：

我宣誓：

1. 我绝不搞迎来送往，不给上级送礼，不当面赞扬上级，把精力放在为客户服务上。

2. 我绝不动用公司资源，也不能占用工作时间，为上级或其家属办私事。遇非办不可的特殊情况，应申报并由受益人支付相关费用。

3. 我绝不说假话，不捂盖子，不评价不了解的情况，不传播不实之词，有意见直接与当事人沟通或报告上级，更不能侵犯他人隐私。

4. 我认真阅读文件、理解指令。主官的责任是胜利，不是简单的服从。

5. 我反对官僚主义，反对不作为，反对发牢骚讲怪话。对矛盾不回避，对困难不躲闪，积极探索，努力作为，勇于担当。

6. 我反对文山会海，反对繁文缛节。学会复杂问题简单化，六百字以内说清一个重大问题。

7. 我绝不偷窃，绝不私费公报，绝不贪污受贿，绝不造假，我也绝不允许我们当中任何人这样做，要爱护自身人格。

8. 我绝不允许跟人、站队的不良行为在华为形成风气。个人应通过努力工作、创造价值去争取机会。

宣誓人：

建立三道防线，严防内部腐败

华为对内部腐败零容忍，为了防止内部腐败现象，华为在内部控制上一共设立了三道防线：第一道防线是业务管理者，第二道防线是内控及风险监督部门，第三道，也是最后一道底线，是华为的内部审计部。内部审计部作为华为的"司法部队"，主要工作就是随机选取业务部门开展例行审计，同时，对大、小问题线索，审计到底，纠察不休，只要发现一处裂痕，就必须深挖出后面的根源。除了重视监察，严惩贪腐之外，华为会给予遵纪守法的员工额外奖金。

收缴 3.7 亿元贪腐资金，一个月内退赃人数高达四五千人

在 2014 年 9 月份的反腐行动中，华为一共收缴贪腐资金 3.7 亿元，后来作为奖金，发给了所有员工。

华为后来推出贪腐"特赦方案"，鼓励员工主动交代经济或账目问题，结果在一个月的时间内，选择"坦白从宽"的人数高达四五千人。华为的反腐政策也写得非常明确：以往合作中的历史问题，凡存在华为员工（包括已离职的华为员工）收受好处费等类似问题，如相关合作伙伴或经办人能主动向华为完整报备并积极配合相关调查的，华为公司将视具体情况对该合作伙伴或经办人不予追究民事责任、在法律允许的范围内不进行民事起诉，并酌情退还所追回的赃款（依法被司法机关没收的除外）。对承诺以后不再发生类似问题的合作伙伴，不影响其与华为公司继续合作。当前合作或未来合作中的问题，若存在华为员工以各种名义向合作伙伴索要好处费、不正当费用等类似问题，请在第一时间实名举报，同时提供翔实、确凿信息，华为公司将会认真核实、确认，一经查实，将进行严肃处理，以保护合作伙伴的合法利益。后来华为还推出了"除名查询"系统，将员工在华为工作期间的违规行为在社会上公开，以打消员工"打一枪换一个地方"的侥幸心理。

02

客户群系统部组织运作机制及特点

华为总部机关的营销组织运作机制是客户群系统部与产品行销部双线组合行动。各客户群系统部主要是指电信系统部、移动系统部、联通系统部等等。客户群系统部围绕市场环境营造、客户平台建设、市场规划及实施、市场指导、项目监控、项目运作、市场成本分析与控制和工作报告制度执行这八大块业务组织运作（如图3-1所示）。

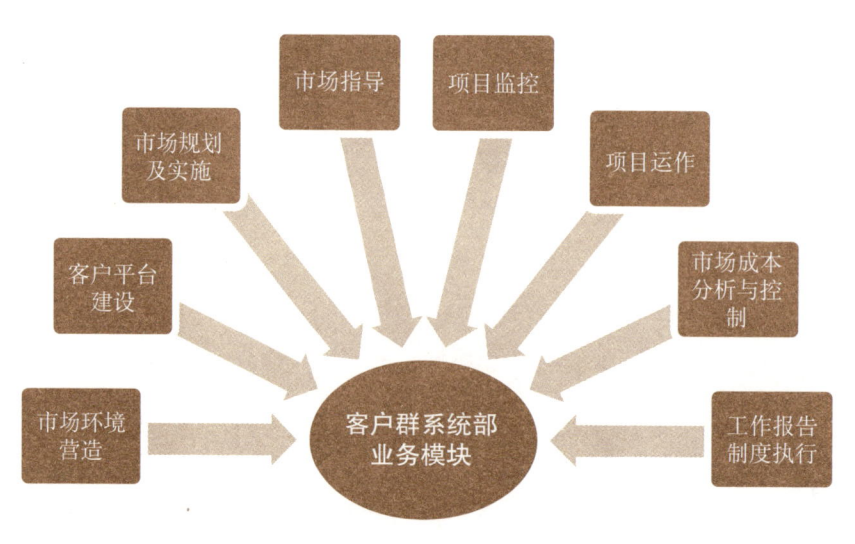

图3-1 客户群系统部业务模块

从品牌营销到国家营销

构筑品牌是**市场环境营造**的重要内容。英国权威品牌价值咨询公司 Brand Finance 在达沃斯世界经济论坛上发布了 2019 年度《全球品牌价值 500 强》，华为凭借 622.78 亿美元的品牌价值名列第 12 名，比上年提升 13 位，品牌价值增长 63.7%。构筑品牌是市场环境营造的重要内容，产品存放在货架上而品牌却留在人们心里。产品可以被竞争对手仿制，但是品牌却是独一无二的，成功的品牌会永远存在下去。

品牌是人们对企业提供的产品或者服务的看法和感觉，包括：先进的技术、稳定可靠的产品、个性化的解决方案、贴心优质的服务、合理的价格、良好的信誉……

品牌可以创造价值，提高销售空间，增加利润，提升产品和服务的议价能力，提高客户认知。一个成功的品牌不仅需要策划和包装，更需要宣传和推广。

如何构筑华为品牌？品牌工作贯穿于公司的各个环节。在公司所有与客户、行业的接触点，任何一名员工都在自觉或不自觉地树立或者损害公司的品牌。广告、事件、样板点和展会等市场营销管理的活动仅仅是树立公司品牌的一个环节，更多的是解决认知问题和部分认可的问题。通过产品和服务使客户真正认可、忠诚华为品牌。做好和客户合作的每一件事情，服务好客户，才能让客户逐步认可华为。尤其是第一次与客户合作时，客户对华为及产品的认可尤为重要。

在华为，销售与服务体系的品牌工作是服务于市场目标和商业成功的，共包括四个方面：（1）客户需求收集与分析。清晰地洞察客户、市场、竞争环境、不同决策人物的关注点、网络技术需求、商业模式、未来发展目标及技术路标。（2）端到端解决方案包装。输出完整的解决方案工具包，端到端、跨产品的 NP 和 BP 业务计划，总拥有成本（Total Cost of Ownership，简称 TCO）分析，行业发展分析及未来战略建议。（3）多种形式品牌活动。针对目标客户开展联合的客户化营销活动，如高层拜访、日常拜访、公司参观、展览、大型论坛、样板点、现场会、workshop 等。（4）经验总结与推广。包括品牌价值信息的及时提炼、总结与快速传递，品牌指导书、流程、模板、案例的总结与推广，以及从活动中收集新的客户需求和关注点。

一种常见的品牌活动形式是与客户合办品牌活动，其相关要点如下：（1）前提条件：客户关系可以支撑，客户已经认可我们的能力和活动品牌；（2）寻找突破口：在客户集团公司组织结构中比较弱势或者积极寻求发展和突破的部门，如数据部、集团业务部、网络支撑部、客户中心等寻找突破口；（3）操作方式：与客户集团公司的相关部门联合策划活动主题，邀请集团相关的领导（如副总裁）出面参加，由客户集团发文给各省，邀请各省分管的副总经理带队参加；（4）内容策划：我方的工作重心是做好内容的策划，层面要高，要有很强的针对性，要透彻分析公司的产品和解决方案，要解决客户的实际问题和思路问题，不能停留在单纯讲产品或者讲单个产品；（5）以点带面：与一个部门合作成功了，可以刺激和激发其他更多的部门合作。

市场环境营造，在公司层面主要由战略与市场营销部门整体策划及推动实施。主要包括广告、软文、展览等多形式的宣传引导。在操作层面通过政策公关、业务公关提升公司的品牌形象。客户群系统部主管在日常工作中，对外与客户高层领导之间建立长期合作、相互信任的人际关系；对内定期与用户服务部门沟通，进行工作指导与监督，通过改进服务质量，达到改善市场环境的目的。

营销从市场环境营造这个方面看，有几个不同的层级：产品营销、品

第三章 华为规模营销的组织运作机制

牌营销、标准营销、国家营销。华为经历了从销售产品到创立品牌，到参与制定行业标准，最终成为业界领先的发展过程。就因为华为是中国企业，就遭到美国政客们的疯狂打压。这就使营销的高度上升到了国家的层面。

2005年，华为营销策划部员工专门写了一篇近两万字的文章《国家营销》，从10个方面详细分析了中华民族和平崛起。文章指出，必须从国家营销的层面全面、系统、快速重塑中国的国家形象。我们有理由相信，今后10年，在党和国家的领导下，我们大家都不自觉地"多用屁股少用脑袋"思考问题，中国各行各业都一定会产生很多跨国企业，中国的民族产业一定会成为世界经济舞台上的主角，未来属于中国，未来属于我们的子孙后代。以下是节选的文章的部分内容：

> 国家之间的竞争归根结底是企业产业群之间的竞争，当世界人民的工作与生活离不开中国的产品时，我们就成了强势民族，汉语就成了世界语。中国崛起成为21世纪无法阻挡的历史潮流，如何加快这种步伐，有一个必修课，就是从国家营销的层面全面、系统、快速重塑中国的国家形象，持续增强我们的民族责任心与自尊心、自豪感与使命感，持续改善中国企业走出获取经济利益的软环境，持续提升国外企业进入中国市场的软门槛和软代价。
>
> 在党和国家的领导下，短短25年，中国力量所显示的经济能力已经令世界瞩目，中国已经有很多具备世界级竞争能力的企业，并且已经走出国门，服务世界。中国企业走出国门是必然的历史使命，一个走出去的中国正在深刻影响全球的产业格局与文化交融，我们不仅要输出我们的硬件和软件实物产品，我们还要展示我们的国家新形象，系统展示我们的文化、语言及价值观。
>
> 走出国门时，总体来说，由于以前中国民族企业没有走出去，国家营销的系统支持还处于建设与加强的阶段，更多地靠单

打独斗，企业拓展市场的成本高昂。对于大多数企业来说，本身的产品质量与成本已经具备全球竞争能力，由于缺乏司法工具、资本工具、媒体工具的系统保护与护航，难以获得参与全球市场的机会。

我们国家的产业也不能永远处于产业链的末端，"中国制造"（Made in China）不足以赢得中国强盛，只有"中国创造"（Created in China）才能带来国家的强大，我们以低科技、低附加值、低劳动力换取来的利润，不是用来购买国外厂商高附加值产品的，而是用来换取我们自己的高附加值产业发展的。"低科技养高科技产业的发展，而不是低科技换取高科技产品"，中国高附加值产业的发展才是中国国家及产业的未来。

一个企业的整体营销要从公司战略、理念、技术、产品、服务、培训方面做全面的、系统的整体形象包装，这就是我们熟悉的名词：企业品牌。对于一个国家来说，从政治、经济、文化、军事方面进行全面的、系统的整体形象包装，就是国家品牌。国家品牌不仅有助于国内用户选择国内的产品与服务，更重要的在于，当企业走出国门面对国外客户时，第一是国家品牌，第二是企业品牌，第三才是企业的产品及服务品牌。一个美国企业只有十几人、几百个人就会被国内民众认为是有实力的高技术企业，原因在于美国的国家营销做得好，企业产业群形成了，而中国的高科技企业规模达到数万人，全面进入了世界市场并被主流客户广泛认可，但部分国内民众却认为不如美国一个小企业。

国家营销不仅包含国家形象的整体包装，还包括通过各种政府或民间组织，向全世界系统推广中国，为企业进入国外市场提供良好的软环境，同时降低企业进入国外市场的投入成本。

国家营销必须由国家来主导，任何一个企业都无法承担责任及成本，国家营销包括但不限于以下内容：

- 国内民众的消费引导：屁股决定脑袋，支持民族产业；
- 国外到中国的留学生培养：全球亲中体系的建立；
- 国家对企业国际化的辅导：指导企业进入海外市场，降低成本，规避风险；
- 中国旅游的全球推广：以旅游的名义，加强全球的宣传推广；
- 中国经过包装的文化产品的推广：向国外推广新形象的文化产品；
- 2008年北京奥运会的推广和2010年上海世博会：集中展现中国的国家形象；
- 驻外使馆的KPI经济推广指标：政治为经济服务；
- 覆盖全球范围推广中国的电视台和媒体工具：中国有影响力的媒体应该走出国门，打破本国电视台、媒体对信息的封锁与垄断，起桥梁作用，并且作为有利于民族企业的舆论宣传阵地；

……………

中国国家形象的推广通过全方位的渗透，由国家起主导作用。最需要推广的是国内民众对国家的认识与看法，对国家的热爱和责任心。不能维护国家利益，不爱祖国母亲的人是得不到别人尊重的。特别是那些从事对外交流与合作的人员，他们的一言一行都代表着国家的形象，影响着接触的外国人对中国的看法。

改变外国人对中国的印象，其中最直接的、最有效的就是眼见为实。如果都是中国政府和企业邀请国外用户、媒体、政府官员到中国来考察，成本就太大了，并且覆盖的范围无法在较短的时间里达到理想情况。从长期来说，中国的旅游推广，是以低成本达到国外人民了解中国这一目的的有效途径，加强海外的旅游宣传，展示中国的新形象、新发展是旅游行业的重中之重。

　　欧美的发达只不过是比我们早数十年甚至上百年的发展……从技术和成本的角度讲，中国企业在众多领域已有世界级竞争能力，主要在国家营销、管理能力、商业运作及时间方面需要一个阶段，而且民族的高新技术产业已经冲出亚洲，走向世界，正在深刻改变海外客户对中国产品低质低价的印象。

市场环境营造操作指导包括以下几点：

（1）分析公司战略及下达的市场任务，准确确定重点公关区域、重点公关对象；

（2）全面准确地分析战略、重点客户高层决策链的组成，关键决策者的个人特点、相互之间的工作关系，明确关键决策者的个人关系及影响范围，制定合理的公关策略和公关目标；

（3）有效地协调各部门并进行相应的工作分工，实施有效指导与监控，促进下级任职者公关水平不断提高；

（4）定期与用户服务部门沟通，进行工作指导与监督，通过改进服务质量，达到改善市场环境的目的；

（5）通过有效指导与监督，使团队的服务意识提高；

（6）与客户高层领导之间建立长期合作、相互信任的人际关系；

（7）根据市场环境的实际情况，适时召开分析会，及时调整策略与方法，遵循PDCA（Plan、Do、Check、Act）原则，直至达到目标。

　　华为有"两报"，分别是《华为人报》和《管理优化报》。《华为人报》是华为市场环境营造、客户关系拓展、品牌提升的独特利器。在华为规模营销的市场竞争中，起到了举足轻重的作用。《华为人报》创刊于1993年，

第三章　华为规模营销的组织运作机制

是报纸形态，一张四版。《华为人报》是对外的，读者主要是华为的客户和华为员工，是不定期出版的，平均两周一期，有时稿件内容多时，一周一期。早期，每一期的《华为人报》都会邮寄给全国各地的客户，客户由于工作调动地点改变，公司都会第一时间修改客户地址，以便客户能及时收到《华为人报》。后来，随着报纸电子化，就发送电子版本的《华为人报》，不再印刷、邮递纸质的报纸了。《华为人报》主题鲜明，充分体现了华为文化的核心，如拼搏精神和奋斗精神，讲述着无数优秀华为员工离别故土，远离亲情，奔赴海外的事迹。无论是在疾病肆虐的非洲，还是在硝烟未散的伊拉克，或者海啸灾后的印尼，以及地震后的阿尔及利亚……一篇篇华为人拼搏奋斗的文章、一个个华为人奋发向上的真实故事，感动了客户，也感动了全体华为人。社会上偶尔看过一两期《华为人报》的人，都被报纸上的文章和故事所感染，并把这些故事口口相传。

华为营销人员出去见客户，带上一份《华为人报》，宣传公司的同时也给自己"长长脸"。《华为人报》名副其实，倾向于让华为人讲述自己的故事，身临其境，真实刻画，以小见大，有人文内涵，有灵魂，同时传递华为公司的价值主张、政策及经营管理的动向等，提升了华为人、华为公司的品牌形象。

《华为人报》不但起到了承载、宣传华为文化和华为精神的作用，还具备了服务企业经营管理的工具性功能。

华中某省电信局局长对《华为人报》非常赞许，每期必看，还经常在局工作会议上带领工作人员集体学习《华为人报》上的文章。电信局客户的很多领导要求给他们多寄一份《华为人报》，带回家给孩子看，让孩子既学习了华为人勤劳、勇敢、拼搏奋斗的精神，又提高了写作文的水平。西南某省一个地区电信局的局长每次都问华为的客户经理怎么《华为人报》还没有到。局长每期必看，看完报纸，就请华为客户经理和他的得力下属吃肥牛火锅，大谈特谈《华为人报》上的故事。

《华为人报》办得好的根本原因是它根植于市场一线、来源于市场一线。实际上，早期《华为人报》的主编加编辑只有两个人。其他企业有的也搞了内部报刊，不是组稿困难就是来稿质量不高，有人认为是稿酬太低的原因。其实，真正的原因就是没有深入一线！1999—2000年，《华为人报》当时的主编李宁，到某省代表处一待就是半年多，她亲自参与打字、复印、装订标书，与营销人员一起跑区、县，体验营销人员奔波忙碌、风雨兼程的艰辛，亲自到客户机房了解客户对华为产品的看法，亲自体会服务人员在凌晨为设备割接入网的疲惫。这为她更好地理解华为、理解华为人、理解华为客户奠定了坚实的基础。她也就有了写稿、组稿、约稿的灵感和方法。后来，我还写了几篇稿件发表在了《华为人报》上。

"《华为人报》是天堂，《管理优化报》是地狱。"这是华为人对两报的调侃。《管理优化报》是华为自我批判、暴露问题、监督改进的利器。

《华为基本法》起草人之一的中国人民大学教授吴春波说："如果想学华为，其他什么都可以不学，学两点就够了，这就是：学华为如何学习别人的，学华为如何批判自己的。"很多企业学了华为的《华为人报》，却没有学华为的《管理优化报》，所以，就缺少了问题反馈、自我批判、持续改进的关键一环。

《管理优化报》创刊于1997年5月，是对内的，读者是华为公司内部员工，平均两周出版一期，由于员工反映的问题比较多，后来经常是一周出一期。该报关注的内容是，各部门和各业务环节存在的问题或值得推广的经验，但主要是曝光问题，对所反映的问题进行真实客观的描述，不偏激，不追求观点的新奇特，要符合公司的政策、文化导向。主题不宜过于宏大，要结合本职工作和实际工作中的具体问题来谈。其用稿原则是"原文照登，文责自负"，同时也保护作者的隐私，为作者严格保密。《管理优化报》是一份专门揭露华为自己内部问题的内刊。它承载着推动华为内部管理优化、管理进步的批判性功能，而正是这一点，让它在浩如烟海的企业内刊中脱颖而出。华为要求报纸反映的问题所对应的部门一定要认真学习，立即整改，并在报纸上给出改进措施计划，直到解决问题。任正非几乎每期《管理优化报》都会看，也要求公司所有18级以上的干部每期必看，而且要反馈，哪怕只反馈两个字"已阅"也可以。报纸会定期曝光、批评没有反馈的干部名单。

财经部门由"很差"进步到"比较差"

2015年，《管理优化报》刊登了一篇名为《一次付款的艰难旅程》的文章，直指华为内部的财务审批流程太复杂、财务人员经常设阻等问题。该文引起任正非的关注，他发信怒斥华为财务团队"颐指气使"，并以总裁办电子邮件形式，发给华为董事会、监事会和全体员工。后来，财经部门经过认真整改，以为可以过关了，任正非说："财经有了很大的进步，从'很差'进步到'比较差'了。"类似这样的案例还有不少。由此，可见华为高层对《管理优化报》反映问题的反馈速度与重视程度。有时候该报整版都是关于自我批判的。《管理优化报》绝对是企业内刊中的一股珍贵的清流。《管理优化报》办得好，主要原因是敢曝光问题（尤其是公司最高层的问题）。另外，一把手任正非重视读报、整改、进步，敢于揭露华为的问题、短板，勇于自我批判，督促处罚、改进，这也促成了《管理优化报》的成功。

客户平台建设是华为营销长期、持续的关键任务。华为奉行利益共同体原则，使客户、员工与合作者都满意。华为立体式的客户关系管理将在第五章详细讲解。在华为，合作者的含义是广泛的，是与企业利害相关的。供应商、外协厂家、研究机构、金融机构、人才培养机构、各类媒体、政府机构、社区机构，甚至目前的一些竞争对手，在将来都有可能成为公司的合作者。

客户关系管理的最高境界是与客户建立利益共同体，排除竞争对手。1993年，华为与全国17家省市级电信局合资成立了莫贝克公司，莫贝克(这个名字取自莫尔斯、贝尔、马克尼三个通信技术发明人的名字)是华为当时唯一的子公司。公司总资本8 900万元，其中华为出资5 000万元，其他合资方以集资参股形式出资3 900万元，形成利益共同体。通过这种方式，华为与电信局客户之间形成了资金和市场的紧密联盟，一方面获得了资金，另一方面获得了市场，而且排除了竞争对手，实现了一举多赢的局面。华为四川的销售额从4 000万元猛增到5亿元；华为山东的销售额从2亿元增长到20亿元。

在以后的几年时间里，华为先后与天津、上海、山东、浙江等省市组建了多家合资公司，通过建立利益共同体，达到巩固市场、拓展市场和占领市场的目的。华为以利益共享代替买卖关系，以企业经营方式代替代表处直销方式，利用排他性，阻击竞争对手，以长远市场目标代替近期目标，取得了极大的成功。

构建客户平台的重要手段和工具包括公关策划和公关活动。

公关策划的具体步骤：

（1）分析公司战略及下达的市场任务，准确确定主要公关区域、公关对象，制定相应的公关策略；

（2）全面、准确地分析客户高层决策链的组成，关键决策者的个人特点、相互之间的工作关系，明确关键决策者的个人关系及影响范围；

（3）制订渗透与影响客户决策圈的公关策划和公关计划，可评估性强；

（4）按照公司规范要求上交公关策划报告；

（5）指导下级任职者进行各区域市场的公关策划，对修正各区域市场的公关规划提出建设性意见。

公关活动主要包括：

（1）个人拜访与交往。

- 预先了解客户个人背景、性格特点、关心的热点问题等；
- 准备多套交谈内容方案，并能在交流中随机应变；
- 口头沟通清楚准确，并且根据客户的需要，调整语速和语气，体现出增进理解的愿望；
- 对客户交谈中所表达的愿望十分敏感，并能正确判断；
- 在个人交往中行为稳重、可靠，不随意承诺；
- 有较强的影响力与感染力，能迅速影响客户的思路；
- 能与客户高层领导之间建立长期合作、相互信任的人际关系。

（2）全面提高客户满意度。

- 主动了解客户对我司服务工作的反映，与局方运维领导层建立良好关系；
- 能协调处理好重大事故、重大工程问题；
- 能定期与用服部门联系，以诚恳的态度进行工作交流与沟通；
- 主动推动有偿服务工作，改变客户服务免费意识；
- 通过制定规范、案例培训等有效工作使团队的服务意识提高。

（3）组织高层拜访。

- 明确高层拜访的内容、目标，选择适当时机；
- 针对拜访目的，做好铺垫工作，促进拜访效果；
- 向高层领导详细介绍客户个人背景、性格特点、关心的热点问题等；

- 在高层拜访时，对会谈内容做记录，能适时调节会谈气氛；
- 了解拜访效果，及时总结、反馈，确定下一步措施。

（4）组织高层技术交流会。

- 了解、分析客户的真实需求，明确客户所关心的关键技术和其他问题；
- 能把握高层技术交流会的内容、目标、交流方式，审查技术交流方案，确定我司参加人员的级别、水平及宣讲内容和宣讲风格；
- 做好铺垫工作，引导技术交流会的整体方向有利于我司；
- 积极总结、反馈技术交流会上客户的问题，推进交流效果，引导市场需求。

（5）根据公共活动的实际效果，适时召开项目分析会，及时调整策略和方法，遵循 PDCA 原则，直至达到目标。

市场规划是华为营销的纲领性文件，是未来一年营销工作的总目标和总策略。华为营销要分层级地做市场规划，公司各营销机关部门、各地区部、各代表处，以及每个一线销售人员都要做。公司级市场规划工作由营销策划部组织、召集，收集汇总信息，包括但不限于以下六大类信息：（1）以往战略/策略；（2）市场信息；（3）客户反馈；（4）竞争信息；（5）技术趋势；（6）目前产品组合。

市场规划包括：

（1）公司的战略与目标分析，确定所辖区域的战略市场、重点市场、一般市场，分析国家的宏观经济政策、产业政策以及对所辖区域的影响；

（2）历史数据和市场需求分析，及时、准确地获取局方年度建设计划，全面客观地分析网络现状、电话普及率、交换机装机量、用户量、每年的放号量和建设量，以及业务需求趋势等，对局方的建设计划进行评估，进行实际需求预测；

（3）竞争对手分析、自身分析、市场格局分析，全面准确地反映客观现实，指出市场格局形成的主要原因，存在的缺陷与弱点；

（4）客户关系描述，全面客观地评价决策者对我司的文化、产品、人员的认同及对主要竞争对手的认同，分析对我司不认可的原因；

（5）年度市场整体目标的设定，确保目标明确，立足实际，具有牵引性，勇于打破对我司不利的市场格局；

（6）针对目标的存在问题和所需支持提出建议；

（7）策略的制定，既要考虑近期目标，也要考虑中长期市场培育；

（8）明确实施计划和相关部门的配合要求。

实施过程包括：

（1）按既定市场规划进行人力资源的需求、调配、培训计划的制订，立足于现有人员的培养与提高；

（2）按既定市场规划进行财务计划的制订，应有很强的成本意识；

（3）按既定市场规划对阶段性市场工作进行统筹、细化，分解出阶段性目标；

（4）根据阶段性目标，合理进行季度工作计划、月度工作计划的制订，通过上级主管部门的认定后实施；

（5）根据季度工作计划完成情况，及时调整，修正半年或全年目标和策略，在下阶段的工作计划中给予相应说明；

（6）向上级主管部门汇报调整后的目标和下阶段工作计划，达成共识后实施；

（7）根据年度市场工作的结果和过程，对市场规划与实施进行总结，明确成功与不足之处，提交全年市场工作总结报告。

一般在春节前，华为召集营销高层管理团队封闭一周研讨市场规划问题。市场规划过程是一个先自上而下后自下而上、多次研讨的、不断修正的过程。在任务目标的具体数额上各部门可以讨价还价，但是，鼓励各部门挑战自我，定一个自己跳起来可能达到的目标。另外，有相应的考评系数，根据目标的难易程度，以及实际达成的情况，用来微调目标定得不合理带来的偏差。各部门的市场规划也是由相应的管理团队，封闭一周研讨出来的。营销策划部会给出一个市场规划报告模板，有很多数据、信息需要往里面填。这会让人觉得"有用的信息到用时方觉少！"有的代表处策划能力较弱，可以申请公司营销策划部的专家来引导、支持代表处做市场规划。每一年春节前，市场营销各地主管都要回到公司总部或者被集中到一个保密、安静、安全的环境进行述职，召开市场大会，做视野培训和干部调整。新任主管要根据最新的市场规划目标，签署年度目标责任书。这个目标责任书就是一个部门或一个营销人员下一年的工作目标和方向。

确定市场规划目标后，就进入了营销的实操阶段。这一阶段离不开**市场指导**，具体包括：

（1）及时检查、分析、评估下级任职者的策划与工作计划，并在工作过程中给予及时、清晰的指导。

（2）对协作性、集体性工作要通过分析会、例会的形式进行及时有效的检查、分析、评估和协调：

- 提前准备好有关材料；
- 按计划组织会议过程，紧紧围绕议题，充分发扬民主，对会议中所反映出的问题进行记录；
- 对市场工作所暴露出的问题进行汇总、分析，做出具体、明确的工作指导，对重大问题或普遍性问题进行分析，提出针对性的建议后，上报办公会议讨论。

（3）具体分析问题产生的原因，提出正确解决的办法，确定工作发展方向，并能分清责任，鼓励和增强下级任职者信心，使下级任职者的工作能力得以提高。

项目监控即根据项目计划，跟踪进度、成本、质量、资源等各项工作状态，以便及时有效地调整资源，使项目按计划达成目标。具体包括：

（1）对报告的完整性、合理性、可行性进行审核，征求个人及相关部门的意见，进行必要修改与指导；

（2）口头交流和书面交流要清楚、准确，并以能促进了解的方式进行；

（3）对项目进展中出现的影响市场的新因素及时给予分析、评估，并做相应的指导；

（4）根据计划中的监控点对项目实施监控，通过听取下级任职者的汇报或召开项目分析会，总结上阶段工作，对工作任务及实施方案进行调整；

（5）根据实际需要对紧急情况迅速做出反应，给出适时、明确指导。

项目运作即根据项目的具体情况，做好项目策划，并对项目过程进行有效控制。

项目策划主要包括以下几点：

（1）进行项目背景分析：对客户的网络结构、网络容量，特别是业务发展需求进行深入分析，确定客户真实需求；

（2）制定总目标及分目标：目标要合理、明确，具有牵引性；

（3）分析机会点、问题点及竞争对手：分析要全面、客观，对主要竞争对手要做全面的调查、分析，客观估计形势；

（4）制定实施策略：注重合理、严密，既重眼前，又重长远；

（5）制订实施计划：明确每个人的任务要求、时间要求，明确每个步骤的效果评估；

（6）按照公司的规范要求上交项目策划报告并建立项目档案。

项目过程控制包括：

（1）及时组织成立项目组，明确项目小组成员的分工、任务；

（2）了解客户对公司及竞争对手的态度，确定公关策略；

（3）组织公司资源，加强对局方进行技术、产品交流及商务引导，力争在项目前期就确定我司的技术、产品优势，并为争取到理想的商务条件做好铺垫；

（4）建立高层次客户信息来源，保证对竞争的把握；

（5）及时了解竞争对手的公关工作进展、技术、商务策略变化，及时了解局方实际需求变化，调整技术、商务策略；

（6）把握竞争策略和操作方法的合理性，不断提升我司的形象与地位；

（7）公关工作平衡发展，形成决策层对我司的整体支持；

（8）积极协调项目组的工作，营造项目组的良好气氛。

市场成本分析与控制的操作要求包括：

（1）根据销售计划，合理制订费用计划，上交费用申请报告；

（2）严格控制费用支出，杜绝不合理费用发生；

（3）分析市场成本，采取有效措施逐步提高投入产出比。

工作报告制度执行中的注意事项如下：

（1）紧紧围绕工作计划，突出主题，内容充分、精练；

（2）报告的格式、语言符合公司规范；

（3）及时上交报告，在保密原则下，抄送相关领导、同事和部门。

技术与商务谈判中的技巧及案例

技术与商务谈判是为解决买卖双方争端并取得经济利益而进行的重要活动。主要内容包括：

（1）了解局方参加技术与商务谈判的人员组成及个人特点；

（2）确定我方谈判人员的组成、分工，做到职责分明；

（3）召开项目分析会，预测局方期望值和竞争对手的竞争策略，确定商务策略、谈判技巧与谈判现场控制方法，将会议记录存入项目档案；

（4）预先申请必要的商务授权，将商务授权书存入项目档案；

（5）营造良好的谈判气氛，在谈判中使用规范的语言、举止，沉着、镇定，表现出真诚合作的愿望，促使客户坚定合作的决心；

（6）把握谈判过程，控制谈判内容，避免客户过多的附加条件；

（7）在每次谈判后，将谈判结果和所有商务承诺形成文本，存入项目档案，以备后查；

（8）按照公司的规范要求签订合同；

（9）按照项目管理的规范过程和要求做好项目总结。

技术与商务谈判是一个且谈且退、斗智斗勇、最后达成一致的艰难过程，大部分的项目谈判，时间一般是一周，所以，要提前做好"阶梯式"让步的时间计划和步骤。

谈判当天，主谈、辅谈、"白脸"、"黑脸"都要明确自己的角色定位，并且，都要在口袋里放一点花旗参以便提神，因为大部分的谈判都会拖到午餐或晚餐的时间，参与谈判的各方都会精神疲惫，而这时，正是谁清醒、谁能熬过去，谁就能占有主动的关键时刻，花旗参就是在这时提神的神器。谈判是一门语言的艺术，更是一门理性的技术。我们用几个华为谈判的真实案例来开拓一下思维。

"源代码"之争

有一次，华为与某国际巨头公司在昆明谈判。当谈到知识产权这一块儿，对方要求华为公布全部源代码，华为研发代表认为对方的要求是无理的、苛刻的，表示完全不能接受。谈判陷入僵局。此时，公司派出带队的高管姚总发言，他面带微笑，气定神闲，娓娓道来："我给大家讲一个故事。早先的昆明城里，有这样一户人家，家中发现一奇世珍宝，价值连城。当地政府要求主人上交这个珍宝，但主人不同意。政府派出官员来沟通，说可以不捐，但必须严加看护，24小时不得离人，不得有任何损坏、遗失，否则就面临牢狱之灾。这户人家想来想去，觉得管理这珍宝太麻烦了，就捐给了政府。"

对方似乎听明白了。姚总接着说："软件代码对华为来说是核心秘密，但对你们是毫无意义的。如果你们一定要求我方提供源代码，我们可以同意，但我们给出的附加条件会非常苛刻，就像保护这个价值连城的珍宝一样。"最终，对方放弃了这个条款。谈判僵局被机智化解。

华为对于费用的管理原则：一是该花的毫不吝啬，例如坚持将每年营收的10%投入研发，持续加强投入营销服务网络平台建设，一个巴塞罗那国际通信展花掉上亿美元；二是不该花的一分也不多花，华为要求纸张都是两面用的。在营销费用审核上，也是非常严格。例如公司鼓励营销人员请客户吃饭，请客户吃饭1 000元以内的费用可以直接报销，如果超过1 000元，要请示相关的副代表同意才能报销。一般请客户吃饭也就几十到几百元可以吃得很好了，上1 000元的不多，除非是集体聚餐。但是，偶尔也有人钻这个空子。

第三章 华为规模营销的组织运作机制

> **销售人员虚报发票导致离职**
>
> 有一次，代表处有一个新员工虚报与某地级市电信局客户主管吃饭的发票提交财务报销，而那天这个客户主管出差到了省城，是与我们一起吃饭的。正好撞上了！经过调查核实，这个员工是虚假报销，属于诚信问题，直接退回公司培训择岗。由于这是个诚信问题，没有部门接收他，他就自动离职了。所以说讲诚信、守道德是做人的底线，千万不能违背。

在营销费用方面，华为给予营销人员的待遇是非常好的，客户经理、产品经理出差在外每人每天的住宿费用是 350 元，在当时这个费用基本上都能让员工住上协议的五星级宾馆。而且另外每人每天还有 100 元的伙食补贴。员工大部分时间出差到一个地方，司机都会与当地的几个宾馆议价，然后选择合适的宾馆签订长期协议，一般地市级的宾馆，只需花费 100 多元就能住到比较好的房间了。华为人时刻都在为公司降成本。

有据可依的量化的绩效考核标准

对于客户群系统部各业务模块的运作结果，公司按季度、半年度和年度来提供考核数据，以便于相关部门对其进行评估。

表 3-1 是客户群系统部总监季度绩效考核标准。华为营销的主要岗位都有这样一个详细的绩效考核表，是配合着年度目标责任书一起使用的。每年的春节前，营销各级组织、主管都要进行年度述职。营销主管从全球各地回到深圳总部或者其他指定的地点，召开一周时间的年度市场大会。会议期间，新主管要签订第二年的目标责任书。华为营销主管在"游击队"时期是"三拍"干部：上报任务时拍脑袋（不知道任务目标是否合理）、签目标责任书时拍胸脯（保证完成任务）、年终绩效不好

157

表 3-1 客户群系统部总监季度绩效考核标准

序号	考核内容	权重	A	B	C	D	分值
1	高层公关目标完成率	15%	高层公关目标完成率≥90%	高层公关目标完成率≥80%	高层公关目标完成率≥60%	高层公关目标完成率＜60%	A=15 B=12 C=9 D=6
2	市场覆盖率完成率	15%	市场覆盖率目标完成率≥85%	市场覆盖率目标完成率≥75%	市场覆盖率目标完成率≥60%	市场覆盖率目标完成率＜60%	A=15 B=12 C=9 D=6
3	销售目标完成率	10%	销售目标完成率≥85%	销售目标完成率≥75%	销售目标完成率≥60%	销售目标完成率＜60%	A=10 B=8 C=6 D=4
4	货款回收目标完成率	5%	货款回收目标完成率≥90%	货款回收目标完成率≥75%	货款回收目标完成率≥60%	货款回收目标完成率＜60%	A=5 B=4 C=3 D=2
5	直接销售费用率	5%	直接销售费用率＜4%	直接销售费用率＜4.5%	直接销售费用率＜5.5%	直接销售费用率＞5.5%	A=5 B=4 C=3 D=2
6	关键行为 • 拜访高层客户并邀请高层和公司技术和管理研讨会	10%	季度公关规划、公关计划、高层技术和管理研讨计划实施率90%，高层客户认可公司产品技术，本区域市场环境较好，公司高层拜访顺利，高层客户对重大项目的支持度非常高。	季度公关规划、公关计划、高层技术和管理研讨计划实施率80%，高层客户对公司产品技术，本区域市场环境较好，公司高层拜访顺利的情况，但高层客户对重大项目的支持度较高。	季度公关规划、公关计划、高层技术和管理研讨计划实施率70%，高层客户对公司产品技术的认可程度一般，公司高层拜访客户对重大项目的支持度一般。	公关规划、公关计划、高层技术和管理研讨计划实施、产品技术的认可存在问题，公司高层拜访客户常不能顺利实施。	A=10 B=8 C=6 D=4
	• 对直接下属进行考核、沟通、沟通辅导并成长进步非常快	10%	能根据考核标准对直接下属进行考核，沟通和辅导，下属成长进步非常快。	较好地与下属进行考核，沟通和工作指导，下属成长进步较快。	能够对直接下属进行考核，但出现偶尔才进行工作沟通和工作指导，下属成长进步较慢。	虽然进行工作考核，但进行工作沟通和辅导，下属在工作中常不知所措和抱怨。	A=10 B=8 C=6 D=4
	• 对直接下属进行培训或组织下属接受培训的数量和质量	5%	有计划地积极组织开展各种管理、技能培训≥3次，下属评价及工作投入。	较好地组织开展培训≥2次，下属评价较高，但因培训工作不到位，出现1-2次较低。	偶尔进行1-2次培训，出现培训工作指导不到位，造成2-3次的工作投诉。	不能组织大量培训工作，造成重大市场开拓工作失误，故相关部门进行1-2次工作通报。	A=5 B=4 C=3 D=2
7	• 制定市场规划、目标计划并组织实施	5%	按期组织制定区域市场策略、目标计划，并采取有效的监控，实施完成率≥85%。	偶尔未按期组织制定区域市场策略、但采取较为努力，目标计划完成率≥75%。	未按期组织制定区域市场策略，采取的监控措施一般，目标计划完成率≥60%。	经常不能按期组织制定区域市场策略、目标计划完成率＜60%。	A=5 B=4 C=3 D=2
	• 贯彻、落实、执行公司的政策制度	5%	公司下达的各项政策，制定和所需贯彻执行（重大市场活动应速度快），并按期组织实施完成。	公司下达的各项政策，能够较好地贯彻执行（重大市场活动应速度较快），并按期贯彻执行完成。	公司下达的各项政策，基本上能够贯彻执行（重大市场活动应速度一般），并按期贯彻执行完成。	公司下达的各项政策，不能够贯彻地贯彻执行（重大市场活动应速度慢），有1-2次贯彻实施工作失误。	A=5 B=4 C=3 D=2
	• 客户满意度的改进	5%	主动组织相关人员处理解决技术、商务、服务问题，客户评价高，工作无投诉。	较好地处理客户投诉，解决问题，客户评价较高，偶尔有1次工作投诉，但能及时进行改进。	因未处理好遗留问题，2次以上的投诉较多，且无明显的效果不明显。	客户多次投诉，且无工作改进，目标市场上出现工作损失。	A=5 B=4 C=3 D=2
8	由上级主管确定的其他关键行为或用来调节上述关键行为权重的部分	10%					A=10 B=8 C=6 D=4

时拍屁股（走人）。现在是正规军，营销人员每天都要见客户，陪客户吃饭、聊天、交流技术、游玩、参观，所以才能了解这么多信息。

这张表格是华为在积累了10年的营销管理经验的基础上，不断修改、调整和完善而成的，是华为营销最宝贵的经验结晶！该表于1998年开始正式使用，是华为营销管理从游击队到正规军、集体军，从不成熟到成熟、规范的起点；使华为营销组织（后续会讲华为代表处的六大目标）和个人都有了有据可依的可量化的考评参数。它有以下几个主要特点：

（1）考核内容全面、详细，以目标牵引着营销主管把主要精力用在高层公关目标、市场覆盖率、销售目标、货款回收目标和直接销售费用率这几个关键目标上。关键行为列出了为实现这些目标必须做到的活动。

（2）各考核指标列出了每项的权重，使主管一目了然地明白了自己工作的重点排序。

（3）把营销人员的工作考核分解到这么详细的、可量化的程度，是华为营销管理高水平的表现。

（4）表格最下面这行"由上级主管确定的其他关键行为或用来调节上述关键行为权重的部分10%"，说明对营销人员的考核是用绩效结果说话的，不是靠拍领导马屁就可以得高分的。即使拍马屁拍得再好，你最多不过是多得10分。而这一项大部分用于根据上面几个目标超额完成的情况以及完成的艰苦程度来调整加分。年终通过这张表的实际结果，评价营销人员个人的工资、奖金、股票分配，公平、公正，与公司最终的评价结果的误差不超过10%。科学管理的、有据可依的财富分配是激励营销人员冲锋陷阵的法宝。

03

产品行销部组织运作机制及特点

产品行销部主要是指交换机产品行销部、接入网产品部、光传输产品行销部、无线产品行销部、业务与软件产品行销部（也叫智能网产品行销部）等等，围绕着产品规划与组织实施、产品宣讲、项目运作、项目监控、制订产品宣传计划并组织实施、技术推广会组织实施、市场指导和样板点建设这八大块业务运作，如图3-2所示。

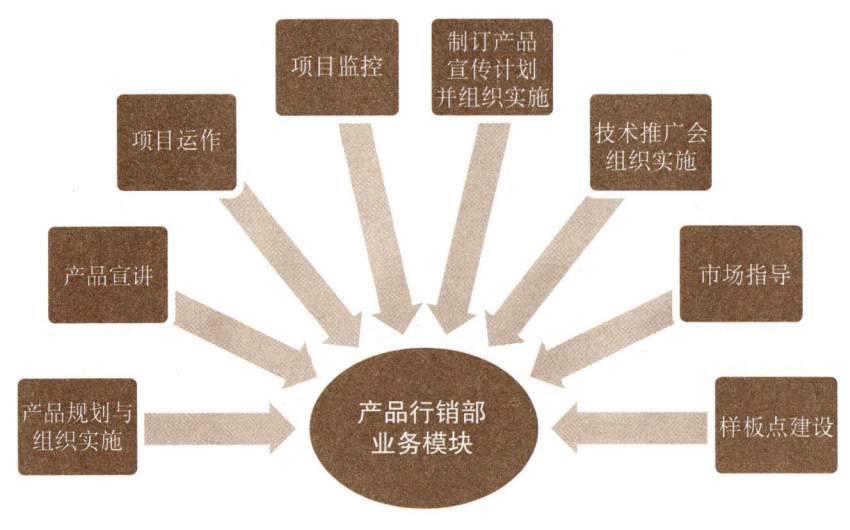

图3-2 产品行销部业务模块

第三章　华为规模营销的组织运作机制

产品规划与组织实施就是根据客户网络产品情况、竞争对手产品情况及华为产品情况，做出详细的产品规划报告，并组织实施。

产品规划主要包含以下内容：

（1）背景分析。准确深入分析本产品市场现状（市场规划、市场份额、市场地位、宣传策略、商务策略等）；准确深入分析我司产品市场竞争地位（市场地位、市场占有、变化趋势等），产品状况（技术、商务、服务），现行策略；准确了解我司各层面客户平台现状，了解重点客户对我司的态度。

（2）准确制定本产品近期及远期市场目标。

（3）竞争对手分析。准确深入分析其市场总体竞争态势（市场地位、市场占有、变化趋势等），准确深入分析其同类产品状况（市场份额、技术、商务、服务），准确了解其市场关系、近期动态、销售目标、现行策略等。

（4）准确深入分析本产品的问题点和机会点。

（5）准确制定本产品的市场策略。

（6）准确制订本产品的工作计划。

实施过程包括：

（1）按既定产品规划进行人力资源的需求、调配、培训计划的制订，立足于现有人员的培养与提高；

（2）按既定产品规划编制预算；

（3）按既定产品规划对阶段性市场工作进行统筹、细化，分解出阶段性目标；

（4）根据阶段性目标，合理进行季度工作计划、月度工作计划的制订；

（5）根据季度工作计划完成情况，及时调整修正半年或全年目标和策略；

（6）根据年度工作的结果和过程，对市场规划与实施进行总结，明确成功与不足之处，提交全年市场工作总结报告。

向竞争对手学习，跟随它们并超越它们。华为公司在产品发展方向和管理目标上，是瞄准业界最佳的。当时业界最佳是西门子、阿尔卡特、爱立信、诺基亚、朗讯、贝尔实验室等，华为制定的产品和管理规划都要向它们靠拢，而且要跟随它们并超越它们。如在智能网业务和一些新业务、新功能问题上，华为的交换机已领先于西门子了，但在产品的稳定性和可靠性上，华为和西门子还有差距。任正非说："华为公司若不想消亡，就一定要有世界领先的概念。我们只有瞄准业界最佳才有生存的余地。"华为之所以变得强大，正是因为所面对的对手太强大，基本为国际化的大巨头。"狭路相逢勇者生"，不害怕、不躲避、不回避，积极主动迎接挑战，瞄准业界最佳，针对自身建设上的弱点，毫不遮掩地揭露和改正，虚心学习，缩小差距，孜孜不倦地追求，千方百计寻找策略和方法，强大到足以参加国际竞争且超越对手，这就是华为的竞争精神！

产品宣讲是产品行销经理的基本功。开汇报会时，一定要留几个问题，先不回答，会后书面答复、拜访，增加与客户的接触机会，同时，提升客户的技术水平自豪感，还能让客户感受到你对他的重视。

宣讲人要把宣讲当作正式的讲课，要注意六个方面的问题：

（1）穿着仪态

- 必须穿西装和长袖衬衣，打领带，穿黑色袜子黑色皮鞋，穿着要端庄、整齐，形象要专业（发型整齐，衣服烫平、扎好，皮鞋擦亮）。正规的宣讲，主讲人一定要穿西装、系领带、穿皮鞋。现在，很多人在讲华为营销方面的讲座、课程，只要看到这个主讲人没有穿西装、系领带、穿皮鞋，你就知道这个人没有学到华为营销的真传，至少是个不合格的华为营销人员，很可能就是在华为市场部门混了几年，打打边鼓的。
- 腰杆挺直，手握激光笔，保持微笑，精神奕奕；手上不要拿文件、资料；双脚与肩同宽，不要站三七步；手势要大方，要超过两肩之外，且在身体上半部比画。
- 杜绝一些不雅的习惯动作，如抖脚、挖鼻孔、叉腰、搓手掌等；演示 PPT 时，不要将屏幕当作学员，不时回头去看，也不要走进强光源的屏幕区讲话。

（2）自然走动
- 适当地前后左右移动位置，不要一直站在讲台后面讲，不要常常回头看屏幕，当听讲人不够专注时，靠近他（她）；
- 在听讲人回答问题或提出问题时，走近他（她），等他（她）问完问题或陈述完自己的观点时，再走回到一个足以环顾全场的位置；
- 在听讲人讨论问题时走近他们，聆听他们讨论，称赞他们的认真、用心。

（3）提问的技巧
- 讲解过程中，要穿插一些提问，制造与听讲人的互动，提高听讲人的注意力；无论听讲人如何回答或提出见解，均要微笑以对。
- 要说"您"或"咱们"，少说"你"及"我"；要对听讲人的回答给予鼓掌或说"谢谢"；一次只问一个问题；不要问敏感性的问题；不要问太复杂的问题。
- 问问题时用整个手臂指向听讲人；无论听讲人的回答如何，均要肯定他（她）的意见；询问其他听讲人对某位听讲人的回答的看法；减少自问自答。

- 多运用"A 或 B"或"同意 / 不同意",让听讲人以举手做选择,并进一步询问;当听讲人不想(或不好)回答你的开放性提问时,要将问题加以简单化或改成"封闭性"的问法;要观察哪些人对你的问题发出有高度兴趣的身体信号。

(4)讲故事的技巧

- 要结合手势来描述内容;不要一口气讲完,要预留给听众一些想象空间;要有停顿,请听讲人回答;要讲得夸张一些,以增加故事的张力。
- 讲笑话,自己不要先笑;讲故事一定要与主题有关,要避免引用涉及内部敏感的负面实例;结尾要预留伏笔,能产生令听众感到意外或莞尔一笑的效果尤佳。

(5)处理质疑惑异议

- 先感谢提问人的意见;委婉地请他(她)再说一次,或进一步说明;询问其他现场听众的看法;无论你是否同意提问人的观点,认可及肯定他(她)发问的价值。
- 当听讲人在发表意见时,宣讲人缓缓地走向他(她);宣讲人回答听讲人的问题时,则缓缓地离开他(她),将他(她)的质疑或异议与全场听众共享;复述对方的内容以确认之。
- 正面说出你对质疑人观点的理解;对方坚持不能接受你的答复时,要表示仅供参考,不要再与之辩论;可记下听讲人的问题,征求对方同意,将在宣讲结束前再来讨论。

(6)制造亲和力

- 利用早到的 30 分钟及宣讲休息时间与听讲人聊天;利用询问的机会,记住听讲人的名字;能充分掌握听讲人的工作特性,谈与他们有关的话题。

- 经常扫视全场，保持与听众眼神不断的接触；适时地幽默、开玩笑或利用自己"不小心"的错误，如看错案例、念错字，嘲笑自己，制造不错的"笑果"。

产品调研的重点包括：

（1）深入了解本产品近期全国销售状况、市场份额、宣传格调、竞争策略；

（2）准确深入地分析参加产品宣讲会客户对本产品定位、技术先进性、性能特点、网络地位、成熟性、价格等因素的认可程度；

（3）了解参加产品宣讲会人员的技术层次、决策权限等；

（4）深入了解竞争对手产品定位、市场份额、技术性能特点、成熟性、市场策略、客户认可程度及近期销售情况等。

制作胶片的重点包括：

（1）针对客户需求现状，本产品全国应用现状、宣传格调、竞争策略，客户对本产品的兴趣点、疑问点，本产品可为客户解决的问题，以及竞争对手同类产品全国市场情况制作针对性、引导性胶片，召集相关人员讨论定稿；

（2）正式宣讲之前进行试宣讲并取得相关人员的认同。胶片内容一定要杜绝错别字。

过程把握的重点包括：

（1）清晰准确地介绍本产品定位、网络优势、性能优势、技术特点等；

（2）准确介绍本产品在全国的应用现状；

（3）圆满、正确地回答客户所提问题；

（4）有效营造会场气氛。

宣讲跟踪的重点包括：

（1）对不能现场回答的问题，采用会后单独交流、提供资料等方式同客户达成共识；

（2）跟踪参会重点客户，确定本产品的局方决策链，为建立本产品支持层面做准备；

（3）积极引导客户参观公司或样板点；

（4）将本次会议收集到的信息进行整理、分析，为公司高层决策提供依据。

项目运作 指根据项目的具体情况做好项目策划，并对项目过程进行有效控制。项目运作可细化为项目策划、项目过程控制和技术与商务谈判三个方面。

项目策划包括：

（1）进行项目背景分析。对客户的网络结构、网络容量，特别是业务发展需求进行深入分析，确定客户真实需求。

（2）制定总目标及分目标。目标要合理、明确，具有牵引性。

（3）分析机会点、问题点及竞争对手。分析要全面、客观，对主要竞争对手要做全面的调查、分析，客观估计形势。

（4）制定实施策略。要讲求合理、严密，既重眼前，又重长远。

（5）制订实施计划。明确每个人的任务要求、时间要求，明确每个步骤的效果评估。

（6）按照公司的规范要求上交项目策划报告并建立项目档案。

项目过程控制包括：

（1）及时组织成立项目组，明确项目小组成员的分工、任务；

（2）了解客户对公司及竞争对手的态度，确定公关策略；

（3）组织公司资源，加强对局方进行技术、产品交流及商务引导，力争在项目前期就确定我司的技术、产品优势，并为争取到理想的商务条件做好铺垫；

（4）建立高层次客户信息来源，保证对竞争的把握；

（5）及时了解竞争对手的公关工作进展，技术与商务策略变化，及时了解局方实际需求变化，调整技术与商务策略；

（6）把握竞争策略和操作方法的合理性，不断提升我司的形象与地位；

（7）公关工作平衡发展，形成决策层对我司的整体支持；

（8）积极协调项目组的工作，营造项目组的良好气氛。

技术与商务谈判包括：

（1）了解局方参加技术与商务谈判的人员组成及个人特点；

（2）确定我方谈判人员的组成、分工，做到职责分明；

（3）召开项目分析会，预测局方期望值和竞争对手的竞争策略，确定商务策略、谈判技巧与谈判现场控制方法，将会议记录存入项目档案；

（4）预先申请必要的商务授权，将商务授权书存入项目档案；

（5）营造良好的谈判气氛，在谈判中使用规范的语言、举止，沉着、镇定，表现出真诚合作的愿望，促使客户坚定合作的决心；

（6）把握谈判过程，控制谈判内容，避免客户过多的附加条件；

（7）在每次谈判后，将谈判结果和所有商务承诺形成文本，存入项目档案，以备后查；

（8）按照公司的规范要求签订合同；

（9）按照项目管理的规范过程和要求做好项目总结。

项目监控即根据项目计划，跟踪进度、成本、质量、资源等各项工作状态，以便及时有效地调整资源，使项目按计划达成目标。具体包括：

（1）对报告的完整性、合理性、可行性进行审核，征求个人及相关部门的意见，进行必要修改与指导；

（2）口头交流、书面交流清楚、准确，并以能促进了解的方式进行；

（3）对项目进展中出现的影响市场的新因素及时给予分析、评估，并做相应的指导；

（4）根据计划中的监控点对项目实施监控，通过听取下级任职者的汇报或召开项目分析会，总结上阶段工作，对工作任务及实施方案进行调整；

（5）根据实际需要对紧急情况迅速做出反应，给出适时、明确指导。

制订产品宣传计划并组织实施，即根据产品规划报告制订产品宣传计划并组织实施。

制订计划即根据本产品总体规划、市场目标、定位特点、网络优势和技术优势，确定宣传策略、宣传规模，制订宣传计划。

组织实施就是根据既定计划组织收集素材、编写宣传资料、确定宣传媒体，确保宣传资料的严密性、正确性；并且监控计划执行，定期总结、评估。

技术推广会组织实施包括做好技术推广会（现场会、研讨会）的策划、组织实施和会后跟踪工作。

策划阶段的工作有：

（1）准确了解本产品全国市场现状、应用情况、覆盖情况，根据产品阶段性宣传推广策略，结合本区域需求特点策划技术推广会；

（2）准确了解竞争对手同类全国市场现状，包括产品定位、市场份额、成熟性、客户认可情况、宣传策略、技术策略及商务策略等；

（3）准确了解局方高层对我司产品及竞争对手产品的认可情况；

（4）深入准确地分析与会代表组成、区域网络现状、本产品运行现状、与会代表对本产品的认可程度、需求等因素；

（5）确定本次推广会的侧重点、要达到的目的、效果等；

（6）制订资源需求计划，适当考虑资源成本。

组织实施阶段的工作有：

（1）根据既定计划周密协调、布置资源；

（2）监控重点客户的邀请工作，确保决策者参会；

（3）组织产品宣讲人员进行试宣讲，审核宣讲内容。

会后跟踪阶段的工作有：

（1）进行效果评估、总结；

（2）制订关键客户回访计划，并监控实施；

（3）进行信息收集与分析，为公司高层决策提供依据。

市场指导指上级对下级的工作给予及时的评估和具体的指导，具体包括：

（1）及时检查、分析、评估下级任职者的策划与工作计划，并在工作过程中给予及时、清晰的指导。

（2）对协作性、集体性工作要通过分析会、例会的形式进行及时、有效的检查、分析、评估和协调；提前准备好有关材料；按计划组织会议过程，紧紧围绕议题，充分发扬民主，对会议中所反映出的问题进行记录。

（3）对市场工作所暴露出的问题进行汇总、分析，做出具体、明确的工作指导；具体分析问题产生的原因，提出正确解决的办法，确定工作发展方向，并能分清责任，鼓励和增强下属信心，使下级任职者的工作能力不断提高。

样板点建设是华为营销非常重要的战术方法。建设样板点时，要综合评估选点、制作宣传资料、客户接待、样板点关系保持和产品运行跟踪等方面并配置公司级优质资源。

选点对于建设样板点尤为重要，要选出体现产品优势、运行稳定、需求大、容量大、交通便利、客户平台好的局作为样板点；确定参观路线及参观程序。

华为上海接入网样板点比天津蓟县（现为蓟州区）的成功；昆明的会议电视样板点、桂林无线接入网、深圳景田大型交换机样板点都很成功，重要客户来参观时，局里的领导会亲自站台讲解。选址海南的样板点失败，主要原因是海南适合冬季去，但是，冬季不但宾馆价格暴涨，而且，临时根本预订不到宾馆房间或合适的机票。建样板点要关注选址是否交通便利，是否有游玩的景点，购物环境如何及饮食是否具有特色。因为客户看样板点花费的时间很短，所以大部分时间要有丰富的活动安排。

制作宣传资料指制作含系统应用背景、组网方案、系统容量、运行状况、可解决的问题、产品定位分析、经济效益分析等内容的宣传资料并经样板点局方认可。

客户接待即派专人负责样板点维护及客户接待。

样板点关系保持需要做到定期回访，加强市场平台建设，争得局方支持；加强同局方基层技术人员感情交流。

产品运行跟踪指通过局方及用户服务掌握产品运行状况，系统出现问题时要及时协调资源解决。

营销"少将连长"

随着华为产品组合解决方案的日益复杂，销售项目合同金额日益增大，销售项目组的运作也日趋复杂，对项目经理的要求也越来越高。这就引出了华为营销"少将连长"的概念。为什么不叫少校？这只是一种修饰，故意夸大，目的是让大家更注意这个问题，并不是真正的少将。少将连长主要指：

（1）"将军"在前线，不在办公室。"将军"也得冲锋。这意味着决策前移到前线，快速响应作战。鼓励具有少将能力的人去做连长，解决传统金字塔的最底层配置低的问题。过去，传统金字塔的最底层级别最低，然而他们恰恰是我们突破CEO团队、复杂项目和极端困难的着力点。过去的配置恰恰是最软点着力。少将连长不光要有攻山头的勇气，还应胸怀全局、胸有战略。既强调管理又兼顾执行。

（2）要让优秀的人才到一线去开拓创新，而不是坐在办公室、待在总部指手画脚、发号施令。公司组织"敢死队"去帮助一线作战，打了胜仗，前线基层人员多提职提级，机关下去的人员可以拿奖金包，机关人员提级要慎重，否则机关就会提一大批"将军"倒挂。

（3）试点"少将连长"，按员工面对项目的价值与难度，以及已产生的价值与贡献，合理配置管理团队及专家团队。将成熟项目的作战指挥权下放给代表处和系统部，形成两层作战组织：一层作战组织是代表处的系统部，另一层作战组织是运营中心的野战部队。"将军"在前线，不在办公室。

（4）让具有少将能力的人去做连长并不是"杀鸡用宰牛刀"。任正非说："支持少将连长存在的基础，是你那儿必须有盈利，少将连长必须是实力派。是否有人愿意做雷锋少将？我是不支持的，雷锋是一种精神，但不能作为一种机制。我们要从有效益，能养高级别专家、干部的代表处开始改革，让'优质资源向优质客户倾斜'。只有从优质客户赚到更多的钱，才能提高优质队伍的级别配置，否则哪来的钱呢？"

压强原则打市场

对于重大项目，代表处要尽早组织公司资源，加强对局方进行技术、产品交流及商务引导，力争在项目前期就确定我司的技术、产品优势，并为争取到理想的商务条件做好铺垫。

压强原则是华为规模营销攻城略地的战略战术,也是华为规模营销持续成功的利器和法宝。华为从创业之初至今,始终在强调压强原则,这可以说是华为成功的关键。《华为基本法》第二十三条指出:"我们坚持'压强原则',在成功关键因素和选定的战略生长点上,以超过主要竞争对手的强度配置资源,要么不做,要做,就极大地集中人力、物力和财力,实现重点突破。在资源的分配上,应努力消除资源合理配置与有效利用的障碍。我们认识到对人、财、物这三种关键资源的分配,首先是对优秀人才的分配。我们的方针是使最优秀的人拥有充分的职权和必要的资源去实现分派给他们的任务。"

1994年,任正非在《集中力量,重点突破》中说:"华为公司要坚持压强政策,即集中公司全部力量于一点,在某一点上有较大的突破……作为一个公司,在一个领域,只有一个或少数几个强项,总的力量分布是只有极少的巅峰,不可能在每个方面都是力量均衡的。只有扬长避短,集中精力于自己的强项上,才会产生成倍增长的规模效应。"

2019年8月,任正非接受英国天空电视台专访时说:"公司没有其他欲望,唯有一个欲望就是想把产品做好,把该做的事做好。公司奋斗的目标是单一的,力量是聚焦的,这种压强原则,持续数十年总会领先的,所以几百人的时候对准一个'城墙口'冲锋,几千人仍然对准同一个'城墙口'冲锋,现在几万人、十几万人还是对准同一个'城墙口'冲锋,而且冲锋的研发经费'炮击量',已经达到每年150亿至200亿美元的强度。在这个'小缺口'上华为有可能世界领先,与世界领先公司和国家会产生矛盾,为了这一点点事情,华为要做好准备,因为迟早会发生冲突。我的性格是善于妥协、善于投降,不是善于斗争的人。我们在十几年前就准备把公司用100亿美元卖给摩托罗拉,所有合同都签完了，但是摩托罗拉董事会最后没有批准。我们当时就讨论，继续干还是继续卖？少壮派他们是学电子的，想继续干。我说，卖了做点别的也可以。但是少壮派一直坚持要在电子领域做下去，达成一致意见投票通过，通过时我就告诉他们，十年后我们可能会遭遇和美国比赛谁做得更好，要做好准备。就是这样一个过程。因此，今天碰到这么大的困难，华为没有分裂，内部高度统一。"

展览和会议

华为规模营销的最主要营销活动包括两大类：展览和会议（包括技术推广会、现场会、研讨会、新闻发布会等）。目标是：使客户认可华为的品牌、文化、实力、技术、产品和服务，使客户认可华为的核心竞争力和成长。展览和会议是公司及产品品牌推广、巩固和加强客户关系、了解收集客户信息的重要平台。

展览和会议的定义和分类

国内展：

大型展览，人数500—2 000，指电信权威机构主办的具有国际影响的展览；

中型展览，人数200—500，一般为针对某个具体产品的展览；

小型展览，人数200以内，只邀请少数针对性客户。

海外展：

大型展览，人数500—2 000，指电信权威机构主办的具有国际影响的展览；

中型展览，人数200—500，展会举办地点多为具备市场拓展潜力的国家或地区；

小型展览，人数200以内，只邀请少数针对性客户。

国内会议：

大型会议，人数500—2 000，如现场会（包括巡展），指为推广新产品、新方案，在开局地召开的技术推广及参观演示会。对会议现场的要求是产品在当地成功开局，且在当地具有代表性和推广作用。

中型会议，人数200—500，如研讨会，指公司就新技术、解决方案、管理机制而召开的运营商交流会，通过研讨提升公司品牌。

小型会议，人数200以内，各种会议形式不限。

国外会议：

大型会议，人数500—2 000，如新闻（产品）发布会，指公司就新产品、新技术而召开的发布会，邀请新闻媒体参与并进行报道。

中型会议，人数200—500，如签字（成立）仪式，指公司就大型的合同、合作以及分支机构成立而举行的签字活动。

小型会议，人数200以内，如产品鉴定会，指针对新产品的入网或新功能的技术测试，邀请相关权威通信机构进行的产品性能检测活动。

展览工作要求所有参展人员都要有任务，参展归来必须完成书面报告。《定位》一书中对任何一家成为行业内的领先者，提出了很简单的一条法则——"只要尽你可能抢先一步就行"。公司的展览活动就恰恰为公司新产品在业界领先提供了抢先一步的好机会。

依据展览和会议的会务组结构，可将其分工为总负责、展台线（展览）、技术线、客户线和资源线。

展览总负责是展览会工作组的核心，对展览会的全过程（筹备、实施到结束）进行总监控。现场处理展览会期间发生的各种重大问题，如客户邀请及接待准备的情况、展台搭建装修等，具体包括：

- 展前召开工作人员动员大会，强调注意事项和工作要求；
- 展期主持每日总结会议，检查各小组的工作情况（尤其是重要环节的工作进展），进行工作调整，如技术讲解重点方式和效果、客户的接待和陪同、样板点的参观、资料发放的动态控制、客户信息的登录等；

- 展台根据总结报告及实际情况给出表扬、批评名单和财务总计审核。

展台线（展览）由展览部负责，涉及参展设备准备及现场安装调试、展台设计施工、展期资料礼品调度、信息收集、摄影摄像等工作，工作重点是展台的搭建。开展后，展台工作组的设备调试人员并入技术讲解工作组，共同承担技术讲解任务，并服从展台工作组的统一调度。

技术线由国内和国外的网络营销部、产品行销部、产品国际行销部、市场技术处组成，负责策划方案的技术审核、灯箱内容审核、组织宣传资料的审核，组织收集竞争对手的技术信息，监控展览讲解工作。

客户线由国内营销部和国际营销部组成，负责客户接待策划、展台客户接待、新闻发布会、技术交流汇报会、样板点参观、客户行程安排、财务预算及相关会务工作。开展后的工作重点转移到客户接待上，一切工作均围绕此进行。

资源线由会务组组成，负责客户及参展人员的总体后勤资源准备。

公司级现场会工作分为策划、筹备、实施、总结评估四个阶段，以专项产品行销部为责任中心，由行销业务管理部协助统一协调和组织各资源部门（专项产品行销部、客户群系统部、代表处/办事处、客户工程部等），并为现场会提供全流程的服务。

策划：由各专项产品行销部制定现场会策划方案，交行销业务管理部负责组织评审，并协调相关部门共同确定详细的筹备工作计划和组织保障。

筹备：各责任小组（责任部门）落实筹备计划，由行销业务管理部进行协调、监控，并向相关责任小组（责任部门）发布进展报告，及时完成所有会前准备工作。

实施：完成客户接待、会议议程、样板点参观考察、旅游等活动过程中的各项工作。

总结评估：由行销业务管理部和专项产品行销部共同总结、评估活动效果，分析经验教训，汇总客户需求信息，并通报相关部门。

华为接入网产品行销部的组织运作

1996年，华为总部接入网产品行销部只有十几个人。接入网是个新产品，有助于打破交换机扩容垄断，是个很好的产品。接入网的出现，为华为逐步进入"七国八制"的交换机市场提供了千载难逢的好机会！华为必须要全面、迅猛、规模地展开进攻！国际电信联盟1994年明确了V5.2接口规范，1996年我国由电信总局发布V5接口标准，使交换机一家独大、占位扩容、无法竞争的局面被打破！通过V5.2接口可以接入符合规范的任何其他厂家的接入网设备。同时，又满足了组网灵活、分散接入、集中管理的运营需求。客户都想了解接入网，处于想尝试上接入网的犹豫状态。任正非要求接入网产品行销部尽快招聘100人。因为接入网涵盖了交换机、传输两大类产品技术，对人员的技术要求比较高，基本上不是硕士研究生以上学历的很难进接入网产品行销部。因为华为要求这些新招人员要有很强的学习能力，才能尽快培训出来。最后只招聘了70人，这70人大部分都成了公司的营销骨干，有的成为地区部总裁，成为代表处代表的也不少。

当时的接入网产品行销部一共有十几个人，只有几张办公桌。基本上是三四个人合用一张办公桌，公司就是要让他们出差见客户，而不是坐在办公室吹空调。大部分时间办公室是空的，有时我同时在接3个电话，上

第三章　华为规模营销的组织运作机制

厕所几乎都要跑着去，因为打电话咨询问题的太多。记得有一次我出差到新疆，在吐哈油田，那里只有卫星电话。期间，我有一个月的手机话费竟然达到了3 000多元！几乎是不停地接听全国各地咨询问题的电话。

华为接入网产品行销部的主要工作内容包括：

（1）撰写年度产品行销规划报告（内容包括产品系列竞争分析、目标、人力、方法）；

（2）定期培训全国30多个代表处的人员；

（3）制订部门行销人员招聘计划并实施，培训部门内部人员，每次产品技术汇报会后，要注意收集名片，进一步联系希望加入华为的竞争对手人员；

（4）负责给全国各地到公司总部参观的客户宣讲接入网产品技术，并陪餐；

（5）每两周与研发接入网业务部开一次沟通例会；

（6）定期派人到研发接入网业务部工作学习3—6个月；

（7）广告策划及实施，抢夺主要通信杂志的封面、封底及报纸的广告页面；策划撰写广告内容、技术引导软文，引导、宣传华为接入网品牌和技术优势；

（8）展览会上宣讲接入网产品技术，品牌宣传策划、实施；

（9）为客户开一个实验局作为赠送，从边缘不重要的设备进入，先进偏远地区后攻击核心城市等；

（10）响应各代表处对接入网宣讲、项目支持的需求，现场支持；

（11）在主要代表处各派1—2名接入网产品行销经理，快速地把全国接入网的最新进展、好的营销方法在当地代表处宣传推广；

（12）定期发"战报"，把各代表处的好方法、好案例，快速在全国各代表处复制，形成席卷全国的比、学、赶、帮、超的接入网大战役态势；

（13）编写接入网常见问题回答，作为营销人员内部学习产品知识、技术方案配置、产品优势对比的最实用的学习资料。

光纤接入网首先在全国几个点布局，有接入网的地方，华为营销人员就在地图上相应的地点贴上一个红色的五角星，之后，点多了，陆续连成了线，最后，全面铺开，线形成了面。华为接入网产品的星星之火快速地在全国各地形成燎原之势。

某省接入网打了个漂亮的翻身仗

产品拓展的关键是市场培育，不能等项目，要挖项目。1998年9月，我在出差途中接到主管电话，说派我到某省代表处工作，任代表处接入网产品行销部经理，三天内报道。到了代表处才知道，代表处接入网被竞争对手Z公司打得一败涂地，Z公司半年内签了5万线的接入网合同，华为连一线都没捞到，问题很严重。代表处代表换上了与省局关系好的女将腾××，主攻高层关系；派我去的任务就是要把接入网市场夺回来！在华为，大家都知道任正非非常器重郑宝用，因为郑宝用带头研发出华为第一款自主知识产权的交换机HJD48，开创了华为研发体系，又能亲自制作宣讲胶片给客户宣讲。任正非夸他是"一千年才出一个的天才"，他一个人能顶一万个人！其实，在华为西南片区客户心目中，华为市场部有一个女精英，她一个人能顶竞争对手公司的三个代表处！这个话是客户的一个主管亲自告诉我的，她就是这次被委以重任的腾主任。后来，我亲自验证了客户主管的这句话，因为，经过一段时间的市场竞争，不但华为各产品的市场份额突飞猛进，而且，主要竞争对手的三个代表处的主管都被挖到了华为。这是做市场做到极致的最令人佩服的高招！

> 我马上着手编写了一个 20 多页的接入网技术、产品及主要竞争对手产品的对比差异资料。资料内容突出华为接入网的 10 多条优点。我让秘书复印装订了上百份，名字叫"接入网第一战役"。我全面培训了代表处的所有销售人员，同时，让所有客户经理带领产品经理到各个地市、县局里做出接入网扩容规划图及技术建议书，快速拜访各层级客户，宣传华为接入网的优势。代表处专门给我配了一辆车，一个月我跑了 10 多个局做宣传，同时，指挥各路人马的具体行动。三个月的拼命奔波，我掉了 10 斤肉，换来了 12 万线接入网合同。这段时间，Z 公司一线接入网也没有签到，我们打了一场全面胜利的接入网大战役！年底我就被提升为代表处副代表。

表 3-2 为专项产品行销部总监季度绩效考核标准。从这张表格可以看出，对各专项产品行销部总监的考核重点是产品准入目标完成率和销售目标完成率，各占 15% 的权重；利润目标完成率和市场份额目标完成率各占 5% 的权重；具体的关键行为共 10 项，各占 5% 的权重。上级主管确定的其他关键行为或用来调节上述关键行为的部分，权重 10%。

表3-2 专项产品行销部总监季度绩效考核标准

序号	考核内容	权值	关键行为	考核实现 A	B	C	D	分值
1	产品准入目标完成率	15%		产品准入目标完成率≥85%	产品准入目标完成率≥75%	产品准入目标完成率≥60%	产品准入目标完成率<60%	A=15 B=12 C=9 D=6
2	销售目标完成率	15%		销售目标完成率≥85%	销售目标完成率≥75%	销售目标完成率≥60%	销售目标完成率<60%	A=15 B=12 C=9 D=6
3	利润目标完成率	5%		利润目标完成率≥90%	利润目标完成率≥75%	利润目标完成率≥60%	利润目标完成率<60%	A=5 B=4 C=3 D=2
4	市场份额目标完成率	5%		市场份额目标完成率≥90%	市场份额目标完成率≥80%	市场份额目标完成率≥60%	市场份额目标完成率<60%	A=5 B=4 C=3 D=2
5	● 制定产品市场规划、目标计划并监控实施	5%	按期组织区域市场策略、目标计划，并能采取有效措施监控。目标计划完成率≥85%。	偶尔未按期组织制定，但采取的监控措施较为有力。目标计划完成率≥75%。	有2次未按期组织，采取的监控措施一般，目监控效果一般。目标计划完成率≥60%。	经常未按期组织，且监控措施不力，目标计划完成率<60%。	A=5 B=4 C=3 D=2
	● 培训、辅导、与下属沟通的数量和质量	5%	对下属针对性地进行培训、辅导，并能经常地与下属进行有效的工作沟通，下属成长进步较快。	有针对性地进行培训、辅导１～2次，能与下属进行工作沟通，下属成长进步较快。	偶尔进行培训、辅导，出现问题才进行沟通，下属成长进步较慢。	很少培训、辅导，工作中很少进行沟通，下属中有人被退回公司进行培训。	A=5 B=4 C=3 D=2
	● 策划、准备商务技术研讨会、现场会	5%	积极主动提供研讨会、现场会的合理策划方案，认真组织各项准备工作、研讨会，现场会实施质量良好。	主动提供研讨会、现场会的合理策划方案，认真进行各项准备工作，研讨会、现场会实施质量较好。	能提供研讨会、现场会的策划方案，各项准备工作、研讨会开展力度一般，现场会实施基本达到。	提供的研讨会、现场会策划方案不合理，各项准备工作开展不力，未能达到研讨、现场会实施目标。	A=5 B=4 C=3 D=2
	● 制订产品宣传计划并监控实施	5%	能根据市场需求变化及时提出引导市场的新概念、理念，媒体宣传的新概念、理念、组织提供的宣传素材和宣传方式的建议。	能根据市场需求变化及时提出引导市场的新概念、理念，提供新的宣传素材和宣传方式的建议。	能根据市场需求变化及时提出引导市场的新概念、理念，提供的宣传素材和宣传方式的建议不足。	对新的宣传趋势不敏感，不能根据市场需求变化及时提出引导市场的新概念、理念。	A=5 B=4 C=3 D=2
	● 制定商务政策并监控实施	5%	根据产品及区域特点制定合理的商务授权，定位商务条款，及时处理能够好公司规定，处理准确，无投诉现象。	根据产品及区域特点制定较合理的商务授权，定位商务条款，1～2次商务条款违反公司规定，一般能正确处理，无投诉现象。	定位的商务条款，及时处理不够准确，偶有投诉现象。	能根据产品及区域特点制定授予权及定价策略，经常存在商务条款与公司规定冲突、合同执行不畅，投诉情况很高，投诉量很多。	A=5 B=4 C=3 D=2
	● 制定产品指导书并组织落实	5%	各类产品的技术、商务指导书制作质量高，策略得当，对所区域产品市场监控率≥90%。对首点区域市场监控率≥90%。	各类产品的技术、商务指导书制作质量较高，策略一般，对所辖区域产品市场的引导效果一般。	基本有各类产品的技术、商务指导书，监控率≥85%。对所辖区域市场监控情况基本不清楚。	有各类产品指导书，商务指导书制作质量差，对区域产品市场的引导效果很差。	A=5 B=4 C=3 D=2
	● 对重大项目和首点市场的监控	5%	对所监控的市场的市场情况沟通充分，监控率≥95%，对首点区域成果认同，并对下属工作提供较好的指导。	对所监控的市场情况沟通清楚，监控率≥90%，对首点区域市场监控率≥85%。	对所监控的市场情况基本沟通清楚，监控率≥85%，对首点区域市场监控率≥80%。	对所监控的市场情况不太清楚，对首点区域市场监控率<80%。	A=5 B=4 C=3 D=2
	● 对下属考察进行考核、沟通、辅导的质量	5%	对下属有效的沟通很多，下属成长很快，进行培训次数≥3次，对下属的培训指导质量很好。	与下属进行沟通较多，考核结果认同，并对下属工作提供指导，很少抱怨较快。	与下属进行沟通交流，考核客观公正，下属成长较快，对下属工作提供指导，很少抱怨。	与部门下属沟通交流少，考核主观片面，被投诉率在30%以上。	A=5 B=4 C=3 D=2
	● 对下属直接下属的培训或组织下属考察培训的数量和质量	5%	与下属沟通多，下属成长很快，进行培训/次数≥3次，对下属培训次数≥2次，下属感觉提高很快。	与下属沟通好，解决下属问题，对下属培训次数≥2次，下属感觉提高较快。	与下属有沟通，下属成长慢，对下属偶有培训，也组织下属有培训，下属感觉提高慢。	与下属无沟通，下属成长慢，对下属无培训，也未组织下属培训，下属感觉被抛弃。	A=5 B=4 C=3 D=2
	● 客户满意度的改进	5%	主动组织相关人员处理解决技术、服务问题、客户评价的、工作协作好。	较好地组织、解决处理遇留问题，客户投诉，1次工作改进，进行改进有效。	因为处理问题，造成客户1次以上投诉，且无工作改进，进行改进效果不明显。	客户多次投诉，且无工作改进，造成损失。	A=5 B=4 C=3 D=2
	● 上级主管确定的其他关键行为或用来调节上述关键行为的部分	10%						A=10 B=8 C=6 D=4

第三章总结 华为规模营销的组织运作机制

1. 高层干部是市场一线打仗的营销高手,他们从最基层做起,服从分配,尽心尽责,带头冲锋。一个人就能带出一个部门、一个体系、一支队伍。

2. 营销主管是领导,也是打仗的主力,把自己当成项目组的一员,带头冲锋陷阵。高层干部保持10%绩效考评末位淘汰率,保证了营销组织充满活力。

3. 华为最大的风险不是来自外部,而是来自内部干部的腐败和惰怠。华为对员工腐败高压严打、零容忍,建立三道防线严防员工腐败。

4. 华为营销各岗位都有详细的季度绩效考核标准,使华为营销组织和个人都有了有据可依的量化的考评参数。有据可依的财富分配是激励营销人员冲锋陷阵的法宝。

5. 压强原则打市场是华为规模营销持续成功的利器和法宝。在成功关键因素和选定的战略生长点上,以超过主要竞争对手的强度配置资源,要么不做,要做就极大地集中人力、物力和财力,实现重点突破。

第四章

华为营销体系流程化建设

01 华为的流程变革从给销售人员分奖金开始
　　流程建设是企业组织能力建设的重要组成部分
　　流程化是企业规模经营的必经之路
　　流程的作用：用规则的确定来对付结果的不确定
　　企业管理的目标是流程化的组织建设
02 营销流程在华为流程管理体系中的定位
　　华为流程架构与管理体系
　　从IPD流程建设看华为的流程变革
　　华为的市场管理流程与战略管理流程
　　聚焦为客户创造价值的端到端流程
03 把80%以上的例行化、重复性的营销活动固化成流程
　　华为营销的成功从客户接待开始
　　华为营销早期常用流程
　　华为营销流程建设方法及案例

01

华为的流程变革从给销售人员分奖金开始

1995年，华为福州办事处主任被任正非调回公司总部机关，做市场部考评办公室主任。他说他到任后的第一件事就是给销售人员分奖金。如果分不好的话，可能没有人愿意往前冲。当时没经验，奖金就按业绩来计算。当时有两个销售人员，一个在上海，华为当时还没有打入上海市场，但是那是一个战略市场。另外一个销售人员被派到乌鲁木齐，刚好是农村电话大力发展的过程中，所以他的业绩很好，奖金算出来以后，乌鲁木齐办事处销售人员的奖金是20多万元，而上海这个销售人员的奖金不到1万元。奖金应该怎么发？这个问题就摆在我们面前。最后，上海办事处的人拿了大概3万元的奖金，乌鲁木齐办事处的人拿了大概10万元，仍然是最高的，只是没有20万那么多。

这个问题被提出来让各个办事处主任讨论，大家在奖金该发还是不该发的问题上意见不一。有人说要发，否则以后公司就没有诚信了，没人相信你的制度了。但是如果发了的话，谁愿意去上海？如果上海这个战略市场没人去开拓，公司永远上不了这个层次。这件事情让我们觉得奖金发放不是想象的那么简单。

后来，华为就请了中国人民大学的老师来给华为做管理咨询。当时华为的第一个咨询项目是请中国人民大学的彭剑锋、吴春波和包政三位老师做的,内容是市场部人员的绩效考核制度。考核制度分了五个等级,最高是 S,然后是 A、B、C、D,每个月考核一次。考核了一段时间后,发现每个月没什么变化,因为业绩不可能这么快就出来。之后,公司把五个等级改为四个等级,考核周期从一个月变成一个季度,这样慢慢地转变了,管理人员也觉得这个东西是可以用的。1996 年,公司已有 1 000 多人,每个部门每个月都在申请给员工调薪,那么钱到底该不该发?任正非跟市场部考评办主任说:"你不要每次都抱一大堆资料来说这个人很好,要给加薪,能不能有一套评价方法?"于是主任到香港考察了 10 个公司,找来合益(Hay Group 美国管理咨询公司)和 CRG(Corporate Resources Group 国际资源管理咨询集团)帮华为做一套评价方法,合益在华为总部做,CRG 在华为旗下的莫贝克公司做。通过这两家公司,华为才知道什么叫人力资源架构体系。

任正非认为,华为的成功主要是分钱分得好。赚钱不一定是老板的主要工作,但分钱一定是。分配问题的核心就是评价问题。有科学依据地分钱,才能激发员工持续艰苦奋斗的热情。

1996 年,华为请合益的顾问做了人力资源管理体系咨询项目,建立了华为的人力资源管理体系,主要包括绩效管理体系模块、薪酬管理体系模块和任职资格管理体系模块。正式建立了相应的流程、制度和 IT 系统。华为流程管理变革的大幕由此拉开。

流程建设是企业组织能力建设的重要组成部分

华为的营销组织每天面对着海量的市场业务、大规模的营销活动,怎样做到有条不紊、快速高效?在三十多年的实战中不断积累和改进的华为营销全流程,是华为营销组织运作快速、高效的根本保障。华为营销流程从最初的在总结营销经验的基础上对简单活动的罗列，到营销相关管理制度的出台，再到形成固化的营销流程、运作规范，是华为从游击队到野战军，再到正规军、集团军的关键！华为深刻领会到，营销组织的可复制能力与可预测性，体现在一系列流程和内外环境的模式化上，已经成为现代规模营销的基础。

管理变革涉及流程、组织、IT 和行为改变四个方面（如图 4-1 所示）。任正非说："企业的竞争，说穿了是管理竞争。"而管理的核心就是流程、组织和 IT。"企业管理就是要抓住这三件事：客户、流程与绩效。"任正非说。企业的有效管理需要有效的管理架构和流程来牵引和落实。

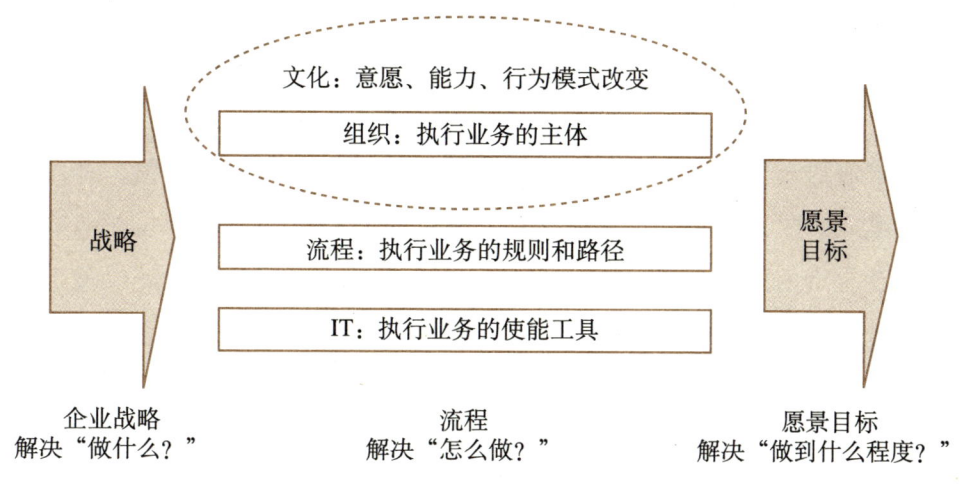

战略 → 文化：意愿、能力、行为模式改变
组织：执行业务的主体
流程：执行业务的规则和路径
IT：执行业务的使能工具
→ 愿景目标

企业战略
解决"做什么？"

流程
解决"怎么做？"

愿景目标
解决"做到什么程度？"

图 4-1　管理变革涉及流程、组织、IT、行为改变四个方面

华为通过持续管理变革，形成了大量的组织过程资产，集中体现在几个大平台上，包括人力资源管理体系、研发管理体系、供应链管理体系、销售与服务体系、财经管理体系等。

组织能力包括但不限于企业文化与价值观方面，还包括建立在一系列标准、制度、规范和流程基础之上的管理体系。组织只是流程和资源的平台，是为流程培养和输送能力的机构，从而保证了组织"对事负责而不对人负责"。

组织过程资产指流程与程序、共享知识库等，既包括已成文的规章制度，也包括留在团队成员脑子中没有形成文字的思想。组织过程资产使组织能力具备很强的"记忆"功能，使组织能力可复制、可转移。

组织过程资产是华为公司流程化建设的重要知识经验财富。这些留在各个团队成员脑子中没有形成文字的思想，是好的经验、方法、技巧，把它们挖掘出来，形成文字、案例，无论是对建设或优化流程还是对提升员工业务能力，都能起到重要和关键的作用。华为想到了很好的方法，要求每个高级干部，都要在一年或两年内，至少参加一次由华为大学组织的"干部高级管理研讨班"培训。这个培训要求高级干部提前安排好自己的工作，请假到华为大学培训，停薪一周，还要自付两万多元的培训费，接受干部模块、价值模块等培训，听课、研讨、辩论，每个模块都要求高级干部把自己的业务经验、教训写成案例发布、讨论，并评出优秀案例。最后，所有高级干部的经验、教训都被写进案例里，形成了华为最宝贵的精神财富、无形资产。这也就形成了华为流程建设最根本的业务基础，为把华为高级干部个人的优秀转化成组织的优秀，做好了充分的准备。

任正非说："我们留给公司的财富只有两样：一是管理架构、流程与IT支撑的管理体系；二是对人的管理和激励机制。人会走的，不走也会死，而机制却是没有生命的，这种无生命的管理体系，是未来百年千年的巨大财富。"

流程化是企业规模经营的必经之路

企业应该站在客户（流程输出的对象）的角度，来判断一个流程是否优秀。

快速（Fast）：客户需要及时得到所需的东西，即流程的周期要短。

正确（Right）：流程输出的应是客户所要的东西，并且是满足质量要求的。

便宜（Cheap）：客户需要少花钱来买到他们所需的东西，即流程成本低。

容易（Easy）：容易与之做生意或业务，即流程要具有友好、简单的界面，并能应对顾客需求的变化。

流程是什么？最通俗的定义就是"做事的套路"。把做事情的套路写下来就是流程，流程管理就是对"做事的套路"的管理。一个企业没有把"做事的套路"管好却取得了成功，那只是偶然的、侥幸的成功，这样的成功是不能保证企业长远可持续发展的。

业务为什么需要流程？现在越来越多的企业渐渐接受了流程的理念，认同流程对企业管理的价值，华为对流程的理解是什么？我们需要理解的第一个概念叫作业务流。业务流是天然存在的，就是我们每天在企业中做的各种事情是基于人的。做同一件事，不同人的做事方式可能是不一样的，所以业务流是不稳定的。我们举一个例子，水往低处流是水的特性，我们抬高桌子一侧，往桌子上倒一杯水，你每次倒，它的流动路径都可能是不同的，是不规则的、随机的，有时它还会向你流过来，打湿你的衣服或鞋子。我们企业的各种业务运作就像水流一样，如果不加以约束，其中一些业务运作对企业会造成损害，所以我们要引入另一个概念，叫作流程。

流程是对业务流的约束，对各个业务流构建一个渠道，规范业务流动的边界。企业是由无数业务流组成的，我们需要对各个业务流分别构建流程。流程不仅需要给业务建立一个渠道，还要不断调整、优化，科学管控，使它保持运作流畅。我们还是举水的例子——成都都江堰。在李冰治水之前，岷江年年洪水泛滥，殃及百姓。以李冰为代表的中国古代劳动人民因势利导、无坝引水，科学地修建了都江堰。都江堰是全世界迄今为止，年代最久、唯一留存、以无坝引水为特征的宏大水利工程，凝聚着中国古代劳动人民勤劳、勇敢、智慧的结晶。都江堰治水的最大特点是注重疏导，而不是建坝拦水。华为的管理变革、流程优化也是以梳理贯通而非"管""堵"为主，与此有异曲同工之妙。任正非曾多次游览都江堰，2007年，在华为创业二十周年之际，任正非站在都江堰边，在惊叹古人的伟业的同时，也在吸取古人的管理智慧，系统地思考华为二十年的成败得失。于是，"深淘滩，低作堰"成为华为经营管理的核心理念之一。

"深淘滩，低作堰"。"深淘滩"指每年岁修时，要淘除飞沙堰前堆积的砂石，淘到凤栖窝下埋设的卧铁为止，以保证宝瓶口进水。"低作堰"指每年整修飞沙堰，不宜把堰顶筑得太高，太高则不利于泄洪排沙，过低则宝瓶口进水不够。李冰留下"深淘滩，低作堰"的治堰准则，是都江堰长盛不衰的主要"诀窍"。其中蕴含的智慧和道理，远远超出了治水本身。华为公司若想长存，这些准则也是适用的。深淘滩，就是不断地挖掘公司内部潜力，降低运作成本，为客户提供更有价值的产品和服务；低作堰，就是节制自己的贪欲，自己留存的利润低一些，多让一些利给客户，以及善待上游供给商。将来的竞争就是一条产业链与一条产业链的竞争，从上游到下游的产业链的整体强健，就是华为生存之本。

"遇湾截角，逢正抽心。""遇湾截角"指岁修时遇河流弯道，一定要把直角修改成为弧度的样子，减轻主流对河岸的冲击。"逢正抽心"指在主河道的中心，一定要深挖，让江水按照一定的轨道流淌。不建坝拦水，而是巧妙地利用地形，通过鱼嘴分水堤来对水进行疏导分流，用飞沙堰来清淤溢洪，通过宝瓶口来控制流量。都江堰的创建，以不破坏自然资源，充分利用自然资源为人类服务为前提，变害为利，使人、地、水三者高度协调统一。对于华为流程管理要一样地着重于疏导，也就是"理"而不是"管"，并定期对管理进行流程优化，消除过程中的不畅，从而使企业效率达到最大化。

"乘势利导，因时制宜"。充分利用当地西北高、东南低的特殊地形，结合水脉、水势和枯水、洪水期不同的特点，以"高处凿通，低处疏导"的治水思想，无坝引水，自流灌溉，使堤防、分水、泄洪、排沙、控流相互依存，共为体系，保证了防洪、灌溉、水运和社会用水综合效益的充分发挥。

华为的管理变革根据业务优先级、内部能力、可获得资源等情况，有节奏地在各主要领域相继开展。

华为理解的流程是：

- 以客户为中心，客户满意是流程持续优化的动力。坚持从客户来到客户去的流程设计，就不会犯"大公司病"。流程的目的是质量好、服务好、运作成本低，优先满足客户需求。

- 流程要反映业务的本质，尤其是完整系统地反映业务的本质。业务中的各关键要素及其管理不要在流程体系外循环。业务的本质是为客户创造价值，在价值链中发现并构建核心能力、竞争优势。

- 流程是业务实践经验的积累和固化，为参与业务的人员提供业务最佳实践的过程方法，为不同团队执行流程时获得成功的可复制性。用流程不断总结和固化好的经验和做法，从过程上保证质量。

- 流程为参与业务的人员统一思想、业务语言、行动逻辑和过程步骤。我们要摆脱企业对个人的依赖，使要做的事，从输入到输出，实现直接的端到端，以及简洁并控制有效的连通，尽可能地减少层级，使成本最低、效率最高。

- 流程要用IT技术承载起来，用技术手段来固化流程，提升流程的运作效率。流程一定要靠IT来落地，没有IT落地，流程还是停留在纸上，没有停留在体系里，也没有停留在系统里，那就没有任何用处。在IT中跑的是固化的流程，本质上跑的是业务。没有IT支撑的流程容易成为一堆纸，难以执行。不要依靠人来输入、转换数据，因为人是会犯错误的，而IT系统不会，而且效率比人高。

流程的作用：用规则的确定来对付结果的不确定

流程可以把个人的优秀能力转换成多人的优秀能力，再转换为组织的优秀。企业里的个人英雄或能人往往有一套优秀的做事方法，如果企业把它总结出来，固化在流程里，使大家受益，那么最终，人人都成为英雄，整个组织也就变得优秀了。流程的最重要价值是提升人的可替代性，减少对人的依赖。优秀的流程是无数企业多年的经验积累和总结，是降低成本、提高效率的捷径。

流程化是企业扩张、规模经营的必经之路。企业发展到一定规模后，可以把简单、海量、重复的工作流程化、模板化、固化下来，最后采用IT支撑，实现低成本、高效运作。这不仅仅是把管理者解放出来，而是把所有人都解放出来。流程化是企业经营上规模的最佳方法。

2009年，任正非与集成财务服务（Integrated Financial Services，简称IFS）项目组及财经体系员工座谈时说："我们要用规则的确定来对付结果的不确定。我们对公司未来的发展是不清晰的……因为不只是我们设计这个公司，而是整个社会和环境同时都来设计这个公司。所以我们不可能理想主义地来确定我们未来的结果是什么，但是我们可以确定一个过程的规则，有了过程的规则，我们就不会混乱。"

流程使权力和职责明确，流程对事负责而不是对人负责，消除推诿扯皮。企业把常规的、重复的、固定的职能固化在流程里，执行流程的人，根据相应的角色/岗位的要求执行，承担流程规定的责任，对事情负责，这就是对事负责制。事事请示，就是对人负责制，它是收敛的。流程体系避免了因员工或管理者流动，影响工作效率和产品质量。

流程可以增加投资回报率，使企业效益提升快。流程对效益的贡献是巨大的。建立流程的最初阶段需要花费时间、人力、物力和精力，一旦建成，流程就会释放出巨大的能量，其回报率是无法想象的。

流程可以消除部门墙，消除本位主义，使企业各部门有机协同、目标一致取得项目的成功。每个与流程有关的职能部门都要对流程端到端结果负责，而不是段到段。各部门之间不是接力赛，而是类似足球赛，共同参与，通过项目组的跨部门的运作，一起执行流程，以实现业务目标。

任正非认为，流程的作用就是使企业摆脱对人的依赖，任何人离开了，都不影响业务运作。流程的作用就三个：一是正确及时交付，二是赚到钱，三是没有腐败。如果这三个目标都实现了，流程越简单越好。对于企业而言，所有的事情可以分为两类，一类是突发事件，一类是例行的事情。突发的事情需要人去处理，这就是管理者发挥价值的时候，而例行事情的管理则交给流程。当我们不断地把优秀业务实践固化到流程里面，并且把所有的业务风险与缺陷在流程中进行管控与预防以后，我们的管理能力就会越来越强大。

流程与制度的关系

很多企业觉得制度能把企业的各方面都管理到，因此不需要流程。而实际上，制度和流程在企业管理体系里的作用既有区别又相互依赖。

（1）流程和制度的本质是一样的，都是管理或工作标准文件。当制度的编写具体到活动的每一个环节和步骤，并把环节和步骤的逻辑关系用文字或图片描述清楚时，就具有了流程的特性，也可以称其为流程，即制度流程化；当流程以手册的形式呈现，配以详细的流程说明文件描述，并作为管理要求在企业中强制执行，即流程制度化时，同样可以称之为制度。

（2）流程和制度的管理侧重点不同。制度侧重于管人，流程侧重于管事。制度主要是对某事项的规则进行说明，强调规范性：应该做什么、不应该做什么、能做什么、不能做什么、有什么后果。流程主要是对某事项的过程进行描述，强调逻辑性：先做什么、后做什么、输入什么、输出什么、如何转化。相对来说，流程更细化，可操作性更强。

（3）流程是达成目标的高速公路，而制度是高速公路两侧的隔离网。高速公路两侧的隔离网规定了行人等不能逗留。高速公路规定了汽车行驶方向、行驶速度以及各种专用车道的使用规范。因此，制度和流程所解决的是完全不同的问题，制度就像是路两边的隔离网，流程则是使人们到达目的地的高速公路。

（4）流程和制度在企业管理体系中的权重应该维持一个合理的比例。制度是流程执行的控制手段，是流程得以执行的保障；制度的激励作用可以促使流程改善。一个企业内部流程与制度的权重比例可以体现出这个企业是侧重人治还是法制，侧重于做事还是作秀。比如有人上班，一杯茶水、一张报纸，什么都不做就打发了一天的时间。虽然做到了遵守制度，却并没有产生效益，甚至产生了负效益，这种单凭制度解决不了的企业管理问题，只有依靠流程才能解决。

第四章　华为营销体系流程化建设

流程与组织的关系

（1）流程服从公司战略和治理要求。业务流程的管理节点要符合授权、分权等公司治理要求。

（2）战略决定组织架构。

- 当运营商市场客户中国邮电分成移动、联通和电信的时候，华为的组织架构迅速调整，成立了移动系统部、联通系统部、电信系统部。
- 当成立运营商业务、企业业务、消费者终端业务三大BG时，组织架构做出相应调整、优化。

（3）战略决定业务，业务决定流程，流程反映业务本质。

- 业务的本质是为客户创造价值，在价值链中发现并构建核心能力（竞争优势）。
- 流程反映业务本质，对准客户。客户不会为不增值的、低效的活动买单，不为客户创造价值的流程、部门、人是多余的（流程决定组织）。

（4）流程与组织适配。

- 拉通端到端（从客户来到客户去）的流程和信息，消除不增值流程，提高流程效率、效果。
- 按流程分配资源、责任和权力（流程化组织）。
- 不因人设岗，不因人设部门（从人治到法治）。

企业管理的目标是流程化的组织建设

任正非认为，管理的目的就是从端到端以最简单、最有效的方式，来实现流程贯通。这个端到端，就是从客户的需求端来，到客户的需求端去（如图4-2所示）。这是生命线，使企业能摆脱对技术的依赖，摆脱对人才的依赖，摆脱对资金的依赖，建立起比较合理的管理机制。"完成了这三个摆脱，我们就从必然王国走向了自由王国。"任正非说。实现了流程化、制度化，公司就实现"无为而治"了。

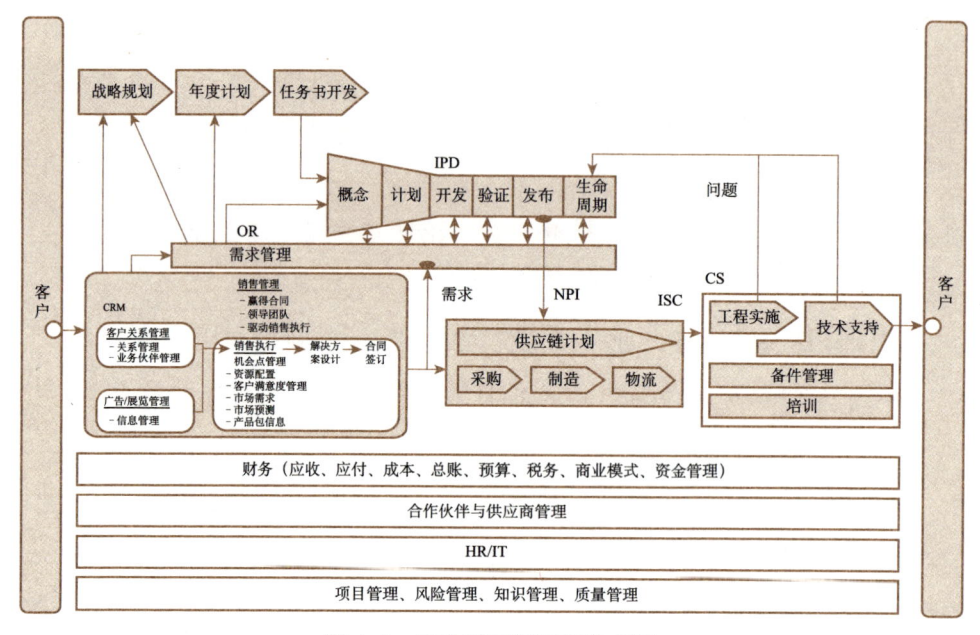

图 4-2　华为端到端流程集成图

注：IPD 指 Integrated Product Development 集成产品开发；OR 指 Offering Request 需求管理；CRM 指 Customer Relationship Management 客户关系管理；NPI 指 New Product Introduction 新产品导入；ISC 指 Integrated Supply Chain 集成供应链；CS 指 Customer Service 客户服务；HR 指 Human Resources 人力资源；IT 指 Information Technology 信息技术。

有人问任正非，如果有一天他离任了，华为将会如何？实际上，华为一切都在有条不紊地运行着，犹如河床上昼夜前行的水流一般。任正非称这种状态为"静水浅流"。

华为的流程化组织究竟有哪些优势？从任正非的讲话中，至少可以归纳出以下四个方面：一是打破了以部门为管理结构的模式，转向以业务流程和生产线为核心的管理模式，从而把公司粗放的管理，逐步细化到一个个具体的项目当中；二是从对人负责变成对事负责，逐步改变权力中心组织模式，淡化功能组织的权威；三是流程体系固定不动，从而避免了因员工或管理者流动，影响工作效率和产品质量；四是在流程中设置监控点，便于上级部门进行检查控制。

流程化组织建设的目标可以分解为：价值创造流程简洁高效、组织与流程匹配运作高效、管理体系集成高效、运营管理卓越、持续改进的质量文化与契约交付项目文化。流程化的组织建设的最高境界就是端到端、整个业务流全由 IT 支撑，使所有的作业、所有的数据都被 IT 承载，而且从前到后都是集成和自动化的。

02

营销流程在华为流程管理体系中的定位

华为从 1995 年开始的持续 20 多年的管理变革（图 4-3），实现了高效的流程化运作，促进了华为业务的高速稳健发展。华为整个流程变革历程中最重要的两个项目是 IPD 集成产品开发和 ISC 集成供应链。用任正非的话讲，这两项变革关系到华为公司的生死存亡。

华为流程架构与管理体系

持续的管理变革，能够实现高效的流程化运作，促进华为业务的高速稳健发展。华为 1998 年引入 IBM 的 IPD，IPD 变革最初的计划是 9 个月完成，结果做了 5 年。1999—2003 年是 ISC 的建设期，2005—2007 年为了支持海外发展，华为进行了全球供应链建设工作，2008 年实现供应链与交换的流程打通。2011 年为了支持公司企业业务、消费者业务、运营商业务等的多产业发展，华为对供应链和采购的流程和 IT 系统再次升级。

2000—2006 年，华为实施了第一次大规模的财经管理变革，变革的主题是"四个统一"，即"统一会计政策、统一会计流程、统一会计科目和统一监控"。2007 年，为了应对财务上的风险，华为再次启动财经体系变革 IFS（Integrated Financial Services 集成财务服务），变革

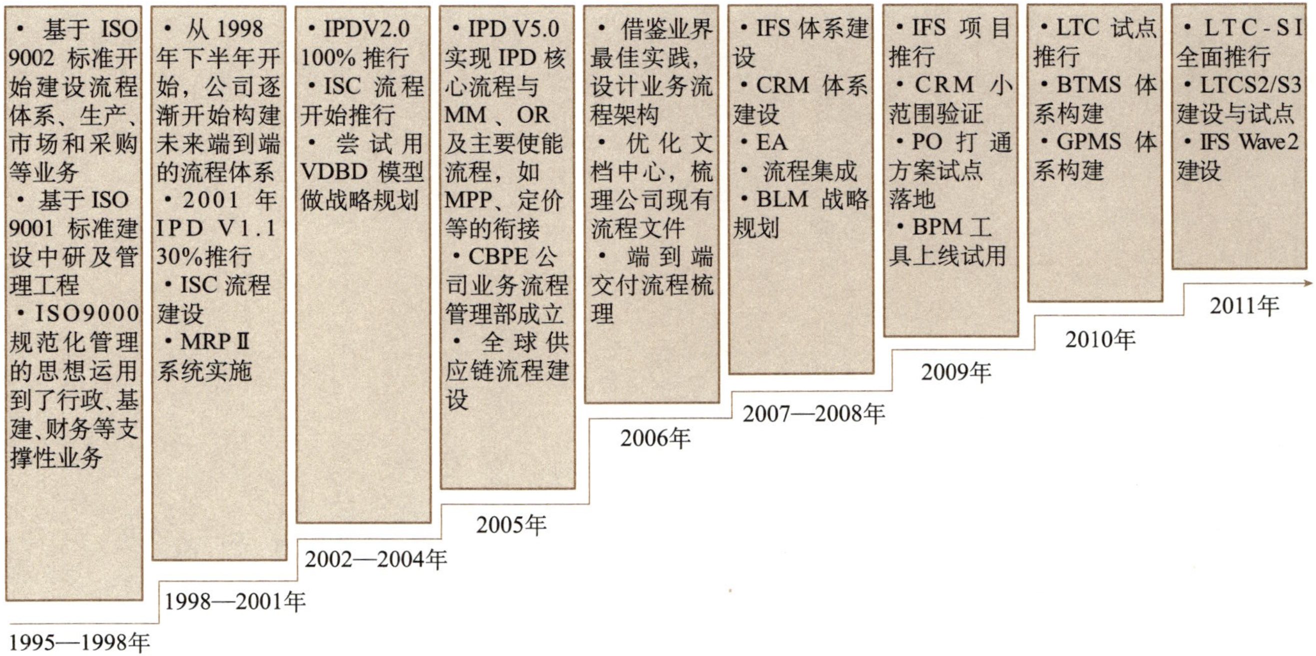

第四章　华为营销体系流程化建设

1995—1998 年
- 基于 ISO 9002 标准推行开始建设流程体系，生产、市场和采购等业务
- 基于 ISO 9001 标准建设中研及管理工程
- ISO9000 规范化管理的思想运用到了行政、财务等支撑性业务

1998—2001 年
- 从 1998 年下半年开始，公司逐渐开始构建未来端到端的流程体系
- 2001 年 IPD V1.1 30% 推行
- ISC 流程建设
- MRP II 系统实施

2002—2004 年
- IPDV2.0 100% 推行
- ISC 流程开始推行
- 营试用 VDBD 模型做战略规划

2005 年
- IPD V5.0 实现 IPD 核心流程与 MM、OR 及主要使能流程，如 MPP、定价等的衔接
- CBPE 公司业务流程管理部成立
- 全球供应链流程建设

2006 年
- 借鉴业界最佳实践，设计业务流程架构
- 优化文档中心，梳理公司现有流程文件
- 端到端交付流程梳理

2007—2008 年
- IFS 体系建设
- CRM 体系建设
- EA
- 流程集成
- BLM 战略规划

2009 年
- IFS 项目推行
- CRM 小范围验证
- PO 打通方案试点落地
- BPM 工具上线试用

2010 年
- LTC 试点推行
- BTMS 体系构建
- GPMS 体系构建

2011 年
- LTC-S1 全面推行
- LTCS2/S3 建设与试点
- IFS Wave2 建设

图 4-3　华为流程变革历程

注：VDBD 指 Value Driven Business Design 价值驱动业务设计；MRP 指 Manufacturing Resource Planning 制造资源计划；MM 指 Market Management 市场管理；MPP 指 Marketing Plan Process 营销计划流程；CBPE 指 Corporate Business Processes Execution 公司业务流程管理；EA 指 Enterprise Architecture 企业架构；BLM 指 Business Leadership Model 业务领导力模型；PO 指 Purchase Order 采购订单；BPM 指 Business Process Management 业务流程管理；BTMS 指 Business Transformation Management System 业务变革管理体系；GPMS 指 Group Performance Management System 集团绩效管理体系。

的核心主题是"解决财务与业务部门间的沟通和连接问题",具体来说就是交付业务、研发业务、市场业务与财务之间流程的连通,以此来保证交易数据的准确性。计划是两年半,结果却做了足足 8 年。2008—2017 年,华为实施了主题为"LTC(Lead To Cash 线索到回款)"的营销管理变革,LTC 是公司级面向客户的主业务流程之一。华为开始是做 CRM(Customer Relationship Management 客户关系管理)变革,在推行 CRM 变革的过程当中,发现很多与营销强相关的基本问题没有解决,就将 CRM 变革提升为 LTC。LTC 项目从 2008 年开始,到 2017 年 6 月 22 日完成,历时 9 年多。

华为管理大纲始于 1996 年的《华为基本法》。1996 年,华为员工已经超过 1 000 人,但公司内部并没有统一的、系统的管理规则,就像是很多地方游击队组合在了一起,每个游击队一个山头,大家对公司如何发展有各自的想法,整个公司管理混乱,主义林立。任正非意识到问题的严重性。当时正好几位中国人民大学的教授在华为内部讲课,于是任正非邀请他们帮华为起草统一的管理规范。因为当时国家正在起草香港基本法,所以,这份纲领性的管理文件就起名"华为基本法"。

《华为基本法》的出台经历了 1996—1998 年三年的时间,这三年里面,华为组织公司上上下下就"华为到底是一个什么样的公司""要走向何方"等问题进行了大讨论,通过这样的讨论和思考,公司上下统一了思想,建立起华为管理和文化的基础。

任正非提出搞《华为基本法》不是突发奇想,也不是一时的冲动,其实任正非很早就已经开始思考企业文化建设问题了。1995 年 9 月,华为公司发起了"华为兴亡,我的责任"的企业文化大讨论,同时还制定了包含 14 条内容的"华为人行为准则(暂行稿)"。公司内部搞出的"华为公司基本法"被任正非否决了。在没有办法的情况下,任正非提出让

第四章　华为营销体系流程化建设

中国人民大学的教授试试。《华为基本法》要回答的三个问题是：第一，华为为什么成功？第二，支撑华为成功的关键要素有哪些？第三，华为要取得更大的成功还需要哪些成功要素？组织与组织能力建设面临着价值认同和价值分配两大挑战，华为公司通过《华为基本法》和人力资源管理体系变革解决了这两大难题。个人的力量也许能够影响世界，但众人的力量却可以改变世界，因此自上而下和自下而上的能力转型是必要的。《华为基本法》成为公司的核心价值观，成为大家的共同承诺和价值共识。

1996年的市场部干部集体大辞职、绩效考核评价分配管理体系的建立以及1996—1998年充分讨论达成共识的《华为基本法》，为华为系统地引进业界最佳实践、全面管理变革奠定了坚实的基础。如果没有市场部干部集体大辞职对华为公司文化所带来的影响，任何先进的管理、先进的体系在华为都无法生根。《华为基本法》解决了价值共识问题。绩效考核制度又解决了价值评价、价值分配问题。你想做什么事情，一呼百应，所有人都能够跟你走，你就是一个统帅的角色。如果解决不了价值共识，解决不了价值评价和价值分配问题，就不可能形成这样的局面。很多人很羡慕华为今天的执行力，或者是战斗力。其实，这很大程度上是来自强大的基层动员能力，而强大的基层动员能力又来自自上而下和自下而上的领导方法。因为大量的组织智慧来自基层，如果只有自上而下，没有自下而上，那么整个强大的基层动员能力也不可能形成。

华为与世界一流管理咨询公司合作，全面地引进业界最佳实践，系统地学习西方现代企业管理体系，坚定不移地把西方科学管理体系在华为落地。华为站在巨人的肩膀上，建立了全业务务实高效的流程管理体系。IBM为华为提供了近二十年的咨询，从IT策略与规划、采购开始，到集成产品开发IPD体系；从集成供应链ISC到IFS；从运营体系到

BLM 战略管理，把华为脱胎换骨似的从游击队、野战军打造成了管理先进的正规军、集团军。1999 年，在 IPD 之后华为公司又启动了 ISC 项目。当时公司的收入还不到 100 亿人民币，依靠单一工厂主要供应国内市场。供应链连基本的业务计划和预测体系都没有建立起来，经常因供不上货、发错货被投诉，为此还专门成立了"发正确的货小组"，运动式地解决发货问题。通过 ISC 变革，用一个统一的"ERP+APS"取代了几十个零散的 IT 系统，瞄准客户建立了包括六个供应中心、七个 Hub 以及国家中心仓库的集成的全球供应网络，使公司在供应的质量、成本、柔性和客户响应速度上都取得了根本性的改善，有效支撑了业务的全球大发展。通过 IFS 变革，华为构建了全球化的财经管理体系和财经融入业务，在加速现金流入、准确确认收入、项目损益可见和经营风险可控等方面取得了根本性的进步，支撑公司可持续、可盈利地增长。各级 CFO 通过 IFS 变革，也逐步成长为值得信赖的业务伙伴，并促进业务部门基于及时、准确的经营数据快速决策。IBM 不但是华为最好的导师，而且，把很多世界一流的咨询公司和最新的管理工具和方法论介绍给了华为，使华为在寻找咨询公司和最新方法论方面少走了很多弯路。

　　华为系统地学习西方现代企业管理体系，把西方科学管理体系落地。美世咨询公司先后给华为做了组织设计、领导力发展、VDBD 战略管理项目。美世非常负责，几乎隔 1—2 年就会派一个副总裁到华为来工作一段时间，听取华为的意见和反馈，帮助华为根据客户的组织变化及时进行相应的组织变革，真正做到以客户为中心的动态组织变革。毕马威、普华永道、德勤帮助华为不断推进核算体系、预算体系、监控体系和审计体系流程的变革，帮助华为提高财务管理能力，每年尽心审计华为的全球业务，使华为的财务数据真实、准确、完整，并获得全球客户的信任。正邦、奥美先后给华为做品牌管理项目，使华为的品牌价值快速提

第四章 华为营销体系流程化建设

升。华为如今被称为"通讯界的奥美",推出了一系列震撼人心、让人拍案叫绝的广告。实际上华为在品牌塑造、广告宣传上的成长,也源于与奥美、正邦等广告咨询公司的合作,多方面借用外脑,实现全面的成长。盖洛普公司给华为做客户满意度调研项目,使华为从第三方获得了客户的真实评价,也使华为发现了管理上的不足和短板,及时改进。合益集团给华为做的人力资源管理体系,涵盖薪酬、职位、绩效等,一直是华为员工价值评价、价值分配的管理良方,有据可依的价值分配激励着十几万华为人长期艰苦奋斗。埃森哲给华为做的营销相关的 CRM、LTC 变革项目,使华为的全球营销实现了市场一线与后方平台的有机协同。波士顿咨询公司给华为做的战略咨询项目,使华为对战略的理解和应用都提升了一个档次。还有韬睿给华为做的股权激励项目、贝恩给华为做的商业模式项目、德国国家应用研究院对华为整个生产工艺体系进行的设计,包括立体仓库、自动仓库和整个生产线的布局。该设计减少了物料移动,缩短了生产周期,提高了生产效率和生产质量。中国人民大学教授最早给华为做的《华为基本法》,使华为从局部一块一块地变革、整改、优化,补齐短板。世界最先进的业务实践经验,结合华为的勤奋好学以及坚定不移地把西方科学管理体系在华为落地的决心,使华为逐步形成了局部的业界最佳。坚持了二十多年的持续学习、改进、变革,华为从局部最佳进步到几个主业务链的最佳,最后形成了华为公司全业务全面接近世界最佳的可喜局面。华为汇聚了这些世界一流的各领域咨询公司所带来的世界一流的管理经验和方法,使华为的各个领域、各个方面不断地向整体最佳迈进。华为的开放、进取,持续学习、持续变革的坚持和努力,总有一天会使其成为整体的世界最佳。关于华为与世界一流管理咨询公司合作概况见图 4-4。

对管理变革而言,请什么样的老师来实行很重要!没有好的老师,变革成功的可能性很低。IBM 在华为服务了 17 年，每天在华为工作的咨询顾问最多时有 270 人，最少时也有十来位。

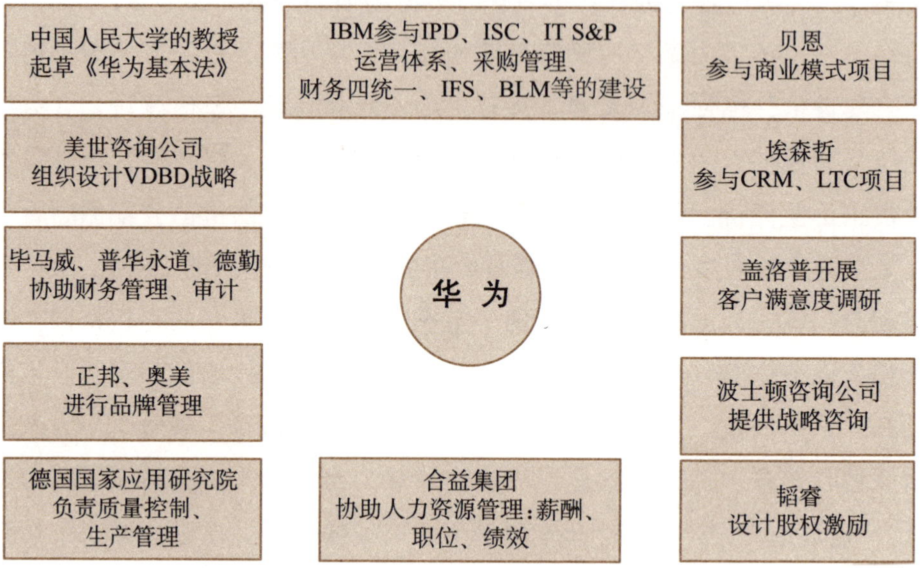

中国人民大学的教授 起草《华为基本法》	IBM参与IPD、ISC、IT S&P 运营体系、采购管理、 财务四统一、IFS、BLM等的建设	贝恩 参与商业模式项目
美世咨询公司 组织设计VDBD战略		埃森哲 参与CRM、LTC项目
毕马威、普华永道、德勤 协助财务管理、审计	华 为	盖洛普开展 客户满意度调研
正邦、奥美 进行品牌管理		波士顿咨询公司 提供战略咨询
德国国家应用研究院 负责质量控制、 生产管理	合益集团 协助人力资源管理：薪酬、 职位、绩效	韬睿 设计股权激励

图 4-4 华为与世界一流管理咨询公司合作概况

在 1997 年之前，华为的产品开发没有规范的流程。销售部门提出需求，研发部门根据需求开发，然后交给制造部门生产，最后发货给客户。这种线性的开发方式，就像没有红绿灯的十字路口，通行量较少的时候，看起来高效便捷，但车流量一旦增加，就会造成拥堵和混乱。随着华为产品越来越多，产品开发的混乱性越来越严重，各个部门之间经常扯皮抱怨。销售抱怨产品质量不行，研发抱怨销售理解客户需求不准确，物流抱怨研发进度太慢等等。IBM 给华为的调研报告曾一针见血地指出："华为没有时间将事情一次性做好，却总有时间将事情一做再做。"

华为轮值董事长郭平说："记得我刚进公司做研发的时候，华为既没有严格的产品工程概念，也没有科学的流程和制度，一个项目能否取得

第四章　华为营销体系流程化建设

成功，主要靠项目经理和运气。我负责的第一个项目是 HJD 48，运气不错，为公司挣了些钱。但随后的局用机就没那么幸运了，亏了钱。再后来的 C&C08 交换机和 EAST 8000，又重复了和前两个项目同样的故事——C&C08 非常成功，同期的 EAST 8000 却被归罪于名字取得不好，成了'易死的 8000'。这就是 1999 年之前华为产品研发的真实状况，产品获得成功具有一定的偶然性。可以说，那个时代华为研发依靠的是'个人英雄'。正是看到了这种偶然的成功和个人英雄主义有可能给公司带来的不确定性，华为在 1998 年引入 IBM，开始了管理体系的变革和建设。经历了削足适履、'穿美国鞋'的痛苦，实现了从依赖个人的、偶然的推出成功产品，到可以制度化可持续地推出满足客户需求的、有市场竞争力的成功产品的转变，从偶然性成功到必然性成功。"

　　1997 年圣诞节前一周，任正非带队考察了美国 IBM、休斯、朗讯和惠普四家世界级企业。虽然圣诞节前夕美国各大企业都已经放假了，但 IBM 包括 CEO 郭士纳在内的高层领导均照常上班，并真诚而系统地向任正非介绍了他们的管理内涵。听了一天的管理介绍，任正非对 IBM 这样的大型公司的有效管理和快速反应有了新的了解，对华为本身存在的缺陷以及如何在扩张过程中解决管理不善、效率低下和浪费严重的问题有了新的认识，而且对华为在未来的成长与发展过程中如何少走弯路，也有了新的启发和思路。尤其让任正非由衷敬佩的是，郭士纳作为 IBM 的灵魂人物，不仅具有罕见的坚强意志和变革勇气，而且为人处世极其低调。正是凭借这种务实精神，他才得以集中全部精力在 IBM 建立了世界一流的业务流程、高度透明的发展战略及高绩效的企业文化，最终将 IBM 从死亡之谷带到辉煌的巅峰。这一切，让任正非怦然心动，他认为若要华为像 IBM 一样强大，不仅自己要以郭士纳为榜样，而且华为必须虔诚地拜 IBM 为师，要不惜一切代价将其管理精髓移植华为身上。这是华为成为世界一流企业的必经之路，也唯有如此，华为才能逐步走向规范化、职业化和国际化。

　　IBM公司于1911年在美国纽约成立。1993年的IBM有30多万名员工，连续3年亏损，当年的亏损额高达80亿美元，面临被肢解、破产的风险。1993年4月1日是个极不寻常的愚人节。就在这一天，郭士纳接手IBM公司，担任董事长兼CEO。他认真研究分析了IBM失败的原因之后，以强硬的手段废除了臃肿、庞大的"对人不对事"的官僚体制，建立了以绩效和流程标准为主导的决策机制，废除IBM已经僵化、落伍的企业文化，建立了"以客户为导向"的企业文化。同时，针对IBM技术强大但反应迟钝的顽疾，郭士纳大胆采用IPD（集成产品开发）的研发管理模式，从流程重整和产品重整两个方面来缩短产品上市时间并提高产品利润，并最终使IBM完成了由技术驱动向市场驱动的商业模式的转型。历时5年励精图治的变革，在付出了80多亿美元的行政费用和15万名员工被裁员的沉痛代价之后，IBM终于起死回生：1997年其股票市值增长了4倍，销售额达750亿美元。郭士纳重新创造了IBM辉煌的业绩并书写了现代企业的神话。

　　华为是IBM在中国的第一个管理咨询项目，树立样板点的意义重大。IBM方安排周伟焜参加商务谈判。周伟焜，1947年出生于香港，以严谨、务实、精干而深得郭士纳的赏识，并自1995年7月起担任IBM大中华区董事长及首席执行官。

　　商务谈判在晚餐后进行。周伟焜提出，IBM方面的70位顾问按级别分为三类，每小时收取的费用分别为300美元、500美元和680美元，为期五年。即要完成这次管理变革，华为要投入20亿元人民币。话音刚落，会场瞬间响起嘘声。一位副总裁心痛地对任正非悄声说："这相当于华为一年多的利润了，我们砍砍价吧。"任正非反问道："砍了价，你

第四章　华为营销体系流程化建设

能对项目的风险负责吗？"所以对于周伟焜的报价，任正非只认真地问了一句："你们有信心把项目做好吗？"周伟焜沉思片刻后，回答了一个字："能！"于是任正非当场拍板。会谈结束已近深夜，此时郭士纳正在美国 IBM 总部主持办公会议。周伟焜把电话打给郭士纳的秘书，详细汇报了商务谈判过程，尤其提到任正非没有还价，虽然如果还价，可能会有几亿元人民币的差价，对 IBM 来说也只是个零头，但任正非不还价的态度让郭士纳肃然起敬。沉默了一会儿，郭士纳只对秘书说了三个字："好好教。"

华为只有认真向 IBM 学习，才会使自己少走弯路，少交学费。IPD 是 IBM 付出数十亿美元的代价才总结出来的，他们经历的痛苦是一笔宝贵的财富。

1998 年 8 月 10 日，任正非召集了由上百位副总裁和总监级干部参加的管理会议，宣布华为与 IBM 合作的 IT 策略与规划项目正式启动，内容包括华为未来 3—5 年向世界级企业转型所需开展的 IPD（集成产品开发）、ISC（集成供应链）、IT 系统重整、财务四统一等八个管理变革项目。会上任正非宣布了以孙亚芳为总指挥、郭平任副组长的变革领导小组的成员名单，同时宣布了由研发、市场、生产、财务等富有经验的 300 多名业务骨干所组成的变革团队干部任命，全力以赴配合 IBM 顾问的各项工作。1998 年 8 月 29 日，随着第一期 50 多位金发碧眼的 IBM 顾问进驻华为，一场旷日持久的全面学习 IBM 的管理变革运动拉开大幕。

华为人发现 IBM 顾问与以前的顾问截然不同，他们态度非常强硬。比如在进行访谈期间，顾问们一律要求华为干部讲英语，而且有时提问相关问题时，不让他们过多地问为什么，只允许他们回答是或不是。而为了挖掘第一手资料，IBM 顾问甚至把大部分时间花在每天加班到深夜的研发人员身上，就加班问题的起源以及避免加班的种种可能性和可行性展开讨论。经过半个多月的访谈，他们在纷繁复杂的华为发展脉络中整理出头绪和思路，并通过逆向思维，对华为的管理现状做出了全面的剖析和诊断。

1998年9月20日，任正非率领数十位华为副总裁早早来到会场，会议室里座无虚席。IBM顾问站在台前，系统而细致地阐述了对华为管理问题的十大诊断：

（1）缺乏准确、前瞻的客户需求关注，反复做无用功，浪费资源，造成高成本；

（2）没有跨部门的结构化流程，各部门都有自己的流程，但部门流程之间是靠人工衔接，运作过程被割裂；

（3）组织上存在本位主义，部门墙高耸，各自为政，造成内耗；

（4）专业技能不足，作业不规范；

（5）依赖"个人英雄"，而且这些"英雄"难以复制；

（6）项目计划无效且实施混乱，无变更控制，版本泛滥；

（7）决策缺乏科学的方法论指导和IT支撑；

（8）缺乏承诺管理，用质量换进度，网上压力过大；

（9）研发部门对技术与功能的开发重视，但对产品的可靠性与稳定性重视不够；

（10）产品交付质量不稳定，频发的售后服务冲击了研发节奏，蚕食了利润。

当顾问说完第6条时，会场上立刻出现了一阵骚动。虽然在此之前，任正非和其他华为高层都很清楚研发体系存在的问题，但又无法准确说出问题的症结所在。现在顾问们列举的问题十分尖锐，直接触及到任正非的痛处，他的表情也变得越来越凝重。于是，他向顾问做了一个T型手势示意暂停，然后让秘书打电话把公司其他副总裁和总监级干部全部都叫到会场。上百名高层干部陆续到场后，人满为患，又不能临时更换会场，任正非便示意大家把会议桌往前后左右移动，然后在中间地带腾出一片空地，让这些华为的高层干部们席地而坐，做虔诚的好学生。

尽管人数增加了一倍，但整个会场鸦雀无声。任正非正襟危坐、神情严肃。在台上的翻译不小心解释错了顾问的一个英文单词，有位高管用很小的声音纠正了一下，结果被任正非用严厉的眼神制止。

报告会结束后，在交流及答疑过程中，任正非和李一男曾提出质疑："为什么把华为定位成一个量产型公司？华为每年将销售额的10%投入研发，应该是一个创新型公司。"顾问不仅没有做出解释，而且声色俱厉地反问："请二位阐述一下，创新型公司的界定标准是什么？量产型公司与创新型公司的差别要素又是什么？"

经过翻译，顾问的火药味已经被淡化，但任正非还是从顾问的眼神和语气中感受到了异常。听着顾问对量产型公司和创新型公司的诠释，任正非不停地做着笔记，还不时地点头表示赞同。汇报会结束后，任正非庆幸地说："这次请IBM当老师请对了。华为就是要请这种敢骂、敢叫板的顾问来做项目。"

从IPD流程建设看华为的流程变革

集成产品开发（Integrated Product Development，简称IPD）是一套产品开发的模式、理念与方法。IPD的思想来源于美国PRTM公司开发的一套产品开发管理方法论PACE（Product And Cycle-time Excellence产品及生命周期优化法），IBM公司率先应用了IPD的方法，在综合了许多业界最佳实践要素的框架指导下，从流程重整和产品重整两个方面来缩短产品上市时间，提高产品利润，有效地进行产品开发，达到市场成功。IBM的IPD对PACE进行了取舍和优化，进而形成了一套IBM关于产品开发的方法论体系。

  IPD体系中最重要的三大流程是市场管理流程、需求管理流程和集成产品开发流程。IPD强调市场导向和投资驱动，它从市场需求、异步开发、投资组合、矩阵式组织、跨部门团队、结构化流程、管道管理和计量标准等方面为企业创造了更加科学规范的运营管理模式和业务流程体系，并以客户需求为导向做出产品投资决策和产品开发决策。在产品开发过程中，构筑客户关注的质量、成本、可制造性、可用性和服务，从而降低运营成本，提高产品价值和销量。实施IPD的企业还具备管理长期产品和分布式团队的能力。图4-5是1999年前后IPD体系的流程框架。后来，华为有了战略管理流程，就把IPD的前端输入修改为战略管理流程输出的业务计划。

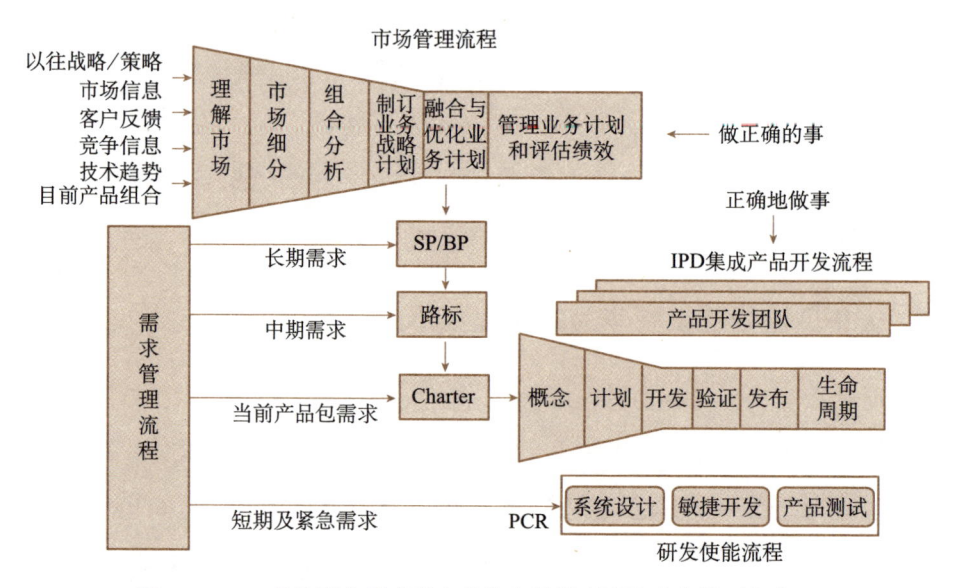

图4-5　IPD是从客户需求到产品发布的端到端集成产品开发流程

注：SP指Strategy Planning战略计划；BP指Business Planning业务计划；Charter指产品任务书；PCR指Plan Change Request计划变更申请。

IPD 作为先进的产品开发理念，其核心思想概括如下：

（1）新产品开发是一项投资决策。IPD 强调要对产品开发进行有效的投资组合分析，并在开发过程设置检查点，通过阶段性评审来决定项目是继续、暂停、还是改变方向。

（2）基于市场的开发。IPD 强调产品创新一定是基于市场需求和竞争分析的创新。为此，IPD 把正确定义产品概念、市场需求作为流程的第一步，开始就把事情做正确。

（3）跨部门、跨系统的协同。采用跨部门的产品开发团队 PDT（Product Development Team），通过有效的沟通、协调以及决策，达到尽快将产品推向市场的目的。

（4）异步开发模式，也称并行工程。就是通过严密的计划、准确的接口设计，把原来的许多后续活动提前进行，这样可以缩短产品上市时间。

（5）重用性。采用公用构建模块 CBB（Common Building Block）提高产品开发的效率。

（6）结构化的流程。产品开发项目的相对不确定性，要求开发流程在非结构化与过于结构化之间找到平衡。

IPD 框架是 IPD 的精髓，它集成了代表业界最佳实践的诸多要素。具体包括异步开发与共享基础模块、跨部门团队、项目和管道管理、结构化流程、客户需求分析、优化投资组合和衡量标准。

IPD 的特点共有以下五个方面：

（1）跨部门团队。IPD 有四种基本团队：集成组合管理团队 IPMT，负责某个产品线；跨部门高层团队，负责管理业务组合；产品开发团队 PDT，负责推出产品；跨部门的重量级项目团队，负责将产品推向市场。

（2）结构化的流程。IPD 流程分为六个阶段、六个技术评审点及四个主要决策评审点（DCP）（如图 4-6），这些阶段和决策评审点由跨部门团队进行计划和管理。六个阶段包括概念、计划、开发、验证、发布及生命周期，每个阶段有其阶段性的目标、关注点及需交付的成果。

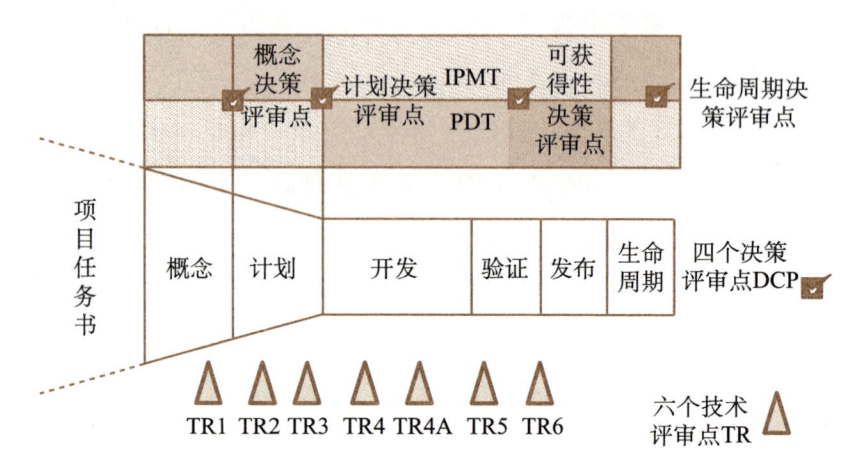

图 4-6 产品开发流程分为六个阶段、六个技术评审点和四个决策评审点

注：IPMT 指集成组合管理团队，PDT 指产品开发团队。

TR评审对象	TR1	TR2	TR3	TR4	TR4A	TR5	TR6
评审对象	产品需求产品概念	产品规格	概要设计	详细设计单元测试结果	转初始产品生产集成准备情况	系统集成测试的结果	内部测试和外部测试的结果

（3）一流的子流程，包括计划与控制、阶段决策、技术评审、以用户为中心的设计、CBB 重用、文档管理、质量控制、物料管理、软硬件设计、技术管理及管道管理等。

（4）IPD 工具，包括业务及技术上的共工具。

（5）考评，包括团队和个人绩效考核两个方面。首先是基于产品开发团队的指标，如上市时间、盈利时间和公用构建模块等；其次是基于个人的指标，包括进度或计划完成率、质量、公用构建模块、关键行为指标等。

流程管理变革是一项非常复杂的系统过程，如果企业要实施变革并希望把变革的目标落到实地，那就需要强有力的组织保证，至少要做三个层面的工作：第一，任何变革都是企业一把手工程，企业的一把手要对整个变革做出承诺。通过核心高管的主动推动和关注，促进变革成功。对于阻碍变革的力量，要及时清理。华为在变革的过程中，辞退或降职过很多不配合变革的干部及人员。第二，成立变革指导委员会或变革指导小组（根据变革涉及的范围大小）。组织变革往往涉及企业多个部门，而且涉及的面很宽，程度也很深，有变革指导委员会或变革指导小组对于领导整个变革非常重要。第三，如果变革项目比较大，有若干相关项目，且下面又包含若干子项目，那就需要成立变革项目管理办公室或类似机构，以便从更高层面协调项目与项目之间的关系。如果变革项目很小，那变革项目管理办公室可能就不必专门设立。

华为的变革项目管理办公室是变革指导委员会的秘书机构。变革工作的总体协调也是由变革项目管理办公室负责的。它的任务大体上如下：对公司级变革项目进行年度规划及滚动审视，组织落实变革项目的筹备、启动，监控项目运作并提供指导，识别项目之间的依赖关系、风险、问题并提出建议，负责项目或多项目管理，咨询合同、项目目标、进度、质量、风险、项目预算、项目资源保证以及跟各相关方面的沟通、项目过程监控、专家及顾问的管理等。

作为华为变革项目管理办公室的一员，我有幸参加了华为一系列的重大变革项目的管理工作，与十几家世界一流咨询公司的优秀顾问们一同工作，学习、消化、吸收了这些咨询公司的先进理念和方法论精髓。亲身体验了管理变革过程中的困难和阻力，也亲眼看到了管理变革给华为带来的累累硕果，使华为快速高效地发展成为业界第一。

华为 规模营销法

IBM 首席顾问的电话面试

当年，我还在国内某办事处工作，IBM 首席顾问陈青茹（Arleta Chen）和变革项目管理办公室的领导们电话面试我。电话这头，我介绍了在办事处的任职情况，他们问了我一些有关市场、客户、产品等相关情况，我都一一作答，最后，陈青茹问我："你对华为怎么看？你对华为的未来怎么看？"我很自信地回答道："华为是我认为唯一值得打工的公司，我 1988 年硕士毕业就分配到了深圳工作，在政府机关、国营大企业都工作过，1996 年加入华为后，感觉这个公司太讲诚信、太有朝气、太有前景了，值得信任，我毅然把档案都调到华为了。我也听说了，有个匿名'魏华'的人，给国务院、给华为客户发告状信，说华为贷款 30 多个亿，欠员工十几个亿，随时会倒闭。这明显是诬告嘛！我现在是办事处的产品副主任，我们每个月的销售额、回款额、大致利润情况，我一清二楚，公司要求办事处每年回款率要达到 85%，否则，办事处的年终奖金包打六折，我们都能超额完成。这在拖欠货款严重、三角债遍布的国内企业界几乎是一股清流。华为在这样恶劣的环境里能够做得这么好，太不容易了，华为太难了！如果连华为这样的优秀企业都倒闭了，中国就不会有优秀企业了，中国就没有希望了！"后来，我到了变革项目管理办公室工作后，听说当时仅市场部就有六个电话面试候选人，最终，只选了我一个。我非常珍惜在变革项目管理办公室的工作机会，每天在公司最高领导层身边工作，亲身感受着他们的敬业、奉献和拼命精神，同时，也感受到他们远超常人的压力、艰辛和疲惫。他们使我异常感动，所以我工作起来也异常努力，并不断鞭策自己多学习、多进步。

在 IBM 顾问培训的初期阶段，许多员工趴在桌子上睡觉，一部分干部也经常迟到早退。有的员工还没有搞明白 IPD 究竟是什么，便质问 IBM 顾问这

第四章　华为营销体系流程化建设

套流程是不是适合中国国情、华为司情，甚至直接挑战顾问："华为的业务流程比美国企业的还要先进，因为朗讯、西门子等美国、欧洲顶尖企业，在中国通信市场上已经被我们打败了。"为了让在家门口偶然打了几次胜仗的华为人冷静下来，谦虚地、心悦诚服地拜师学艺，1999年4月17日，任正非在华为IPD动员大会上进行了训话："我们有幸能找到一个很好的老师，这就是IBM。华为公司的最低纲领应该是要活下去，最高纲领是超过IBM。所以你们大家认为可不可以（向IBM）学习？……不好好学习IPD的人要除名，没有充分理解而想要改变IPD的人，请他出去，那些长期不能理解IBM的IPD改革内涵的人，也请他出去。不换思想就换人。推行流程的态度要坚决：不适应的人下岗，抵触的人撤职。"随后进行的大范围的"削足适履"，正值全球IT寒冬，3 000多名失去职务的骨干和因为无法忍受"削足适履"痛苦的研发人员，陆续选择离开了华为。

　　选好老师、一把手认识到位且亲自推动、总体规划分步实施的策略和有效的变革管理方法是IPD成功实施的关键因素。IBM推行IPD的顾问团队主管Cris是个女顾问，长得高高大大，尽心尽责。她在IBM就是推行IPD的骨干，是个非常难得的有经验、有能力、有方法的优秀顾问。她非常强势，有的高层干部做事稍微慢了一点，她都会去找孙亚芳或任正非来协调。还有IBM资深顾问Mee王，温文尔雅，严谨规范，对于安排的所有事，都会非常准时地很好地完成，表现出优秀顾问的职业化和亲和力。

　　任正非说："IBM确实是世界上很优秀的公司。我们好不容易请到一个好的老师，而这个老师在帮我们改进管理的过程中表现出他们非常优秀的素质，非常地真诚，他们教我们的方法非常实用。所以我们有幸请到一个好老师，一定要端正我们的学风。我们老师这么诚心诚意地给大家讲，我每次看了都非常感动，IBM顾问每次都这么投入让我很感动，但我们做学生的如果不能让我很感动的话，我认为只有撤职。在这三年的管理转变中，有一些人从高级干部成为普通员工，这是很正常的，有些人从很不起眼的岗位提上来，这也是很正常的。如果全都进步了，反而是不正常的。"

2003年12月，IBM顾问在完成了为期五年的第一期管理变革准备撤出华为的前一天，给研发部门上了最后一堂课。当IBM顾问重新演示了1998年9月在第一堂课上展示的十大管理问题时，在座的绝大多数研发人员惊奇地发现，至少有9个问题已经得到解决并达成共识，IPD终于融入华为人的灵魂和血液之中，改变了华为人的做事方法。从产品开发的第一天开始，从市场到财务、从研发到服务支持……所有责任角色就都参与进来、并在整个过程中行使相应的权利，目标就是满足市场需求并快速赢利。

2003—2008年，又经过5年的实践和持续改进，IPD管理变革的作用终于在华为逐步显现出来：研发项目平均周期从2003年的84周持续缩短到2008年的54.5周，缩短了54%；产品故障率逐步降低到1.3%；客户满意度从2003年的79.8分逐年提高到2007年的85分。

2008—2016年，华为进一步将IPD产品开发流程与供应、销售和服务等领域流程进行对接和集成，提升了全流程竞争力，使得成功地进行产品开发由偶然变成了必然，较好地解决了从1到N的产品和解决方案工程创新问题。

2008年2月29日，华为董事长孙亚芳率领50余名高层干部，举行盛大的欢送晚宴，隆重答谢150多名IBM顾问在过去10年间给予华为的指导和帮助。华为一位负责管理变革的副总裁说："尽管对IBM来说，这只是一个商业咨询项目，但对华为而言，却意味着脱胎换骨。"IBM首

第四章 华为营销体系流程化建设

席顾问陈青茹（Arleta Chen）感慨地说："过去的10年我们耗费了无数的心血和精力，甚至把心也掏给了华为，我们为有机会把华为改造成一家跨国公司而甚感欣慰与骄傲。"

2017年华为销售收入6 036亿人民币，（按期末汇率算）约合925亿美元，首次超过老师IBM的791.39亿美元；此时，爱立信的销售收入为255.92亿美元。

华为1998年8月启动调研，1999年4月启动IPD体系建设，2000年5月导入试点项目运行，IBM顾问在华为的密集服务期持续了27个月。

2000年5月17日，华为无线业务部大容量移动交换机VMSCa6.0产品作为IPD第一个试点，在IBM顾问的指导下，研发周期长达10个月，完成了首次试运行IPD流程。经过三个产品历时一年的试点，IPD流程的实施在华为达到了比较好的效果，产品研发总周期缩短了50%左右。

2002年，所有新启动的项目都按照IPD流程来运作。基于IPD流程体系，在产品设计之初就引入市场、生产、用户服务、财务、采购等代表，给予他们同等的投票权和发言权。市场代表搜集客户信息形成产品概念。研发代表根据产品概念提出研发方案，估算研发周期、人员、所需仪器设备和所需原材料等信息。财务代表根据相关数据算出需投入的研发人员、仪器设备成本、制造成本、物料成本、产品生命周期销售额、利润等。用户服务代表、生产代表、采购代表、品质代表都需提出各自对产品的专业看法。所有的代表同意后形成业务计划书，并提交给产品线IPMT评审。

IBM不仅给华为带来了规范的IPD流程体系，还带来了知识分享的企业文化。研发的IT求助系统和经验库的建设，为新手快速求助和学习

217

提供了保障，以便尽快胜任工作。

　　在基层实现层通过大量的范本、规范和操作指导书，业务运作格式化、规范化的方法及电子流运转，保证业务信息在端到端的流程里贯通，"上游"与"下游"的工作和理解一致，建立了完整的知识结构体系，从整体上大大提升了公司的运作效率。

> **IPD 应用于产品研发的成功案例**
>
> 　　HLR V9 产品，2005 年底启动预研，2008 年初规模销售，至今累计服务用户超过 26 亿，商用局点超过 1 100 套，覆盖 118 个国家和地区，278 个运营商，业界竞争力排名第一。产品推出至今无业务中断大事故，其稳定性、可靠性远超竞争对手的同类产品，获得了客户和市场一线的高度认可，并在 2013 年获得华为总裁嘉奖令。
>
> 　　HLR（Home Location Register 归属位置寄存器）是移动通信网络中用于记录用户数据的数据库，存储用户开户信息（业务签约数据和用户状态）、移动台位置信息、移动台国际 ISDN 号码、国际移动用户识别码等。
>
> 　　这个产品的成功，是华为 IPD 研发流程应用过程中产生的无数优秀产品的一个典型案例。
>
> 　　HLR V9 产品，是 HLR 的第 9 代产品，现任华为西安研究所所长讲过 2006 年发生的第 1 代 HLR 产品的一次网上事故。他当时是 HLR 产品的超级产品开发团队（SPDT）经理，他和研发产品线总裁、中国区市场总裁一起去给客户道歉。那次事故导致业务中断 5 小时，造成的影响很大。运营商给事故定性为"通信中断就是犯罪"。由于事故严重，客户总经理气得不见他们，他们在客户门口等了三个多小时，直到晚上七点多客户才答应见面。他作为华为 HLR 产品研发代表，向客户汇报故障的原因和全

网整改措施，他说："我站在讲台上，声泪俱下。"那天正好是他34岁的生日。汇报完后，客户总经理只说了一句话："作为一个研发人员能够从骨子里认识到产品的问题，饶你一命。"十年的历程，HLR人在产品质量上得到的教训和痛感是深入骨髓的。

从1998年开始，华为第1代HLR因为可靠性的问题，事故连续不断，用户动辄打不了电话，以致HLR一直是无线产品线乃至公司的"负能量"产品。曾有一位HLR的产品开发团队（PDT）经理说："多次出事故，都是公司领导孙亚芳、徐直军、丁耘等去给客户道歉，很多代表处不愿意销售我们的产品。研发团队两次面临解散，员工心灰意冷，不少人选择了离开。留下的，平时走路都要贴着墙根。"

2006年，公司痛下决心，决定要做下一代全新架构的HLR产品。完全按着IPD流程规范运作，2006年1月技术规划，2—3月架构，4月立项，面对网上存量产品事故频发的压力，PDT想走得快一点，到了6月PDT Leader想通过TR1技术评审点。但是，SPDT经理让他拿着架构和方案去找沃达丰Vodafone，去听听客户的声音，看这个架构和方向与客户的期望是否一致。那是PDT Leader第一次单独去见欧洲的大客户，单独一个人宣讲，讲不出完整的句子，就蹦单词，单词蹦不出来就画，就这样，他在欧洲终于搞清楚了客户的完整的需求和期望。回来整改后，想着TR1终于可以过了。结果，研发产品线领导集结了公司架构部、各产品线的总架构师20多人，组成了一个架构评审小组，又花了一个多月时间，提出了38个核心问题。到9月，解决了这些问题，大家同意过概念决策评审点CDCP和核心网IPMT两次会议，会议进行了长达5个小时的讨论决策，终于给产品开发打响了发令枪。PDT Leader说："当时被折磨得不行，老觉得所有人都在拖我们的进度。自己觉得已经想清楚了，可以往前走了，但是领

> 导老逼着我们去见客户、去跟周边专家沟通，从来没有这么折腾过。但事后发现，这些措施都是非常有用的。"
>
> 2007年底，HLR V9开始实验局，2008年零偏差GA（General Availability 正式发布的版本）上市，经受住了国内集采和巴基斯坦6 000万用户的考验。初步上网的成功交付，震撼了竞争对手，也作为样板点开启了V9产品"所向披靡"的历程——当年全面铺开销售，获得全球客户的普遍认可。2009年从连年亏损的产品走向规模盈利。HLR研发团队倔强地憋了10年，卧薪尝胆，终于从泥坑里爬起来，用一款好产品证明了自己的价值和尊严。现在的HLR V9，单局容量过千万的已经有40多套，最大容量已经过亿。PDT经理说："我们对这个产品网上质量负有终身责任。"

华为IPD变革的成功，不能仅仅归结于IPD系统本身，我们还要看到华为在IPD变革时的认知和方法。华为从一开始就认为变革是一个长期的过程，不可能一蹴而就，变革应该是一个循序渐进的过程。一直到2010年以后，华为还在持续进行IPD的变革，不断优化和固化。IPD变革让华为习惯了改变，这为后来其他的变革项目松了土壤。

华为流程变革的经验教训总结起来就是"三个原则，七个反对"。

原则一，坚持"先僵化、后优化、再固化"。

僵化就是学习初期阶段的"削足适履"，就是将学习对象的具体做法和背后的假设前提，全面地、系统地、无遗漏地模仿和复制下来，僵化过程是全面学习复制的过程。

优化是僵化后的必然阶段，只有经过僵化学习阶段，我们才能全面深入理解最佳实践的精华所在，才能够真正意识到最佳实践对于我们的真正价值，掌握最佳实践在我们的企业中需要去改进和优化的地方，此时的改进对于企业才是具有实际价值的。

固化是将僵化和优化的成果转变为制定系统和文化系统，指导和监督我们的行为方式，最终固化我们的思想与意识。固化的意义并非是永远不再改变，而是将最佳实际成果的内化过程转化为一种永恒的机制，这是一种持续自我批判与自我优化的机制。

原则二，坚持"小改进、大奖励，大建议、只鼓励"。

"能提大建议的人已不是一般的员工了，也不用奖励，一般员工提大建议，我们不提倡。每个员工做好本职工作，大的经营决策要有阶段的稳定性，不能每个阶段大家都不停地提意见。我们鼓励员工做小改进，将每个缺憾都弥补起来，公司也就有了进步，所以我们提出'小改进、大奖励'的制度，就是倡导大家做实。"任正非说。

原则三，坚持改进、改良和改善，持续地推行管理变革。

华为提倡循序渐进、提倡继承与发扬、提倡改良，鼓励持续地提高人均效益、构建高绩效的企业文化；反对大刀阔斧、反对急躁冒进，因为牵一发而动全身，随意的改进就是高成本。任何一个新的主管上任的时候，都不能大幅度地推翻前任的管理，华为新主管在变革超过一定的限度时就会被弹劾。管理变革要采取补台，而非拆台的政策，赞成改良而不希望天翻地覆的改革。

"七个反对"包括：

（1）坚决反对完美主义

任正非说："我们搞流程的人不存在完美，流程哪来的完美？流程是发展的、改变的，外部世界都在变，你搞完美主义我时间等不起，你可能要搞一年，但是我希望你半年搞出成果！"所以他反对完美主义。

（2）坚决反对烦琐哲学

在内部做流程变革的时候，如果一个流程出现了第五个控制点，我们首先会问为什么会出现第五个控制点？然后就是为什么不能干掉一个控制点？华为内部把这种做法叫作"川普日落法"，就是要砍掉东西，反对烦琐。

（3）坚决反对盲目的创新

反对盲目创新，就是要反对员工自以为是的那套东西，华为要求员工保持空杯心态，开放地去学习美国先进的企业管理理念。

（4）坚决反对没有全局效益提升的局部优化

搞变革是可以的，但是要打消很多部门个人局部的利益，让全局的利益来解决局部的利益。如果这项变革，只能给你一个部门带来利益，对华为公司整体却毫无益处，那就不要搞！

（5）坚决反对没有全局观的干部主导变革

主导变革的干部一定要具有全局观，变革一定要以一线干部为主。如果老板说要搞业务变革，但是主导变革的干部不理解变革的目的，那他还适合站在这个位置上吗？不适合！不适合就要让路。流程变革的目的就是要动人，如果人都动不了，老板怎么管理这个企业？

所谓成功的变革，就是当变革完成以后，老板想动谁就动谁，因为动了谁，业务都不会受影响，这就是业务变革真正的目的。

（6）坚决反对没有业务实践经验的人参加变革

主导变革的人一定要有丰富的经验，没有经验，别人说什么是什么，那肯定不行。所以在华为变革的过程当中，会邀请很多资深的顾问，比如当时有一个六十多岁的老人，以前在IBM做数据管理，退休了又去给美国政府做数据变革，华为请他来做顾问，这样的顾问才是真正经验丰富的变革高手，他敢挑战业务，提出自己的意见，这就是经验的重要性。

（7）坚决反对没有充分论证的流程进行实用

变革的流程需要论证，流程设计出来之后需要先验证，验证完了以后再到代表处去试运行，代表处试运行完了之后再做适当的推广，直到最后的全球推广。

　　流程架构是企业架构的组成部分，反映企业的战略使命及目标。流程架构定义了业务流程、信息流以及执行业务运作中需要的信息，包含业务运作模式，关注各业务领域并反映流程的变化。图 4-7 为华为的流程架构，体现了流程的结构化整体框架，即要素及其关系，描述企业流程分类、层级以及边界、范围、输入和输出关系。

业务战略、Initiative、组织	业务流程	数据	应用	架构集成
•战略 　-定义 　-组织/区域 　-支撑战略的流程及应用 •Initiative 　-定义 　-范围和计划 　-组织 　-Initiative支撑的战略 　-Initiative支撑的流程 　-支持Initiative实现的应用 •组织架构 　-业务单元 　-区域 　-支撑的流程、应用	•业务流程 　-定义 　-层级（父、子流程） 　-组织（Owner、User等），管理体系 　-Metics 　-流程支撑的战略 　-支撑流程的应用 •业务流程架构（BPA） 　-流程层级架构 　-流程关联和集成 　-业务信息流 •端到端业务线视角 　-支撑的流程 　-业务信息流 •区域视角	•主题数据 　-定义 　-层级 　-Data Steward 　-相关的数据实体 　-相关的数据模型（关系） •数据实体 　-定义 　-属性 •数据使用（CRUD） 　-流程与数据关联 　-应用与数据关联 　-高度共享数据 •逻辑数据模型 　-E/RDs及业务规则 •物理数据模型 •数据字典	•应用系统 　-定义 　-类型 　-业务Owner等基础信息 　-支撑的流程 　-和数据的关联 　-部署的组织、区域和状态 •项目、技术和版本信息 •性能信息 •信息流 　-描述 　-数据输入和输出 　-与主体数据和数据实体关联 　-需要的数据源 　-频率 　-其他相关接口	•流程与应用匹配架构（High Level、领域内和跨领域） •流程与数据匹配架构（High Level、领域内和跨领域） •端到端业务线集成架构 　-流程和应用匹配 　-流程和数据匹配 •区域集成架构 　-流程和应用匹配 　-流程和数据匹配 •路标规划

图 4-7　华为的流程架构

　　华为是一个全流程管理的公司，做到了流程全覆盖，所有的业务都基于流程。在 IBM 的帮助下，华为完成了基于公司业务的流程总体架构，把企业所有的活动纳入到了 17 个一级流程里面。

　　与华为营销强相关的一级流程包括：1.0 集成产品开发、2.0 市场到线索、3.0 线索到回款、4.0 问题到解决、5.0 开发战略到执行。后来，由于企业业务和消费者业务的不断扩大，把 14.0 渠道、16.0 零售、17.0

云服务这三个流程升级到公司一级流程（如图 4-8 所示）。

```
┌─────────────────────────────────────────────┐
│  5.0 Develop Strategy to Execute 开发战略到执行  │
├─────────────────────────────────────────────┤
│       1.0 IPD 集成产品开发                    │
│       2.0 Market to Lead 市场到线索           │
│       3.0 Lead to Cash 线索到回款             │
│       4.0 Issue to Resolution 问题到解决      │
│       14.0 Channel 渠道                      │
│       16.0 Retail 零售                       │
│       17.0 Cloud services 云服务             │
├─────────────────────────────────────────────┤
│   15.0 Manage Capital Investment 管理资本运作  │
│   6.0 Manage Client Relationships 管理客户关系 │
│       7.0 Service Delivery 服务交付           │
│       8.0 Supply 供应链                      │
│       9.0 Procurement 采购                   │
├─────────────────────────────────────────────┤
│       10.0 Manage HR 管理人力资源             │
│       11.0 Manage Finances 管理财经          │
│   12.0 Manage BT&IT 管理业务变革和信息技术     │
│   13.0 Manage Business Support 管理业务支持   │
└─────────────────────────────────────────────┘
```

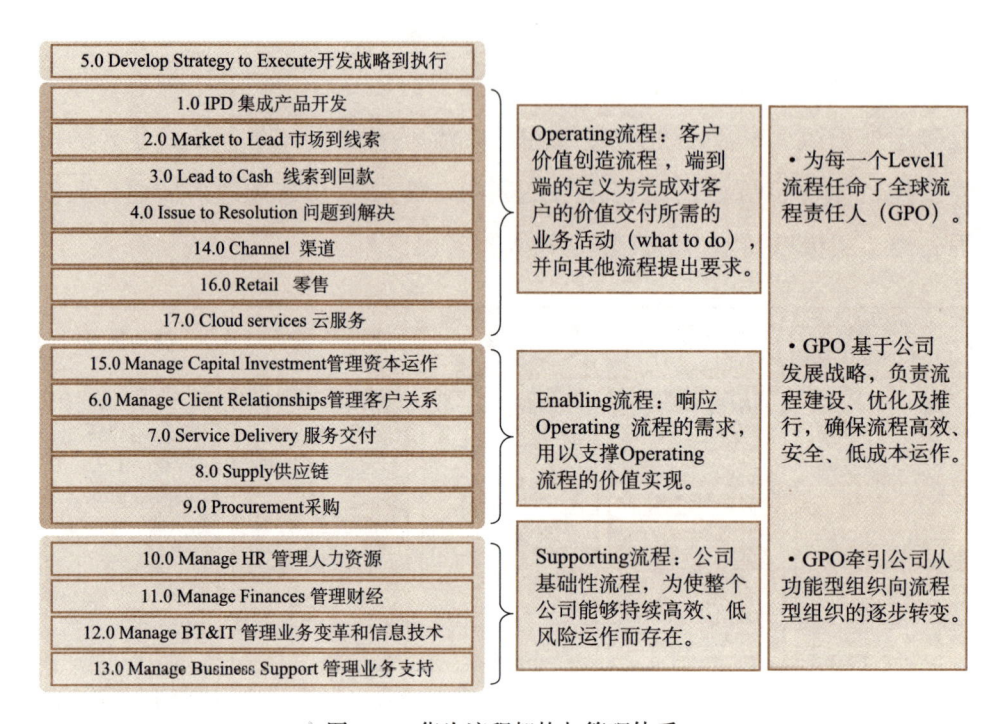

- Operating 流程：客户价值创造流程，端到端的定义为完成对客户的价值交付所需的业务活动（what to do），并向其他流程提出要求。

- Enabling 流程：响应 Operating 流程的需求，用以支撑 Operating 流程的价值实现。

- Supporting 流程：公司基础性流程，为使整个公司能够持续高效、低风险运作而存在。

- 为每一个 Level1 流程任命了全球流程责任人（GPO）。

- GPO 基于公司发展战略，负责流程建设、优化及推行，确保流程高效、安全、低成本运作。

- GPO 牵引公司从功能型组织向流程型组织的逐步转变。

图 4-8 华为流程架构与管理体系

华为流程分为六级，一、二级流程（L1—2）用于流程管理，回答 why to do 的问题，支撑公司战略和业务目标实现，体现公司业务模型并覆盖公司全部的业务，对应公司高层决策者；三、四级流程（L3—4）用于落实方针政策和管控要求，回答 what to do 的问题，聚焦战略执行，体现创造客户价值的主要业务流及为实现主业务流高效和低成本运作所需要的支撑业务，对应公司中层管理者；五、六级流程（L5—6）用于将流程要求落实到人（角色），使之可执行，回答 how to do 问题，完成流程目标所需要的具体活动及任务，体现业务的多样化和灵活性，对应公司基层员工。（见图 4-9）

第四章　华为营销体系流程化建设

```
Level 1  流程分类 ─── 用于流程管理，回答why to do的问
Level 2  流程组           题，支撑公司战略和业务目标实现，
                          体现公司业务模型并覆盖公司全部
                          的业务。

Level 3  流程       ─── 用于落实方针政策和管控要求，回
Level 4  子流程         答what to do的问题，聚焦战略执行，
                          体现创造客户价值的主要业务流及
                          为实现主业务流高效和低成本运作
                          所需要的支撑业务。

Level 5  流程活动   ─── 用于将流程要求落实到人（角色），
Level 6  流程任务         使之可执行，回答how to do问题，
                          完成流程目标所需要的具体活动及
                          任务，体现业务的多样化和灵活性。
```

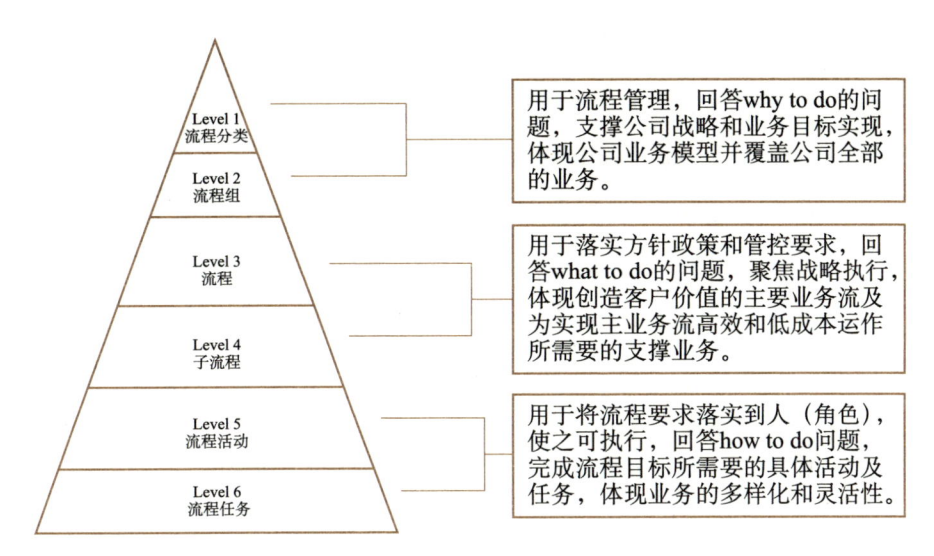

图 4-9　华为业务流程的等级

　　华为是一个全流程管理的公司，它的研发、交付、采购、供应链、财经等业务也是全面流程化的，也有自己的流程 Owner。销售与研发之间的业务交互，就通过流程与流程之间的集成来实现，比如市场向研发提供客户需求，市场部门会通过需求流程来传递给研发，研发对于需求的承诺，也会通过需求流程传递回市场部门，这个传递的点，叫作集成点。在集成点上，会明确双方各自的职责、分工与协同机制、质量要求等，比如基于项目的客户需求有个明确的要求，就是需求电子流提交到研发以后，研发必须在规定的时间内回复需求是否被接纳。如果接纳了，研发还要答复什么时候能够提供产品，这样的业务集成可以提高企业的组织运作效率。

华为的市场管理流程与战略管理流程

市场管理流程

　　公司发展壮大了、有钱了，什么都想做，而客户的需求也变得五花八门、日益增多。华为在研发投入上每年浪费的资金累积起来非常可观！如

何将有限的资金投入到研发客户最想要的产品及产品性能上？怎样通过明智的投资创造最大的价值？花最少的钱，办最大的事？要靠市场管理流程。

市场管理（Market Management）流程在狭义上指的是营销管理，广义的市场管理还包括需求管理和品牌管理等。市场管理流程是一套系统的方法，用于对广泛的市场机会进行选择收缩，制定出一套以客户为中心的、能够带来最佳业务成果的战略与计划。市场管理流程的目的是为华为所有产品线、产品族及产品营销计划实现价值创造提供一致的分析。这样，华为能够通过明智的投资创造最大的价值。

市场管理流程是一个业务流程。它运用严格、规范的方法对市场走势及业务需求进行分析，创建合理的市场细分规则，对要投资和取得领先地位的细分市场进行选择和优先级排序，从而制订可执行的业务计划。市场管理以资源分配最佳化为前提，对广泛机会进行选择，明确合理的客户群和产品结构，并制订可盈利的行动策略和计划。市场管理流程用于解决产品规划问题，保证企业做正确的事（如图4-10）。

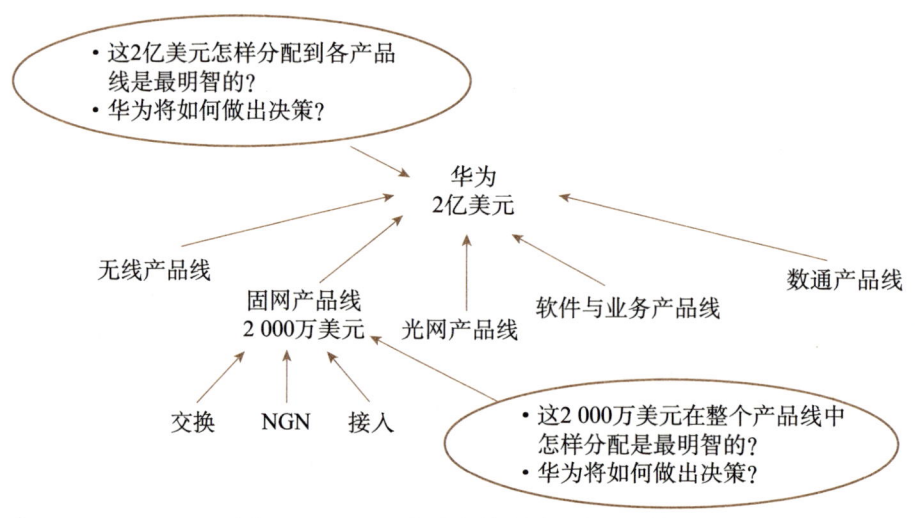

图4-10 通过明智的投资创造最大的价值

资料来源：华为公司2002年发布的《市场管理流程指南》。

第四章　华为营销体系流程化建设

市场管理流程是 IPD 体系的最前端流程（见图 4-11），是运用了 IPD 思想的产品开发过程与传统的产品开发过程最显著的差异之一，也是决定产品商业成功的关键步骤。华为公司针对 IPD 的运作，于 2002 年 11 月 27 日专门发布了《市场管理流程指南》，对市场管理流程的各个步骤和使用的工具、方法做了详尽的说明。

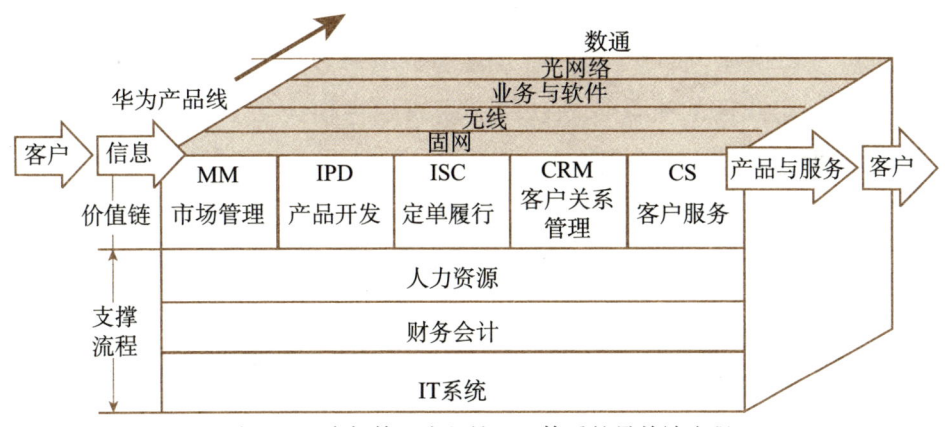

图 4-11　市场管理流程是 IPD 体系的最前端流程

注：MM 指 Market Management 市场管理；IPD 指 Integrated Product Development 集成产品开发；ISC 指 Integrated Supply Chain 集成供应链；CRM 指 Customer Relationship Management 客户关系管理；CS 指 Customer Services 客户服务。

市场管理流程的核心思想是：

- 与公司战略有机融合，以产品线业务计划为核心；
- 以统一方法制订公司、产品线、细分市场和产品包业务计划；
- 打通市场和研发，使研发以市场为导向；
- 基于客户需求的结构化流程／分析工具体系；
- 贯穿始终的投资组合决策分析；
- 融合公司各职能规划的市场导向的业务计划；
- 跨部门团队运作。

市场管理流程是一个非常复杂、大而全的由众多经典分析工具和先进管理方法组成的集合。仿佛做任何事都能在市场管理流程中找出一些分析方法，得到一定的指导或启示。这里大致把市场管理流程的几个阶段的方法、过程介绍一下，不一定全面，很多经典的分析工具，大家可以自己找到，就没有在这里详细介绍。但是，通过下面的介绍，可以了解到企业信息的来源、收集和分析信息的方法及企业怎样在众多纷杂的信息中分析、归纳和总结出想要的关键信息，从而制订出一整套的、多层面的业务策略和计划。

市场管理流程（图4-12）可分为理解市场、进行市场细分、进行组合分析、制定业务战略与计划、跨产品线融合和优化业务计划、管理业务计划和评估绩效六大阶段。

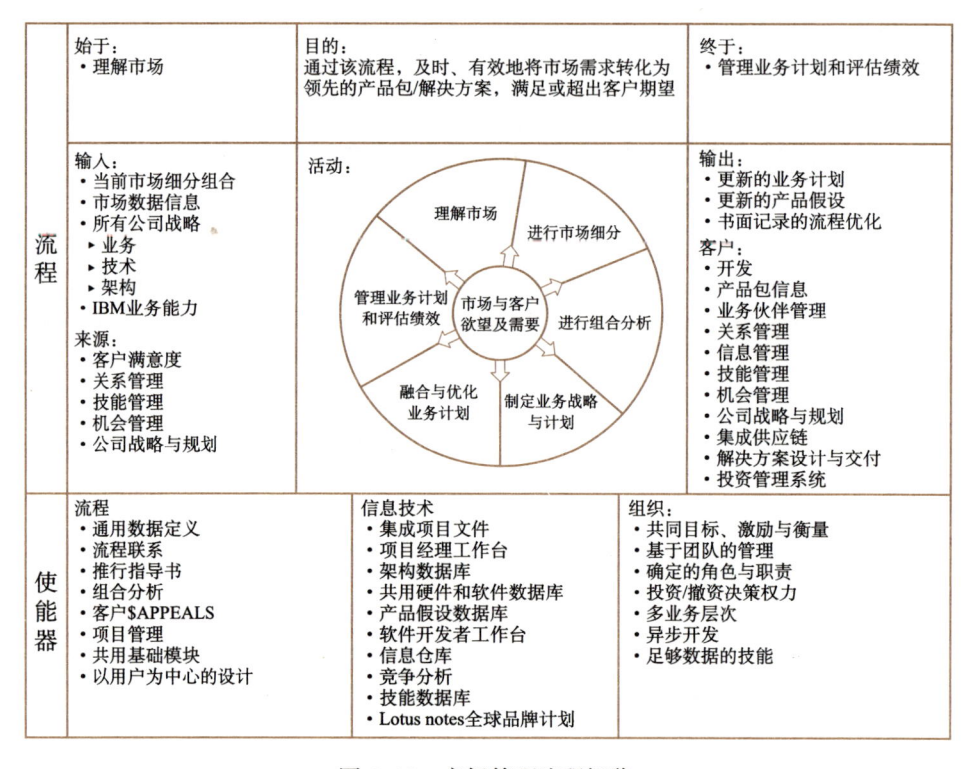

流程	始于： • 理解市场	目的： 通过该流程，及时、有效地将市场需求转化为领先的产品包/解决方案，满足或超出客户期望	终于： • 管理业务计划和评估绩效

	输入：
	• 当前市场细分组合
	• 市场数据信息
	• 所有公司战略
	  ▸ 业务
	  ▸ 技术
	  ▸ 架构
	• IBM业务能力
	来源：
	• 客户满意度
	• 关系管理
	• 技能管理
	• 机会管理
	• 公司战略与规划
		活动：
		（理解市场、进行市场细分、进行组合分析、制定业务战略与计划、融合与优化业务计划、管理业务计划和评估绩效——市场与客户欲望及需要）
			输出：
			• 更新的业务计划
			• 更新的产品假设
			• 书面记录的流程优化
			客户：
			• 开发
			• 产品包信息
			• 业务伙伴管理
			• 关系管理
			• 信息管理
			• 技能管理
			• 机会管理
			• 公司战略与规划
			• 集成供应链
			• 解决方案设计与交付
			• 投资管理系统

使能器	流程 • 通用数据定义 • 流程联系 • 推行指导书 • 组合分析 • 客户$APPEALS • 项目管理 • 共用基础模块 • 以用户为中心的设计	信息技术 • 集成项目文件 • 项目经理工作台 • 架构数据库 • 共用硬件和软件数据库 • 产品假设数据库 • 软件开发者工作台 • 信息仓库 • 竞争分析 • 技能数据库 • Lotus notes全球品牌计划	组织： • 共同目标、激励与衡量 • 基于团队的管理 • 确定的角色与职责 • 投资/撤资决策权力 • 多业务层次 • 异步开发 • 足够数据的技能

图4-12 市场管理流程概览

资料来源：华为公司2002年发布的《市场管理流程指南》。

理解市场的目的是要获得对市场的深入了解。理解市场包括四个部分的分析：环境分析、市场分析、竞争分析和自身分析。这个阶段的主要输出包括愿景、使命和价值观（如表4-1所示），SWOT分析结果，市场地图和业务设计评估报告书。

表4-1　四个全球知名企业的愿景、使命、价值观

企业	愿景	使命	价值观
IBM	点亮智慧的地球	无论是一小步，还是一大步，都要带动人类的进步	成就客户、创新为要、诚信负责
华为	丰富人们的沟通和生活	聚焦客户关注的挑战和压力，提供有竞争力的通信解决方案和服务，持续为客户创造最大价值	以客户为中心，以奋斗者为本，长期坚持艰苦奋斗
Disney	成为全球的超级娱乐公司	使人们过得快乐	带给千百万人快乐，并且歌颂、培育、传播健全的美
GE	使世界更光明	以科技及创新改善生活品质	坚持诚信、注重业绩、渴望变革

理解市场所需要的信息的收集方式包括但不限于网络调查、图书馆调查、内部调查、市场专家访谈、参观业界展览会、第三方调查报告、分析财务报告、约见行业顾问、客户分析、访谈客户或重点客户群、新闻、业界报纸杂志和竞争标杆。

市场细分通过研究"谁是客户？""他们购买什么？""他们为什么购买？"等问题，将宏观市场细分成具有以下特征的细分市场：

- 独特性
- 足够重要
- 可衡量的
- 足够持久
- 可影响的

通过对市场的细分，我们能够进一步明确目标市场，将投资和策略进一步聚焦。

组合分析是运用一系列战略制定的工具，决定每一个细分市场合适的战略。具体的工具有战略地位分析矩阵SPAN（Strategy Positioning Analysis，也叫波士顿矩阵）和财务分析矩阵FAN（Financial Analysis）。这两个工具的组合能够给出每一个细分市场的策略方向。策略方向确定之后，需要对初始的SWOT分析进行更新。

制定业务战略与计划是根据初始的目标设想，运用安索夫矩阵模型（Ansoff Matrix）、技术生命周期模型和利润模型等工具，制定每个细分市场的业务战略和计划。

战略（Strategy）是一定时期内企业对发展方向、发展速度与质量、发展点及发展能力做出的重大选择和规划。企业战略可以帮助企业明确长远发展方向和发展目标，指明发展点，并确定企业需要的发展能力。图4-13展示了企业战略的层次——战略金字塔模型。

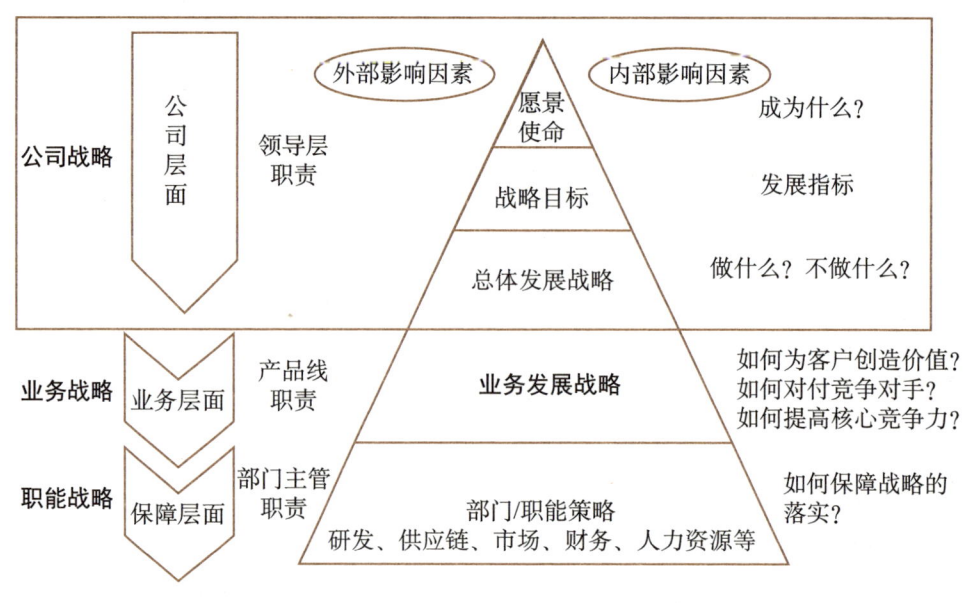

图4-13 企业战略的层次——战略金字塔模型

跨产品线融合和优化业务计划指在跨产品线的层面，对各个产品线业务单元的业务战略和计划进行调整和优化，明确公司级的投资优先级，以及产品线之间的冲突和依赖关系管理。

管理业务计划和评估绩效包括通过市场管理流程和 IPD 管理体系，对已有业务计划的分解和落实进行监控管理，并周期性地（一般是每个季度）进行绩效评估和优化业务计划，确保业务目标的实现。

市场管理流程针对华为的业务有很多内容是多余的，例如华为早期是以运营商客户为唯一营销目标的，没有客户细分和选择的必要。当然，华为在成立了企业业务运营中心和消费者业务运营中心后，又可以使用市场管理流程和方法论了。其实，企业在规模小的时候，没有正式的流程，对市场的认识是产品少、市场客户单一，要靠人的跑动直接把市场的机会信息传递给研发部门，这样可以做到快速决策、快速满足市场需求的高效运作。企业做大了，形成一定规模了，就要靠流程、IT 系统来例行化管理了。

在快速响应市场、客户需求方面存在一个度的问题，市场、客户需求多，需要投入的就多。此外，时间进度上的把握也很重要。欧美的企业一般在年初就把当年的规划做得非常细致，全年就围绕计划来进行。如果客户提出新的需求和要求，一般放在第二年的规划中来满足，因此，欧美的跨国企业响应客户需求的时间一般在一年至一年半，而中国企业的快速响应能力和对短时间低利润甚至无利润的压力的承受能力，可以直接提高其对客户的响应速度和自身竞争力，因此在面向未来的竞争中，中国企业居于优势地位。华为早期就是通过对客户需求的快速响应，以及优质的服务逐步追赶上"七国八制"的通信巨头的。

> **抓住市场机会，华为推出 201 校园卡**
>
> 1997 年，天津电信局提出"学生在校园里打电话很困难"，一栋宿舍楼才有一部电话，打电话基本靠门卫"吼"："×××下来接电话！"希望每个学生宿舍能装一部电话。中研部一个副总裁说，任正非当时紧急指示："这是个金点子，立刻响应。"华为两个月后就做出了 201 校园卡，推出后市场反应热烈，很快推往全国。等其他竞争对手反应过来时，华为已做了近一年。因为交换机的软件是华为自己开发的，这项新业务只需要在交换机原本就有的 200 卡号功能上进行"一点点"技术创新，稍微做一点软件改变，升级的版本很快就能提供这个新功能，投入的资金、人力等费用很少，却解决了全国几百万大学生打电话的困难！

还有华为的交换机 Centrex 功能，帮助电信局客户收编了各企事业单位自己的小用户交换机，扩大了运营规模和收入，同时，也使各企事业单位免除了自己购买、运维、管理小用户机的烦恼和困难，实现了三赢。

有一次，我出差到华东某省。住宾馆时，有住客投诉说宾馆房间电话的闹醒功能不好，没有及时闹醒住客，耽误了赶飞机。原来，宾馆电话的闹醒功能只能设定为次日整点，例如早晨 6 点。宾馆房间的电话在早晨 6 点铃声响了 6 声后，就不再响铃了，而住客前一天晚上喝了酒又睡得晚，没有被闹铃叫醒。宾馆希望交换机厂家能修改一下程序，在铃响 6 声后如果住客没有接听，自动转到宾馆客服值班人员处，让值班人员去敲门叫醒住客。就这样一个简单的客户需求，某国外巨头的交换机无法解决，要解决也不知道等到什么时候。而华为要解决这个问题只要几天时间，稍微调整一下软件就可以搞好。

所以，针对市场、客户需求，即便要按照流程去区分中长期需求、现有产品需求、短期及紧急需求等，也要有快速优先响应客户需求，帮助客户尽快解决痛点问题的思想。

战略管理流程

华为的**战略管理流程**（Develop Strategy to Execute 开发战略到执行，简称 DSTE），是凌驾于华为所有流程之上的必须首先运作的流程。这个流程是华为 17 个一级流程里面最简单的流程，并且不需要 IT 系统支撑，DSTE 流程是用日历的方法进行管理和驱动的。

华为从 2003 年开始实施"五年战略规划"，以后每年都重新往后五年再滚动规划一遍，并与当年的商业计划结合，以此保证对长期的关注以及对短期的聚焦。

2003 年是华为公司正式进行战略规划的第一年，也是华为开始战略管理变革的第一年。在 2003 年之前，华为的战略是每年年底公司高层封闭开会一周，头脑风暴，最后由任正非拍板决定未来一年销售目标多少、各部门预算多少、要招聘多少人等。但是，2001 到 2002 年时，IT 泡沫破灭了，主流通信网络建设放缓。华为 2001 年的销售额是 225 亿元人民币，制定的 2002 年战略目标是销售额 400 亿元人民币，结果，实际销售额是 221 亿元，是华为第一次出现销售额下降。2002 年时，IBM 的首席顾问陈青茹说："2001 年华为的销售目标是 200 亿，2002 年就定到了 400 亿，为什么是 400 亿？华为在哪个客户、哪些产品上的机会能支撑公司实现 400 亿？什么都没有。"此外，2001 年前后，国内小灵通爆炸式发展的市场机会华为没有抓住，因为没有战略管理流程，没有静下心来分析一下小灵通发展的形势，在人力、资金、技术能力、开发周期、销售能力、投资回报等方面缺乏详细的分析比较。其实，当初只要投入不到千分之一的资源，就能获得超过百亿元人民币的利润。因为，华为曾经组织过一个小灵通研发小组，几十个人，不到两个月就研发出来了，投入小，利润极大，而且风险极小。如果借助华为已有的营销网络，销售也是轻而易举的事。小灵通几年的市场机会金额是 900 亿元，主要被 UT 斯达康、中兴通讯、朗讯三家公司瓜分。如果华为做了，相信能拿下一半以上的份额，即超过 450 亿元的销售额。其实，上帝给华为关上了一扇门（IT 泡沫和主流通信网络建设放缓），同时，又给华为开了一扇窗（小灵通的机会），只是华为因为没有正式的战略管理流程而错失了机会。

过去，公司的年度预测和策略是凭着任正非及华为高管们对市场、对未来形势的相对准确的研判和把握，是偶然的、幸运的成功。在产品战略上不幸地错失机会的事情时有发生，例如无线业务部曾发现"即时通信"（类似于 QQ、微信）有着巨大的市场潜力，极有可能替代传统通信并成为互联网通信的主流，经过昼夜突击完成设计后，经过评审，最后由于意见不统一遭到否决。而抓住了历史机遇的腾讯，则成就了一段现代网络神话。用流程、规则加上公司上上下下的组织活力把偶然的、幸运的成功转变为必然的成功。

另外，华为的大客户、全球综合排名第四的运营商英国电信（British Telecom）在 2003 年对华为进行了一次全面细致的认证"体检"。英国电信给华为提出的最重要的改进点就是："华为的业务发展需要清晰的战略，以及为实现这个战略所做的计划，并应该将这个战略和实施计划在公司内进行广泛的沟通和培训。"

在 IPD 推行之前，华为没有正式的战略规划流程，也没有完整的年度经营计划方法论，在产品规划方面只有初步的产品路标规划流程。随着 IPD 变革的开展，华为着手应用市场管理流程制订公司业务年度计划，后来，公司有了战略管理流程后，IPD 的输入就改为由战略管理流程输出的年度业务计划、需求管理流程和任务书流程。

自 20 世纪 60 年代商业战略的概念诞生以来，各种战略流派、战略工具和方法论如雨后春笋般涌现。由于这些战略工具或方法论各有千秋，企业在选择战略工具或方法论上，无从下手，只能不断试错。或者，企业把一些战略工具或方法论进行整合、取舍。战略只是指明大方向，世界上唯一不变的就是变化，战略规划、年度业务计划也是不断变化、不断修正的，因此，预测未来的最好方法就是创造未来。

华为战略管理流程形成的过程中有以下几个关键事件：

（1）2003年，华为引进美世咨询公司的VDBD（Value Driven Business Design价值驱动业务设计）战略模型做战略规划。VDBD战略模型是美世公司于2000年左右开发的一种基于价值转移驱动的业务设计方法，是一种用来制定创新性增长战略的、经过实践检验的方法论。

（2）2005年，华为成立战略规划部。

（3）2006年，华为正式引进IBM公司的BLM（Business Leadership Model业务领导力模型，如图4-14所示）方法论作为华为战略规划的主要工具之一。

（4）2013年，华为引进三星公司的BEM（Business Strategy Execution Model业务战略执行模型，如图4-14所示）方法论，这是华为的五年滚动战略规划包括的两个最主要的方法论之一。华为在实践中对其进行了持续优化和改进，构建出了一整套从战略规划、解码、执行到绩效评估的DSTE管理体系。最核心的是通过统一的方法和逻辑，把各种管理工具集成起来，最终固化为公司的管理制度和流程。

BLM业务领导力模型是IBM在2003年提出的，是IBM中、高层用于战略制定与战略执行连接的一个方法与平台。它从双差（绩效差距与机会差距）分析、市场洞察、战略意图、创新焦点、业务设计、关键任务、正式组织、人才、氛围与文化以及领导力与价值观等各方面帮助管理层在企业战略制定与战略执行的过程中实现系统的思考、务实的分析、有效的资源调配及执行跟踪。这个模型是一个大集成的成果，BLM可以

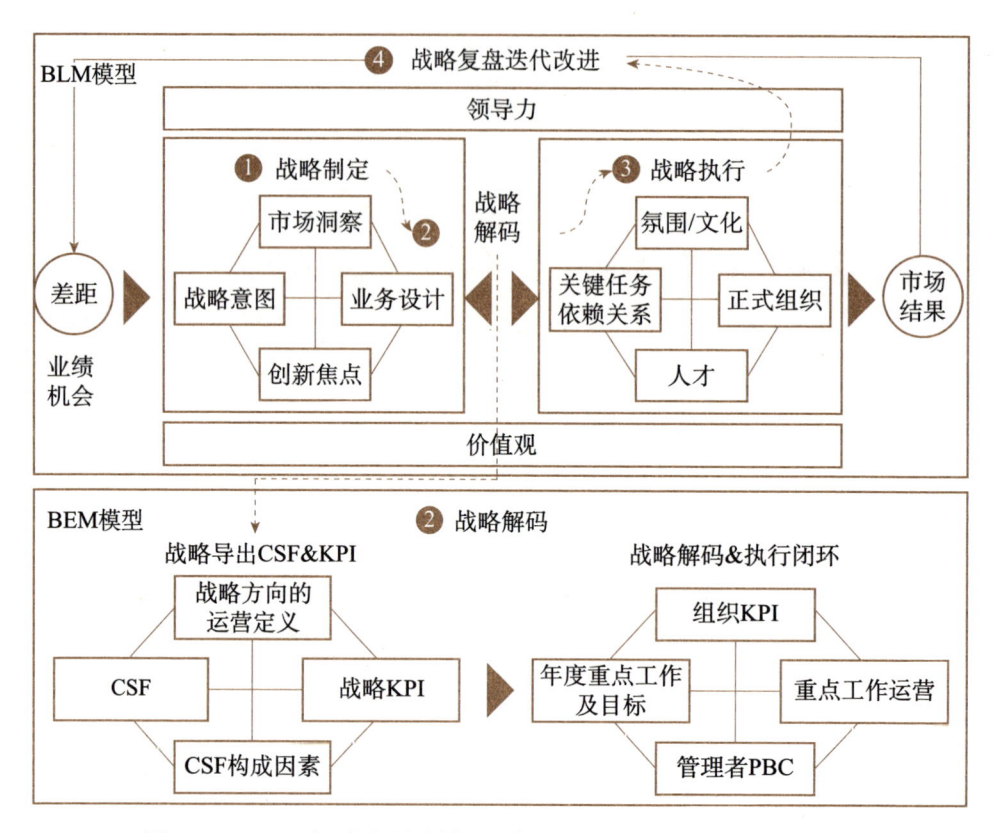

图 4-14　BLM（业务领导力模型）与 BEM（业务战略执行力模型）

注：CSF 指 Critical Success Factor 关键成功因素；KPI 指 Key Performance Indicator 关键绩效指标；PBC 指 Personal Business Commitment 个人绩效承诺。

说是市场管理流程的升级版与简化版，又融合了 VDBD 在战略规划方面的理念和方法，还集成了纳德尔图斯曼（Nadle-Tushman）的组织变革模型。

BLM 没有把市场管理流程中的一些具体方法包含进去，可能因为 IBM 前面已经按照市场管理采用了这些方法，或者认为企业应该已经具备这些基本的方法及工具。所以，国内有不少企业应用 BLM 模型时，总觉得落地效果差了一些，造成 BLM 有"别乱摸"的称谓。

第四章　华为营销体系流程化建设

BLM 的中文翻译有两种：一种是"业务领导力模型"；另一种是"业务领先模型"。两种不同的翻译，体现了这个模型具体应用的不同。前者是用它来提升中高层管理者的领导力，后者是把它看作战略规划工具。2005 年，华为销售与服务体系与 IBM 合作领导力发展项目时，IBM 给华为导入 BLM 的初衷是为了统一华为中高层管理者的战略思维方法和框架，并提升这些人的领导力，因为管理者的领导力就是在制定战略规划并推动战略执行的过程中逐步培养起来的。制定战略规划所使用的各种工具，如 IPD 体系的市场管理、战略解码、战略地图、平衡积分卡等被融入其中，使得从公司战略到业务单元战略再到各职能体系的战略可以统一使用这一种思维框架和战略语言。

华为发现 IBM 的 BLM 模型可以弥补业务部门战略落地的缺失，促进业务和人力资源战略的有效连接，于是将 BLM 模型引入到研发并推广。在各大产品线和 PDT 制定 SP（中长期战略规划，即春季计划）和 BP（年度经营计划，即秋季计划）时，各显神通，把这套在 IBM 内部都只作为战略议题研讨和领导力提升的框架从各个层面、各维度进行了实战化、工具化。一位 IBM 顾问说："这就是华为可怕的'学习力'和'执行力'。"2006 年，华为正式引进 BLM 模型来做战略规划。

华为的战略管理 DSTE 流程包括**四个阶段**：战略制定、战略解码、战略执行与监控、战略评估。战略制定的四项基本原则：第一，战略是不能被授权的，一把手必须亲自领导、亲自贯彻整个战略制定与执行的全过程。第二，战略必须以差距为导向，并集中力量解决关键问题（包括业绩差距、机会差距等）。第三，战略一定要与执行紧密结合，重在结果。如果战略在制定出来以后即束之高阁，没有执行、没有监控、不是闭环，其价值必然会大打折扣。第四，战略同时是持续不断、周而复始的组织行为。

战略制定是制定公司的中长期发展规划，也称之为 SP（战略规划）。在华为，战略制度就是指制定公司未来 3—5 年的战略规划，也就是用望远镜看未来。战略制定使用的工具和方法论就是 BLM 模型。

战略制定包括：差距分析、市场洞察、战略意图、创新焦点、业务设计。

差距分析包括业绩差距和机会差距，涉及三个视角：竞争视角、未来视角、客户视角。业绩差距是现有经营结果与期望值之间差距的一种量化的陈述，常常可以通过高效的执行来填补。机会差距是现有经营结果与新的业务设计所能带来的经营结果之间差距的一种量化的评估。机会差距需要有新的业务设计才能填补。

市场洞察是对内外部环境的观察和分析，看宏观趋势和行业趋势，要重点关注突破性的新技术、行业标杆企业的做法和价值转移趋势（如手机替代了电话座机、照相机和报纸等）；看客户和市场；看竞争对手；看自己，用商业模型画布分析；看机会，从独特性、重要性、可衡量性、持久性和可识别性这五个方面考虑，对市场进行细分，形成机会。市场洞察工作量应该占比超过 60%。

战略意图应该包含但不限于使命、愿景、价值主张和目标，而目标又分成战略目标和近期目标两种。

创新焦点是为了匹配外部市场机会和达成战略意图，结合企业自身优势，把握市场切入时机，将企业的核心资源投在业务的关键创新点（战略控制点）上。企业应该为打造更强大的战略控制点而创新，而不仅仅是在现有业务逻辑的延长线上创新。业务组合策略要考虑"碗里的""锅里的""田里的"。创新的对象包括创新模式，产品、服务和市场创新，业务模式创新，运营创新。

业务设计指根据前三点的输出来设计业务，设计内容要回答六个问题：选择什么样的客户群？用什么价值主张来吸引客户？利润获取模式是什么？业务范围是什么？（即做什么？不做什么？）难以复制的战略控制点是什么？风险识别和管理有哪些？

战略解码，我们又称之为 BP（年度业务计划）。战略解码是衔接战略规划和战略执行的关键桥梁，是通过可视化的方式，将企业的战略转化为全体员工可理解、可执行的行为的过程。战略解码使用的工具和方法论是华为从三星公司引进的 BEM（如图 4-15）。

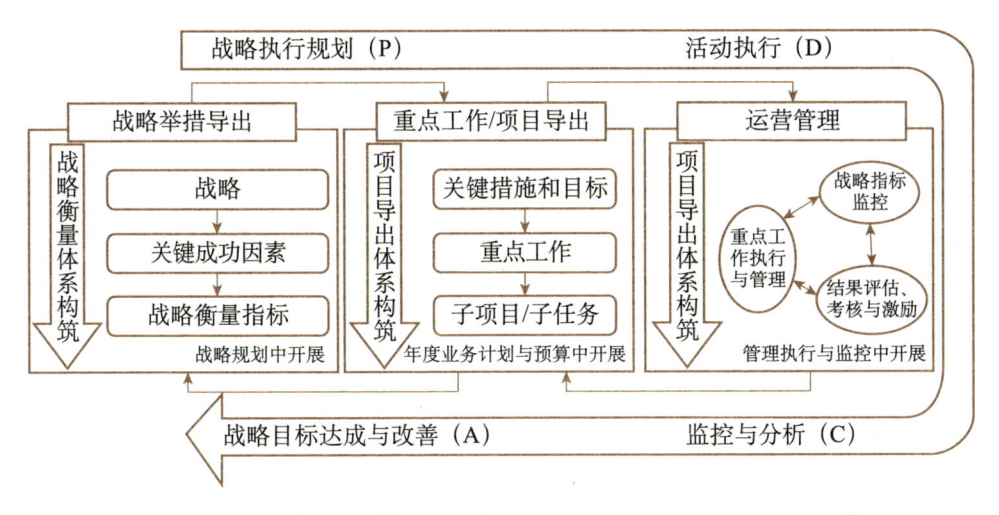

图 4-15　业务战略执行模型 BEM（Business Strategy Execution Model）

注：P 指 Plan 计划；D 指 Do 执行；C 指 Check 检查；A 指 Act 处理。

说明：BEM 通过对战略逐层逻辑解码，导出可衡量和管理战略的 KPI 以及可执行的重点工作和改进项目/任务，并采用系统有效的运营管理方法，确保战略目标达成。

BEM 模型把 BLM 很多关键任务的落实用一套 PDCA 的方式来进行闭环操作。战略制定后，需要让每个员工理解，并且去执行。所以战略解码是让执行层去理解战略并找到自己在战略中的位置的一个过程。通过对战略逐层逻辑解码，将战略愿景分解成可量化、可执行的策略，落实到组织 KPI，甚至到主管的个人 PBC。BEM 战略解码就是把战略目标及战略规划分解成组织和个人的责任及计划。

BEM 战略解码的主要过程包括：

（1）SP 阶段导出战略达成的关键成功要素（CSF）和战略衡量指标，选择战略衡量指标落入 KPI，牵引 KPI 对齐战略；

（2）对齐 CSF，导出年度业务关键措施和目标；

（3）按工作相关性原则，识别、组合形成年度重点工作；

（4）识别导出重点工作子项目。

年度业务计划 BP 的主要方法论 BEM 是通过关键成功因素（CSF）等要素，找出关键任务，并确定项目里程碑等要求。关键任务最终要求支撑业务设计及战略目标的实现。在执行上需要实施的关键任务主要是指持续性的战略举措，包括业务增长举措和能力建设举措。建议管理团队可以从以下几个方面进行思考和研讨：新机会孵化、市场增长与格局、竞争与合作策略、解决方案平台与关键技术、产品开发、精细化经营、关键组织能力建设等。

战略执行与监控阶段包括以下要点：

（1）关键任务/依赖关系

关键任务是根据规划部分推导出来的，关键任务必须支持业务设计的实现，尤其是价值主张的实现。在每个关键任务的执行计划中，都需要明确执行人是来自企业内部还是外部，并且要明确不同身份的人在关键任务的执行中的角色、职责以及他们相互配合的关系，即相互依赖关系。

（2）正式组织

企业要站在业务设计的角度，设置组织及职能。用简短的语言描述职能，如预算管理等。如果是业务/职能单元，则设置该部门的组织架构及职能。如果是以项目/关键任务为单位，则设置该项目的组织及职能。

组织是决定执行模块成功与否的关键。在设置组织时，务必从职能出发配置岗位，也要考虑组织协同、组织管理与组织激励。组织一般分为职能型组织与流程型组织。近年来，随着互联网思维的深入，阿米巴型组织、耦合模式下的组织模式也开始盛行。

（3）人才

组织需要更多考虑需要哪些关键人才，哪些能力，以及这些人才需要通过哪些方式来获取。

（4）氛围与文化

公司需要考虑应该打造什么样的氛围和文化等。企业文化要做到高层有姿态，中层有行动，下层有执行。在企业日常业务的行动中要体现公司的企业文化。企业要创造好的工作环境以激励员工完成关键任务，积极的氛围能激发人们创造出色的成绩，使得他们更加努力，并在危急时刻鼓舞他们。

战略评估也就是很多人经常说的绩效管理，也就是论功行赏的过程，要用市场结果进行验证。如果市场的结果跟前期的差距并没有完全匹配，就需要通过战略复盘来进行纠偏；即便是匹配的，也需要通过复盘来进行不断地迭代，来支撑我们长期的发展。所以这个模型，它其实是一个端到端的战略思维模型，它是动态变化的，把制定与执行相结合。

华为制定 SP 并监控 SP 的落地主要通过三类会议：规划和讨论会、战略健康度审视会（半年开一次）、战略执行审视会（半年开一次）。

规划和讨论会：从战略开工会开始，战略管理部门驱动各个业务单元开始做战略，各业务单元根据公司的战略指引进行市场洞察、对洞察到的机会点由区域营销和产品研发进行讨论、PK、共识和互锁，机会点确定之后进行业务设计并分解形成关键任务，同样也需要区域营销线和产品线进行讨论和互锁，这个环节会持续 4—5 个月，中间进行的各种会议就是规划和讨论会，最重要的目的只有一个：就机会点和战略规划达成共识。

战略健康度审视会（半年开一次）：审视做的事情是不是正确的。因为战略是面向未来不确定的事情，需要根据未来发展情况不断迭代、调整和刷新，需要看关键内部环境有没有变化，关键假设有没有变化。如果有变化，可能需要对战略的定位、方向、节奏和路径微调，解决战略规划纠偏的问题。

战略执行审视会（半年开一次）：假设战略都是对的，看战略是不是执行到位，动作是不是到位，每个措施是否达到了衡量指标，资源配置是不是到位，上下级的相互承诺有没有什么问题。

DSTE战略管理流程的框架逻辑非常清晰，其中有两个最核心的输出，一个是战略规划SP，另外一个是年度业务计划与预算，这两个输出是每年迭代的。每年从4月份开始，到9月份结束，这段时间各部门都要用望远镜来审视未来三到五年的战略规划，这是第一个输出。9月，做战略规划的评审，公司的高层领导几乎都会出席评审会议，产品线或地区部的一把手亲自向会议做汇报。在用望远镜把方向大致看清楚的情况下，从10月底到第二年春节前，用放大镜把未来一年仔细观察，形成未来一年的年度业务计划和预算，这是第二个输出。年度业务计划和预算包括未来一年的KPI考核指标，重点工作，以及对应的人、财、物的预算等。年度计划输出以后，再组织各部门述职。

针对上述流程架构中最核心的两个输出，要同时做好两个闭环。第一个闭环是管理执行与监控，这是贯穿全年的，是对"事"的闭环，具体由质量运营部专门负责。质量运营部通过日报、周报、月报、季度审核、半年审视的情况，对"事"进行闭环管控。针对年度的业务计划与预测，每个季度都要实行滚动预测。预测过程中，如果我们发现完成任务有困难的话，就临时召开会议。通常，华为的业务计划和年度预算，每半年就有一次重大调整。第二个闭环是对"绩效"的闭环，由人力资源部负责。绩效闭环既包括对组织绩效的闭环，也包括对管理者个人绩效的闭环。绩效考核的结果最终体现在团队和管理者的奖金分配、薪酬评定和个人晋升等方面，形成战略到执行的闭环。所以，华为战略与执行的整个的流程架构包括战略规划和年度业务计划两个输出，形成了对"事"和对"绩效"的两个闭环，来保证整个战略执行的有效落地。

聚焦为客户创造价值的端到端流程

华为与营销强相关的一级流程，除了IPD集成产品开发流程和DSTE战略管理流程外，还有MTL（Market to Lead）市场到线索流程、LTC（Lead to Cash）线索到回款流程和ITR（Issue to Resolution）问题到解决流程（图4-16）。

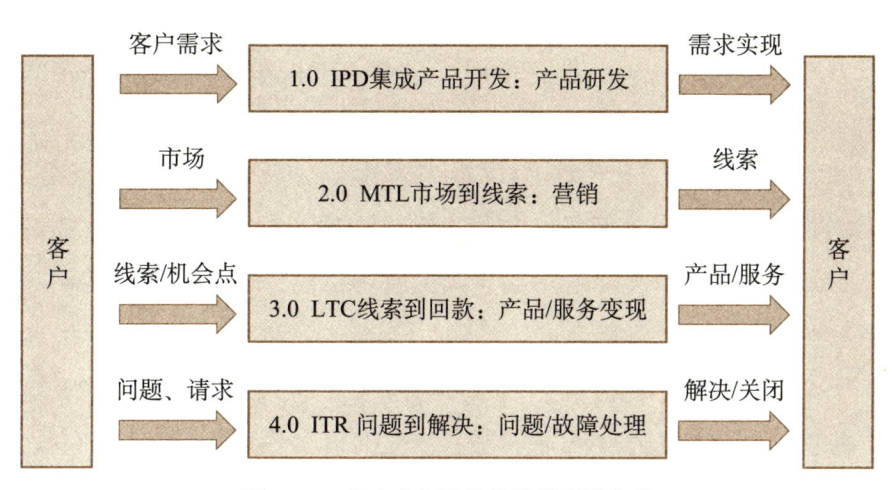

图4-16 为客户创造价值的端到端流程

MTL市场到线索流程

MTL（Market to Lead）市场到线索流程（图4-17），2012年立项，

2016年开始推行。MTL衔接的是IPD集成产品开发流程，产品研发出来后要推向市场，通过各种营销活动让客户熟悉产品，并且获得客户的需求、购买、招标等线索，然后转到LTC流程。

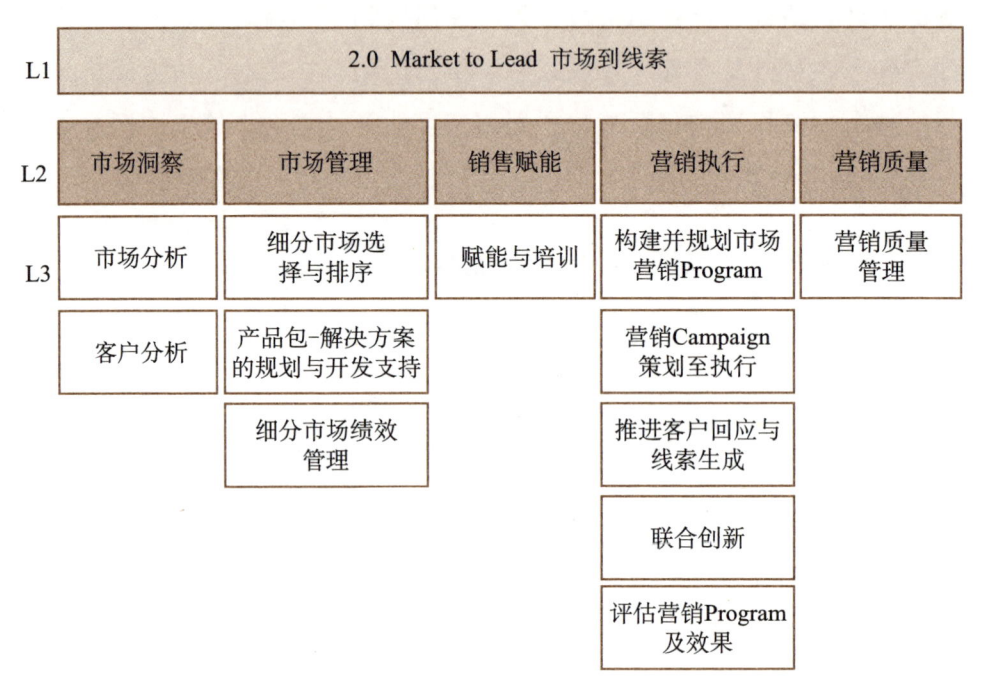

L1	2.0 Market to Lead 市场到线索					
L2	市场洞察	市场管理	销售赋能	营销执行	营销质量	
L3	市场分析	细分市场选择与排序	赋能与培训	构建并规划市场营销Program	营销质量管理	
	客户分析	产品包-解决方案的规划与开发支持		营销Campaign策划至执行		
		细分市场绩效管理		推进客户回应与线索生成		
				联合创新		
				评估营销Program及效果		

图4-17　MTL市场到线索流程框架

MTL主要描述从产品的上市到发现客户购买意向（即线索）的过程。一般而言，产品上市要尽快衔接后续的营销活动，使得客户有购买意向，或是购买线索，为此企业会进行展会、宣传、品牌推广等营销活动。然而有了购买意向和线索，客户也未必会购买。整个MTL的变革与其说是流程，不如说是方法论。虽然MTL流程最终产生的输出并不是实体，但它教会了我们如何处理市场细分、关键客户选择、关键市场选择、营销手段、营销模式、营销资料以及线索管理等方面的问题，即解决了how to do的问题。

市场营销（Marketing）的价值，就是"营"的价值，即提升公司面向企业客户的品牌，促进销售线索的生成，扩大销售管道。

MTL的营销模式要能以客户购买的心理为主线，把所有营销活动串联起来；在客户不同购买心理阶段，要搞不同的营销活动，而且所有的营销活动要有机地连在一起。在营销资料方面，华为过去的营销资料是以产品为导向的，张口就是"我有什么""我行""我就是行"，说到最后还是"我行"。客户听完后知道"你能""你高深""你牛"，但不知道你可以解决他/她的什么问题。所以营销资料也要从原来的"我行""我能"为基础的语言转变为客户的语言，说客户能听得懂的语言，说能为客户带来价值的语言。因为华为面向的企业客户基本都不是某个行业的技术专家，所以要把营销资料做得能让他们听得懂。（见图4-18）

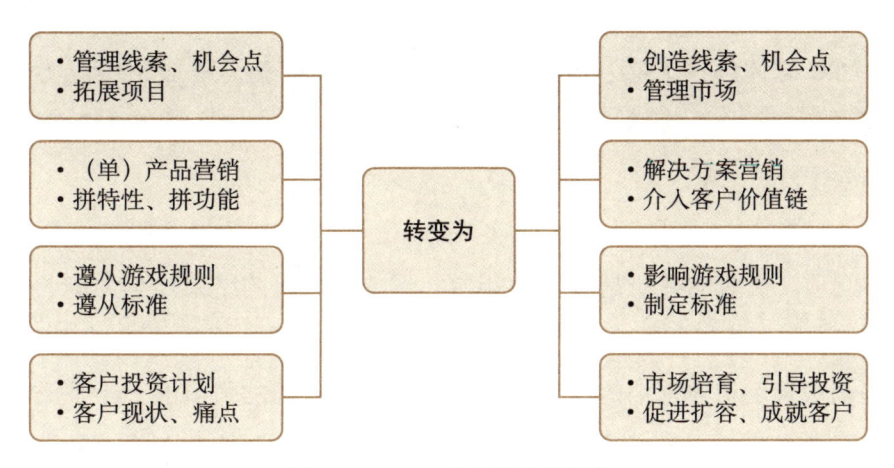

```
•管理线索、机会点                    •创造线索、机会点
•拓展项目                            •管理市场

•（单）产品营销                      •解决方案营销
•拼特性、拼功能      转变为          •介入客户价值链

•遵从游戏规则                        •影响游戏规则
•遵从标准                            •制定标准

•客户投资计划                        •市场培育、引导投资
•客户现状、痛点                      •促进扩容、成就客户
```

图4-18 MTL流程带来的转变

LTC 线索到回款流程

LTC（Lead To Cash）线索到回款是端到端贯穿公司运作的主业务流，承载着公司最大的物流、资金流和人力投入，LTC流程是公司级面向客户的主业务流程之一（如图4-19）。

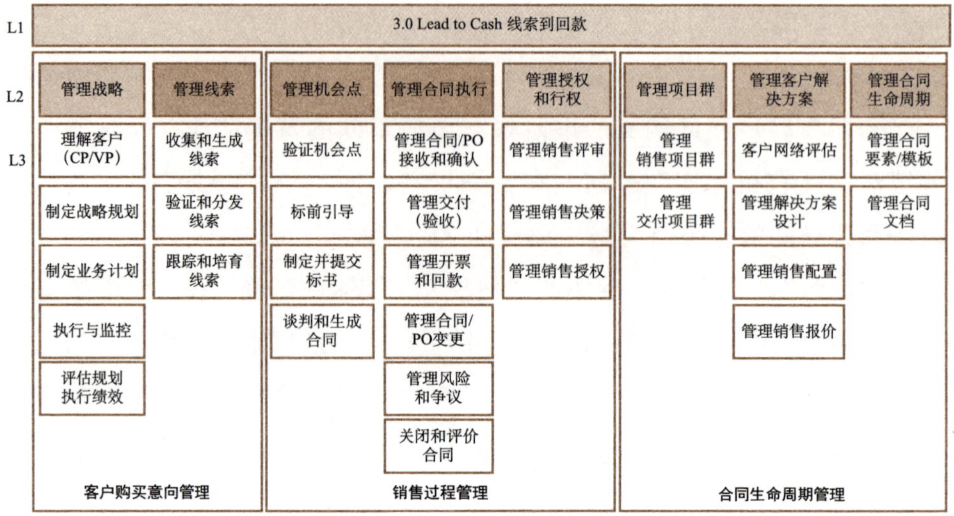

L1	3.0 Lead to Cash 线索到回款							
L2	管理战略	管理线索	管理机会点	管理合同执行	管理授权和行权	管理项目群	管理客户解决方案	管理合同生命周期
L3	理解客户(CP/VP)	收集和生成线索	验证机会点	管理合同/PO接收和确认	管理销售评审	管理销售项目群	客户网络评估	管理合同要素/模板
	制定战略规划	验证和分发线索	标前引导	管理交付（验收）	管理销售决策	管理交付项目群	管理解决方案设计	管理合同文档
	制定业务计划	跟踪和培育线索	制定并提交标书	管理开票和回款	管理销售授权		管理销售配置	
	执行与监控		谈判和生成合同	管理合同/PO变更			管理销售报价	
	评估规划执行绩效			管理风险和争议				
				关闭和评价合同				
	客户购买意向管理			销售过程管理			合同生命周期管理	

图 4-19　LTC 线索到回款流程框架

LTC 总体解决方案：变革目标就是要多产粮食，增加土壤肥力。这里所说的"粮食"对企业来说就是收入和利润，而"土壤肥力"则是能力和效率。

华为在 2000 年前后做过三次 CRM 是否立项上马的调研，结果都是暂不立项。当时的调研是每隔两年做一次的，调研的结果是华为的营销体系、流程和运作机制非常独特、非常实用高效，当时世界上所有的 CRM 系统都无法满足华为营销的具体需求，连华为最关键的需求的一半都满足不了，因为当时的各种 CRM 系统几乎都是面向销售人员个人的，只提供简单的客户信息记录和各层级主管权签等最简单的 IT 支撑。华为的营销运作机制基本上在 2000 年就已经成熟了。这也从另一个方面说明了华为营销的管理水平、细化程度和运营技巧在全球都远远地超过了其他任何企业。

华为推行 LTC 最开始是做 CRM 变革，在推行 CRM 变革的过程当中，发现一些问题，就将 CRM 变革提升为 LTC。LTC 开始于 2008 年，到 2017 年 6 月 22 日完成，历时 9 年。

第四章　华为营销体系流程化建设

LTC 流程是从营销视角建立的"发现销售线索—培育线索—将线索转化为合同—管理合同执行—回款"端到端的流程。在不同的流程环节卷入不同的角色，并且和其他流程集成协作，在流程中把质量、运营、内控、授权、财经等要素放到流程中去，整合成一张皮"运作"。

华为 LTC 销售流程变革把优秀的销售方法、销售理念等嵌入到流程当中，同时还会组织很多场销售能力赋能培训，并提供相应的工具和模板，使得企业获得的不仅是"生硬而冷冰冰"的新销售流程，而是整个销售体系升级（包括流程、销售方法、销售工具、销售模板、人员软能力等等），努力构建优秀的销售组织能力，让未来企业项目的成功与否不再严重依赖销售人员的个人能力及其偶然性，而是用组织能力、制度去保障提升销售成功率。新员工入职，只要经过新的销售体系培训，并按照销售流程去进行项目运作，就可达到资深老销售的水平，确保一定的项目成功率。不再像过去那样，资深老销售离职，就会严重影响业绩。从而实现"铁打的营盘、流水的兵"，销售组织体系和流程足够成熟，人员流动对业绩冲击变小。

LTC 流程主要分三大段：管理线索、管理机会点、管理合同执行。LTC 流程不是简单的流程优化，是从客户视角出发的业务流程重构，保证重构成功的核心要素包括以下三个方面：

（1）深刻理解客户业务流程，并以此为基础匹配本业务单元（组织）的业务流程；

（2）流程变革方法论正确，"铁三角"模型是保证流程变革成功的法宝；

（3）组织架构和绩效考核指标根据重构后的业务流程做相应调整，为流程运作提供支持。

LTC 流程的价值定义是要为企业生成高质量的合同。任正非说："华为每年光报废就有三十几个亿。源头在哪里？在合同的前端。"这句话的背后，需要流程去实现一系列的运作、决策、评审和控制。LTC 包括四个销售决策点，即立项决策、投标决策、签约决策和合同关闭决策；三个专业/综合评审点，即投标评审、合同评审、合同/PO变更方案评审；三个质量风险控制点，即合同签订、接收和确认合同/PO、签订合同/PO变更协议。LTC流程要有总结复盘、不断优化迭代的能力，只有这些都能够达到，LTC流程才能够真正承担起为企业生成高质量合同的流程价值。

华为引入iSales作为LTC流程的IT主平台，在一线运作方面提供唯一的可靠数据源；实现机会点信息可视，帮助理解整体动态；统一工具和模板并整合现有系统；统一销售语言并使项目运作标准化。在管理效率方面，IT主平台展示销售项目的整体视图及端到端的关键信息；支持销售管道管理并展示销售状态；准确预测销售；简化并拉通评审及决策。（具体可见图4-20）

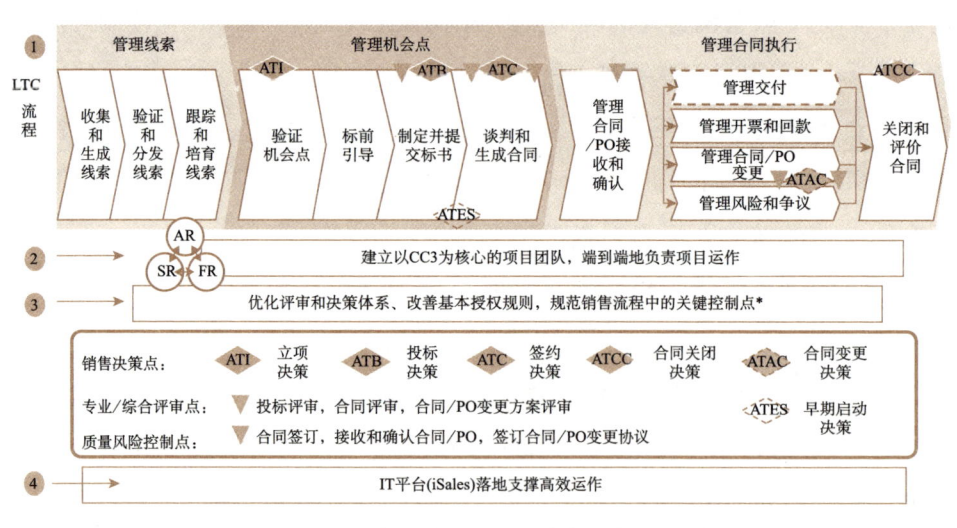

图4-20　LTC方案总览：流程＋角色＋管理规则＋IT

说明：1. 按内容要求的关键控制点（即KCP）包括上述的销售决策点，专业/综合评审点和质量风险控制点。

2. ATES为下一阶段推行内容。

第四章　华为营销体系流程化建设

LTC 变革为市场一线和华为带来了什么？面向客户、成就一线，实现可持续的营利性增长。给客户带来的价值是构建客户与华为的统一界面，更全面地理解和服务客户，成就客户的商业成功。为公司带来的收益是提高运作效益，提升客户满意度，实现可持续的营利性增长。为一线带来的收益是提升一线"铁三角"作战能力，把更多的时间聚焦客户；决策前移，充分授权，使一线更快响应客户；端到端拉通销售流程，打破部门壁垒，提升一线协同运作效率，使客户更满意、财务更健康、运作更高效。

ITR 问题到解决流程

ITR（Issue to Resolution）问题到解决流程，即网上问题处理流程，是从问题发现一直到问题得到解决的端到端横向拉通的流程（图 4-21）。ITR 变革不仅仅是一个狭义的问题升级处理流程，还是服务部门的全面变革。它以客户问题为中心，围绕着快速高效解决问题，提升客户满意度，延伸到服务的全面变革与转型。

网上问题处理流程和 IT 系统最大的改变是：以客户对故障的定级来

主流程	技术服务请求受理	技术服务请求处理	技术服务请求关闭
使能流程	技术服务请求紧急恢复流程		
	支持客户交付网络变更管理流程		
	第三方设备问题处理流程		
	管理升级流程		

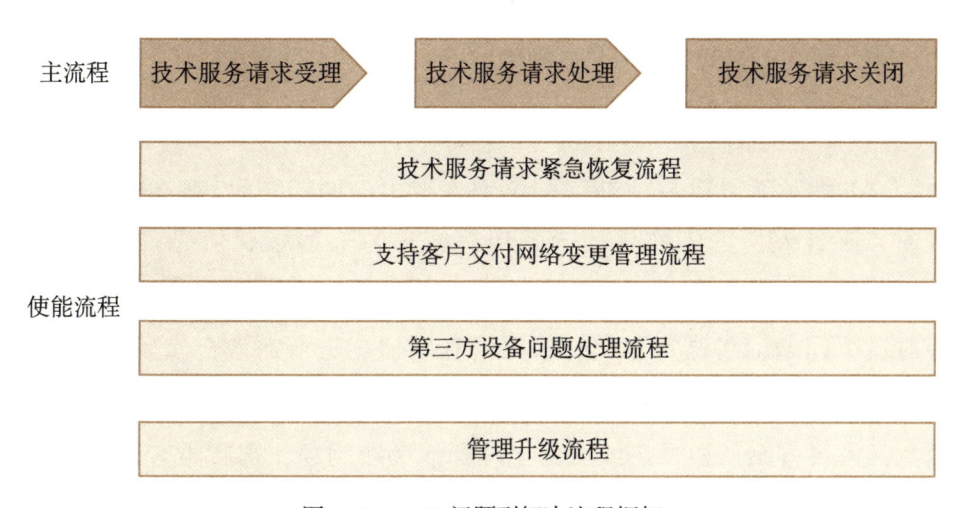

图 4-21　ITR 问题到解决流程框架

定级。客户很清楚其有多少用户被影响了。通过数量、时间、重要性三个要素来定级，根据这三个要素分几档，故障自动就被定级了。然后所有的IT、所有的流程都围绕快速了解网上发生的问题、快速解决网上问题运作，所有内部考核的事情先放在一边。

ITR核心主流程包括技术服务请求受理、处理、关闭三个阶段（图4-22），该流程的特点是：

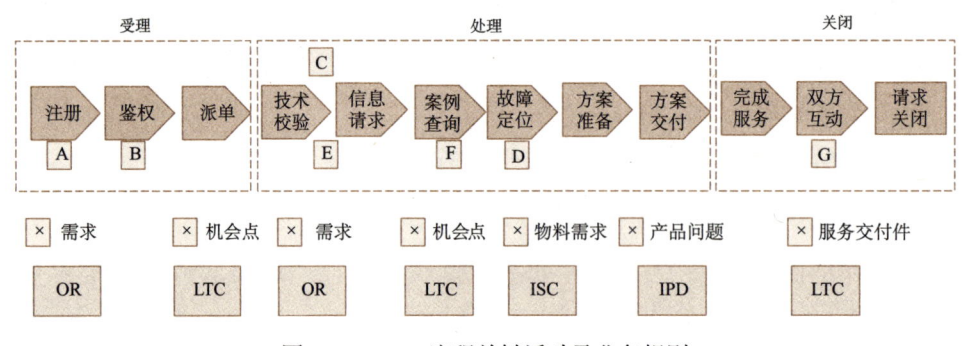

受理：注册(A)、鉴权(B)、派单
处理：技术校验、信息请求(E)、案例查询、故障定位(F)、方案准备(D)、方案交付
关闭：完成服务、双方互动(G)、请求关闭

× 需求 OR × 机会点 LTC × 需求 OR × 机会点 LTC × 物料需求 ISC × 产品问题 IPD × 服务交付件 LTC

图4-22 ITR流程关键活动及业务规则

注：A指服务请求接受规则；B指鉴权规则；C指SLA/OLA管理规则；D指跨产品服务请求处理规则；E指第三方设备问题处理规则；F指紧急恢复流程及规则；G指客户回访规则；OR指Offering Request需求管理；LTC指Lead to Cash线索到回款流程；ISC指Integrated Supply Chain集成供应链；IPD指Integrated Product Development集成产品开发；ITR指Issue to Resolution问题到解决。

（1）确立以客户问题为中心，缩短解决问题时间，提升客户满意度。

（2）确定关键流程活动规则及输入输出。例如客户拨打800服务热线时，服务人员的工作界面会弹出该客户的一些基础信息，包括SLA（服务水平承诺）、是否在维保内、以前的服务记录等等。热线服务人员会对这个问题请求进行登记，根据问题的情况进行派单，然后进入问题处理环节。系统会自动弹出相应的"案例知识库"，供处理人员查询，快速找到解决方案，如果热线服务工程师能解决问题，那就给客户出方案，指导客户实施；如果需要安排一线工程师到现场服务，则派单给现场一线；如果一线解决不了，则升级到二线分析，根据问题的复杂程度逐级升级。

（3）建立与 IPD 和 LTC 流程的接口。在对客户问题的请求处理过程中可能会产生新的销售线索，需要及时识别机会，进入 LTC 流程；也可能挖掘到新的客户需求，则进入 IPD 流程。技术服务完成后，会进行总结，并有专人对客户进行回访，确保客户问题得到及时有效解决，从而提升客户满意度。

ITR 带来的益处是把服务业务梳理清晰，使服务规范化、标准化、可衡量，并衔接好 IPD、LTC 等核心流程，最终有助于快速解决网上问题，服务战略转型，从而提高客户满意度。

华为规模营销法

03

把80%以上的例行化、重复性的营销活动固化成流程

在华为早期例行化、重复性的营销活动中,工作量大的活动包括:客户接待,市场部新员工培训,投标(包括技术方案设计、设备配置、报价),合同评审,催收货款,市场部员工季度考评,客户拜访,技术汇报会(管理研讨会),展览会,合同谈判,合同签订,合同交付(生产、运输、到货、安装、割接),技术服务,销售项目管理,销售成本管理,等等。

一般企业的流程管理体系建设包括流程规划、流程梳理、流程问题诊断、流程优化和流程保障体系建设五个步骤,而华为营销是根据业务的需求紧急程度和提高运作效率的必要性,把最紧迫、最急需的业务首先进行流程建设和优化。从严格定义上来说,这些流程虽然只能算第四级流程或第五级流程,也没有实现拉通、集成,更没有形成完整的流程体系架构,但是,在华为营销早期开拓市场的过程中,极大地发挥了规范、高效、海量处理的独特作用,为华为营销取得规模胜利立下了汗马功劳,值得大部分还没有全面建立流程管理规划的企业学习和借鉴。

华为营销最优先做好的流程是客户接待流程和配置报价流程IT工具Netstar报价系统;然后,逐步梳理出市场部新员工培训、投标、合同评审、催收回款流程。有些还不能称为流程,只是一些经验、做事顺序和

关键活动，但经过流程化处理后，它们确实统一了行动语言，规范了运作过程，提高了工作效率。

华为营销的成功从客户接待开始

客户接待流程是华为最早设计的，也是使用最频繁、效果最好的流程。

1994年，也就是开拓电信局市场的第二年，华为就成立了专门接待客户的接待科，后来升格成接待处。"科""处"这样的名称现在人往往不太在意，但在20世纪90年代初，在国营体制内，它们代表了不同的级别。1997年，华为更进一步将客户接待处升格为"部"，又说接待客户是系统工作，因此改名为客户系统工程部。1998年又改名成客户工程部，将客户的接待工作当作系统工程看待。

客户工程部负责全公司的客户接待工作。十几个流程专家和销售专家研讨半年多的时间，开发出客户接待流程。流程经过几个月的试运行，并征求全国各办事处营销人员甚至客户的意见、建议和反馈，几经修改、优化后才最终定稿。

因为早期华为营销的标准动作中有一个"一五一工程"，即一支队伍，五个手段（参观公司、参观样板点、现场会、技术交流、管理和经营研讨），一个资料库。把客户邀请到公司总部来参观是营销过程中的一个关键里程碑。而全国30多个办事处，每天都有大量的由华为营销人员邀请到公司参观的客户，导致华为公司总部每天的客户接待量是巨大的。而且客户的类别、职级也差别巨大，有电信局局长、处长、科长、主任、工程师级别的，也有国家总统、总理、部长级的。没有一个强大的、高效的、专职的客户接待部门，没有一个严谨、规范、高效的客户接待流程体系，华为是不可能很好地完成客户接待任务、让客户满意的。华为依靠客户工程部的组织管理、规范的客户接待流程和训练有素的接待员工，把客户接待的每一个细节都做到了极致！接待流程完全超出客户的期望，使客户超级满意！

客户接待流程是市场一线呼唤炮火的直接体现！华为早期在流程岗位的角色安排上，包括董事长孙亚芳、总裁任正非在内的各级领导都可能被市场一线的营销人员根据销售项目或客户重要性的需要安排接见客户并陪餐。

华为在深圳龙岗区坂田基地专门建立了一个先进的产品展览厅，在这个展厅边上的建筑楼里专门装修了十多个餐厅，方便客户参观完展厅、听完技术汇报后，马上就能到餐厅用餐，节省了外出用餐的时间。同时，陪餐的公司领导也能用餐后就近回到办公室工作。当初，深圳市由于关内土地紧张，一次只给华为批一两栋建筑楼的用地，完全不理解华为为什么要用那么大的地方来建一个企业园区。后来，华为在坂田修建研发楼展厅、会议厅、餐厅、财经行政中心、生产中心、数据中心、培训中心、机加中心、中试中心、百草园（员工宿舍）等等，使客户在坂田就能够把华为的全公司运作、生产、生活等真实的状况一览无余，提高客户对华为的了解程度和认可度。实际上，在多年的华为营销运作实践中，华为发现坂田基地还缺少一个上档次的宾馆，如果有了这个宾馆，华为的客户接待工作就会更上一层楼，不但能节约时间、节省费用，而且能减少客户接待中预订宾馆、宾馆接送客户、对宾馆的考评等流程环节。另外，宾馆的资产也会很好地保值增值。经过华为十年的高速发展，坂田基地已经远远不够用了，后来，华为被逼得在东莞松山湖建立了一个更大的企业园区。

任正非是一个很保守的人，是一个充满危机感的人。在华为上海研究所选址、建设过程中，他就考虑到把办公楼做成中间全空的天井式建筑风格。目的是如果哪一天华为不行了、要卖掉大楼，只要在天井中架起手扶电梯就能很方便地把大楼改造成一个大型百货大楼，这样大楼也会好卖一些。

华为的客户接待不仅仅接待客户，对到访的华为供应商、政府官员及有相关业务往来的单位或人员也会接待。例如我后来转岗担任采购部专家团主任，把华为客户接待的好方法应用到采购上，取得了意想不到的好结果。

把营销的好方法应用到采购上

有一次，华为的一个采购项目有七家供应商竞标，都是世界排名前二十的供应商。项目采用新加坡的第三方电子招标平台，从中选择三家供应商，第一名70%份额，第二名20%份额，第三名10%份额。这个项目每年招标一次，往年供应商都是象征性地降1%或2%的价格。我接手这个项目后，发现原来的采购经理主要是标前与供应商的销售总监或副总裁沟通，而这些人的价格授权是很有限的，不可能给出比较理想的价格。我不再与这些销售总监或副总裁联系，而是直接发正式邀请函给这几个供应商的董事长和CEO，请这些一把手到华为来参观、沟通。这一招很起作用，几家供应商都派出了最高层级的领导来华为参观、沟通。有一家法国的供应商CEO在参观华为展厅时，华为巨大的电子显示屏上用英文写着"热烈欢迎×××公司CEO×××一行到访华为"的欢迎词。CEO看到后赶紧站到显示屏前让随行的人员拍照。他说，原来以为华为只是一家中国比较大的公司，到华为实地参观才感受到华为的强大和可持续发展的能力，给他触动很大。他当时就联系他的公司把他在华为刚拍的照片放到了他公司的网页首页上。中午请他吃饭时，他给我看公司网页上的照片说，他在华为这里受到了世界一流的待遇，这是他一生中都不曾有过的荣幸。后来，电子招标时，在他亲自操作下，这个项目整体招标结果降价了超乎想象的12%，为华为直接节省了3亿多元的采购费用。

华为早期的**客户接待流程**依据的文件包括《接待人员准备工作指导书》《住宿安排工作指导书》《客户接待工作就餐指导书》《客户会见、交流指导书》《安排客人游览指导书》《客户接待订车指导书》《客户接待计划书》。

《接待人员准备工作指导书》

客户工程部接到各办事处、各系统部或其他部门发来的《客户接待计划书》，由值班经理指定该批客户的接待负责人。接待负责人接受任务后，在客人到达前，要着手做好以下准备工作并制定《接待人员准备工作指导书》：

（1）确认各项信息的准确性；

（2）确定接待计划及日程；

（3）根据接待计划填制任务令；

（4）预订车辆、住房、会议室、参观地点等；

（5）发送工作联络单，预约其他部门接待人员进行接待准备工作；

（6）检查各项准备工作。

《住宿安排工作指导书》

关于《住宿安排工作指导书》的内容要点及注意事项如下：

（1）接到客户来访通知后，首先根据办事处的住宿标准，结合公司房源的情况确定入住酒店，可以对办事处的要求进行必要的调整。

（2）针对调整的情况，通知办事处的项目负责人，告之调整的原因，以期达成共识。同时，与项目负责人确认是否需要开通长话、摆放饮料等其他杂费项目。

（3）协商落实入住酒店后根据接待计划填写任务令，注明入住酒店名称、标准、房间数及入住天数。

（4）持值班经理签字后的任务令到接待业务处办理住房签单领用

手续。

（5）在接待业务处发出订房传真后，客人入住之前，同入住酒店前台联系，确认具体房号，以免传真联络过程中出现差错。

（6）相同标准的房源，力争预订到比较好的楼层、朝向。

（7）重要客户入住前，应事先拿到房间的钥匙，以免办理入住手续时客人等待时间过长。

（8）客人入住前，进行住房检查工作，确定酒店是否按照要求开（关）长话，摆放（撤走）饮料，住房内部设施是否完善。

（9）客人到达酒店，可先让客人入住房间，接待人员或委托酒店工作人员代为办理入住登记手续。

（10）根据办事处的意见，如有保密必要可向酒店要求所有外线电话一律经前台转入房间。

（11）如果客人可以承担部分房费，可事先通知酒店前台根据客人所付现金开具发票，客人离开后接待人员再与酒店结账。结账时应注意扣除客人已付现金部分。

（12）住房签单不允许涂改，如需续住，必须在原任务令上注明续住天数，由部门经理或值班经理认可签字后，由接待业务处发续住通知至酒店。

（13）办理住宿业务联络部门。

《客户接待工作就餐指导书》

（1）订餐

接到客户通知单后，应根据客户级别及办事处要求由值班经理制定用餐标准。用餐需提前订妥，如有特殊情况取消订餐，应及时通知酒店。考虑到用餐环境、公司形象等，客户一般请入厅房用餐。客户在公司活动时，相应的中餐应尽量安排在公司小餐厅进行；游览景点时应建议客人用快餐。

（2）用餐

用餐应在公司签单酒店进行，除非在小梅沙、沙头角等距离公司签单酒店较远的地方，可就近用餐。

点菜应由接待人员进行，并且尽量不要当着客人面点菜。点菜时应考虑客户的民族习惯，餐饮风味搭配，有外宾出席时，应避免点乳鸽、田鸡等菜肴。

菜量要适中，若餐后有较多剩余，应打包带回。提醒酒店拒绝推销。用餐应注重公司形象及礼仪，应让客户中级别最高或年纪最长者坐首席。接待人员应尽量不饮酒或少饮酒。对酒店服务人员也应注意礼仪，严禁当着客人面与酒店人员发生争执。注意控制费用。

（3）结账

用餐接近尾声时应提前通知服务员结账，用餐结束后尽早签单，尽量不要拖签。接待人员应单独到收银处结账，且不要与客户谈论餐费。

签单时应注意菜式、菜例、酒水等细节，核查无误后方可签单。签单不允许私自涂改，否则后果自负。

《客户会见、交流指导书》

根据客户来公司的目的和重要层次，客户接待过程中选择以下方式安排领导会见并制作《客户会见、交流指导书》：

（1）机场会见。初次到公司或以前市场关系不是特别良好的地区局局长以上领导来访公司，为表示公司诚意与重视程度，可安排领导机场迎接，作为一个短期会见。一般请部门级总经理出面。

（2）公司门口会见。对某些重要客户还可安排在公司门口做一个短时间会见，条件允许的话，还可陪同参观。一般请部门级总经理或市场部总裁出面。

（3）会议室会见。这是最正规的会见方式，适合于重要客户来公司选型、考察。一般请市场或公司级领导出面，特别情况下会请任正非出面。

（4）就餐会见。对于多次来访公司的重要客户，或者与公司某位领导较为熟悉的客户，可安排领导就餐时会见，一般请部门级总经理或市场部领导出面。A类客户接待、会餐最好安排市场部副总监或以上级别领导出面宴请。

《安排客人游览指导书》

在制定《安排客人游览指导书》时，应充分考虑公司可提供的游览观光活动。公司目前可以提供的游玩景点分深圳市内和广东省内（除深圳以外）两大类。

深圳市有民俗文化村、世界之窗、青青世界、野生动物园、仙湖植物园、蛇口旅游区、欢乐谷、锦绣中华。

广东省（除深圳）有珠海（一日游）、广州（一日游）、肇庆星湖（两日游）、阳春山水（两日游）、清远温泉（两日游）、河源万绿湖（两日游）。

可以提供的观光区域及购物娱乐项目有：

（1）欢乐干线、福田中心区、市区观光、东部海滨观光购物场所；

（2）华强北路商业区（中档）、罗湖商业区（高档）、东门老街商业区（中低档）、沙头角中英街（免税）娱乐项目；

（3）保龄球、高尔夫（练习场）、游泳（夏季）、水上世界（夏季）。

《客户接待订车指导书》

《客户接待订车指导书》的主要内容有：

（1）客户用车由公司车辆调度科负责调度，车辆调度科位于公司用服大厦一楼西侧。

（2）车辆简介。公司用于客户接待的车辆大多为进口车。较高级车型有林肯、亚洲龙、大霸王、考斯特、奔驰、奥迪等。按车辆大小可分为三种车型，包括小轿车（5座）、面包车（7—12座）、中巴客车（17座）。所指座位数均含驾驶位。

（3）用车原则：先外后内、先急后缓、先上后下、先远后近。

《客户接待计划书》

《客户接待计划书》（以990510版为例）的内容要点如下：

第一部分是关于客户来访接待的通知。通知来访客人及公司人员提前在当地办理好边境证，有效护照也可通行。

第二部分是客户背景材料。

第三部分是日程安排。

其余内容包括客户单位、日期、时间、地点、内容、执行人、陪同人、计划落实情况等。

客户接待要围绕该批客户相关的市场目标或销售项目目标列出针对性措施，在保证客户舒心、满意的气氛中，体现出强烈的竞争性和明确的目的性，切忌照搬流程，一定要充分考虑客户的主观和客观具体情况，体现目标的针对性和接待方式的个性。

华为营销早期常用流程

任正非说："西方的职业化，是从一百多年的市场变革中总结出来的，它这样做最有效率。穿上西装，打上领带，并非为了好看。我们学习它，并非完全僵化地照搬，难道穿上中山装就不行？我们二十年来，有自己成功的东西，我们要善于总结出来，我们为什么成功，以后怎样持续成功，再将这些管理哲学的理念用西方的方法规范，使之标准化、基线化，有利于广为传播与掌握并善用之，培养各级干部，适应工作。"

新员工培训流程

华为的新员工入职培训，是华为魔鬼培训的起点。它把来自不同背景的人才打造成统一的华为人，是让新员工去除幻想和不切实际的过程，是培养具有敬业和务实精神的华为员工的过程。

市场部新员工培训主要内容有八个方面：军事训练、企业文化、产品技术、生产实习、展厅讲解、总机值班、客户接待、装机实习。（如图4-23所示）培训历时六个月左右，全程封闭、严格考核、末位淘汰。早期的生产实习主要是在深圳市宝安区西乡的一个厂房里进行的，因为美国有著名的"西点军校"，所以员工们自豪地称之为华为的"西乡军校"。

军事训练 → 企业文化 → 产品技术 → 生产实习 → 展厅讲解 → 总机值班 → 客户接待 → 装机实习

图4-23 市场部新员工培训内容

市场部新员工从上班的第一天开始，就要求必须着西装、系领带、穿皮鞋。代表处门口用醒目的标语写着："销售人员不打领带进入代表处罚款500元。"华为是学习西方管理理念最彻底的公司（先僵化、再优化、后固化），也是执行最严格的公司！这一点从营销人员的穿着打扮就能够体现出来，与做市场的方法很相似。在电信局我们经常可以看到这样的场景：华为营销人员着西装、系领带、穿皮鞋，左手拎着投影仪，右手拎着装有资料的华为人袋。Z公司是学得比较好的：营销人员穿西装不系领带，手上拎着个大哥大包。J公司营销人员穿西装系领带，脚上却穿双运动鞋。D公司的营销人员穿夹克衫，背双肩包。客户从销售人员的衣装打扮一眼就能够看出是哪个公司的销售人员。

企业文化培训

华为24字企业文化：成就客户、艰苦奋斗、自我批判、开放进取、至诚守信、团队合作。

华为核心价值观：以客户为中心、以奋斗者为本、长期艰苦奋斗。

企业文化培训主要向新员工介绍华为的成长历程和价值观。教材选用华为发展历程中的真实故事。部门的高管包括任正非会经常前去授课，激励大家追求卓越、团队奋斗，保持旺盛的斗志和向上的欲望，让新员工了解华为，接受华为的价值观。通过这样的培训，让新员工完全抛弃自己原有的概念与模式，注入华为的理念。

任正非在《新员工书》中写道："实践改造了也造就了一代华为人。'您想做专家吗？一律从基层做起。'已经在公司深入人心。进入公司一周以后，一切凭实际能力与责任心定位，对您个人的评价以及应得到的回报主要取决于您实干中体现出来的贡献度。"经过企业文化培训的营销人员相信自己的产品是最优秀的，并且愿意去最困难、最偏远的地区开拓市场。

产品技术培训

掌握华为的产品和技术，对新员工而言是最艰苦和最难熬的，每周都要考试两三次，闭卷，考试成绩还要排序。华为既培训新员工打硬仗的能力和精力，也增强他们的危机意识和竞争意识，鞭策新员工努力上进。华为早期的很多主管因产品技术考试不及格提拔不了。某省的代表处产品副代表，当了很多年副代表，因为产品技术考试不过关，一直没有得到提拔。

对于营销人员来说，这个阶段可以帮助他们了解华为的产品与开发技术，包括产品的种类、性能、开发技术的特点等，让销售人员对未来要销售的产品进行深入了解。对于文科类专业的新员工来说，这个环节是很痛苦的。因为培训的内容很多，密度很大，内容又是自己以前根本就不了解的，而且考试又很严格。

生产实习培训

要求新员工到西乡的生产厂房里跟着车间的师傅学习从拧螺丝钉到

产品组装、单板测试、单板维修、总测、老化的全流程，实地感受华为的业务和老员工的精气神。

展厅讲解培训

主要是学习给客户讲解华为的产品。先背诵讲解词，然后试讲，考核合格后就直接给参观展厅的客户讲。客户到展厅参观后，惊叹眼前高科技产品的技术含量，他们对民营企业已有的看法与认知被颠覆了。展厅讲解培训为华为营销人员到客户处讲解和展示方案时表现得自信、大气和从容奠定了基础。

经过以上培训的新员工都有一种"脱胎换骨"的感觉。这些培训可以基本上驱除刚毕业的新员工身上的书生气，为他们在心理和能力上做好派往市场一线的准备。

华为新员工培训使一个非通信专业的理工类毕业生在短短的几个月内就能快速地学习和理解华为的主要产品技术、功能和特点；对产品的研发、生产、调测、运输、安装、割接有亲身的操作体验；对华为的奋斗精神、做事方法以及营销技巧有基本的概念和领悟。短短几个月学到的东西，是在学校里或者其他企业里无法学到的，能使他/她受用终生。

我后来每年也兼职给新员工讲课，讲接入网技术、讲华为文化、讲客户化服务、讲销售项目管理等，深受学员的喜爱，以至于我后来由于工作需要经常到全球各地出差，在当地有的领导、同事认得我，而我不记得在哪里见过他们。他们就告诉我，我给他们讲过课。他们一直记得我在新员工培训时讲过的经典故事，说这些故事一直激励着他们。看着他们一个个快速成长，成为华为市场一线的骨干，我感到由衷的快乐和欣慰。

新员工培训持续几周的时间，活动安排基本上是从早到晚的，内容安排得满满的。市场部新员工培训另外的一个主要目的就是使员工真实了解华为的产品优势，让他们自己相信华为的产品是最优秀的。在华为的销售人员当中，刚出校门的学生往往比有销售经验和丰富人生经历的人做得更成功。

2019年，任正非半年内五次赞誉河北衡水中学。2019年5月21日，任正非接受中央电视台董倩专访时说：

> 我们公司的战略预备队都在学习衡水中学的精神。当然，我也不完全赞成衡水中学的方法，衡水中学的方法是应试教育的一种产物。他们改变不了教育制度，就要适应教育制度，否则孩子怎么进入名校呢？农村孩子更进不了名校，没有门路。我们公司也改变不了社会环境，也改变不了大世界，也改变不了美国，我们就要像衡水中学学习，建立适应社会的方式，我们也跑步。战略预备队在华为大学学习，学员大多数是博士、硕士，至少受过高等教育，包括世界名校毕业的，在非洲等世界各国的基层工作几年、做出杰出成绩的人员到华为大学受训，受训以后再回去，再受训再回去，让他们一层层自己走上来，他们都要向这些中学生学习，为这个国家的振兴而努力奋斗。

2019年7月1日，衡水中学党委书记、校长郗会锁，在北京大学2019年中学校长论坛暨第二届"大学—中学"圆桌论坛上说：

> 任正非5月21日接受了一个采访，我们没想到他会提到衡水中学，而且是以这样的方式提的。他说华为的战略预备队都在学习衡水中学的精神，华为大学都在学习衡水中学的跑步。
>
> 什么是华为大学？很多都是名牌大学的博士生，回到华为大学再深造，让这些人学习衡水中学，为什么？我觉得他说到了点子上，学习衡水中学的精神。我觉得一个企业、一个学校都是相似的，成功最核心的、最根本的地方就在于一种精神，一种文

化。当大家抱怨我们把优秀学生招走的时候，有没有想到衡水中学是如何从一所破破烂烂的学校实现成功逆转的，靠的就是一种精神。应该好好研究衡水中学成功逆袭的经历，帮助更多的薄弱学校发展起来。用艰苦奋斗来改变自己的命运，无论是个人还是学校都不应该被嘲讽。我们在孩子青少年时期，应该培养他一种血性，一种意志，一种坚强向上的品格，当然不是不要其他的，但这些非常难得。

衡水中学是高度细化的日常管理，是流程化管理有效运作的成功。衡水中学把教学、学习、管理、考试的每一个细节做到了极致！这样才产生了规模化的高考胜利！中学里出一两个高考高分的学生是偶然的、幸运的，不是长久的、必然的。只有像衡水中学这样的流程化、精细化、系统化地管理才能获得规模的、必然的、群体的高考胜利！它的流程细化到第五、六级的每一个细节，而且都是实践检验过的最优方法。衡水中学的成功，无疑是靠着数不尽的细节，加上精益求精，最后形成一个高效率的流程化运作的体系。然后是对流程的不断优化、调整、进步，使它的高考高分人数规模涌现。例如为什么在早上跑步，而不是打球或练拳？因为跑步最易操作、最高效、最经济、最大众化。高中三年约有1 000天，只有这么多时间。但是，有这么多学科，这么多知识点要背诵，这么多种类的考题和解题方法技巧要掌握。要做到这些就要靠不断优化调整形成的最佳实践方法。

成功的案例都是相似的，全国类似于衡水中学这样的"高考工厂"，还有三个比较出名的：湖北黄冈中学、安徽毛坦厂中学和河南郸城第一高级中学。它们都在经济比较落后的区域。但是，黄冈中学因为没有与时俱进，没有随着环境、政策的变化对流程体系做相应的调整、优化，逐渐走下了"神坛"，往日的殊荣已不在。

这些中学有几个最大的共同特点：学校所处地域经济落后，拥有一整套的成熟有效的管理体系和流程；学生多为劳苦大众的孩子，具有吃苦精神和相似的学习、应试方法。华为新员工就是要学习他们的吃苦精神和快速高效的学习方法。

华为投标流程

华为销售项目越做越大，绝大部分项目需要投标。大量的投标文件需要在极短的时间内完成，技术建议书、逐点答复、商务、售后服务等要全面考虑。投标是华为营销很大的一项可重复的工作。为此，华为专门成立了投标办，把各产品及解决方案的技术建议书、各项条款都做成了相应的模板、图纸。根据具体的投标项目，只需要更改少量有个性需求的内容，就能很快地做出一份完整的标书。图4-24为华为早期投标流程。

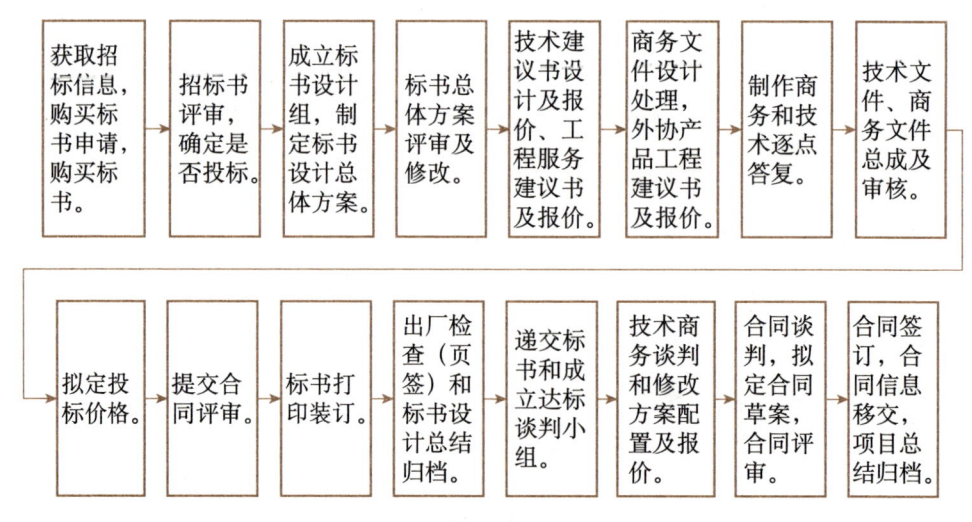

获取招标信息，购买标书申请，购买标书。 → 招标书评审，确定是否投标。 → 成立标书设计组，制定标书设计总体方案。 → 标书总体方案评审及修改。 → 技术建议书设计及报价、工程服务建议书及报价。 → 商务文件设计处理，外协产品工程建议书及报价。 → 制作商务和技术逐点答复。 → 技术文件、商务文件总成及审核。 → 拟定投标价格。 → 提交合同评审。 → 标书打印装订。 → 出厂检查（页签）和标书设计总结归档。 → 递交标书和成立达标谈判小组。 → 技术商务谈判和修改方案配置及报价。 → 合同谈判，拟定合同草案，合同评审。 → 合同签订，合同信息移交，项目总结归档。

图4-24 华为早期投标流程

华为投标流程的主要特点如下：

（1）华为投标流程详细、规范、可操作性强。大量的技术建议书、网络规划设计文档库是华为在投标过程中长期积累的宝贵财富。文档可复制、规模产出，快速高效地响应了市场一线的需求。

（2）华为在组织上成立了设计院系统部。电信运营商在全国设立了多个电信设计院，主要职能就是对需要投资、采购的电信设备及解决方案进行电信设计规划。电信运营商的招标书的主要内容都是由电信设计院给出的。因此，必须提前介入到电信设计院的前期设计工作中，引导设计院做出对华为有利的招标方案。

（3）华为投标办招聘了几名已经退休的当时全国知名的电信设计专家，做出的技术建议书和网络图都堪称完美。华为把这些资料加入差异化竞争的排他要素，直接给设计院的工程师参考。有的设计院的工程师与华为员工关系好，自己又做不出这么漂亮的标书文件，干脆让华为帮着做了全部文件，然后拷贝给他们。这样，华为在投标前就有了成功的基础。

（4）华为设计制作了专门用于投标的投标纸箱、投标文件包装盒，以及一系列的投标文件专用装订材料。在投标现场，华为的投标资料一看就与众不同，体现出专业、规范和完美，而标书的内容更是获得客户的赞美。

催收货款流程

简单讲，销售货物主要有签订合同、交付货物、回收货款三个环节，而回收货款是其中最重要的环节。国内企业销售产品大部分是拖欠货款、能赖就赖，三角债拖垮了无数企业。华为从成立之初就是一穷二白、借贷无门，只能靠销售产品、快速回款来维持发展。华为的催收货款流程，责任明确、目标清晰、奖惩有度。

华为客户经理的工作目标里，销售目标完成率和货款回款额目标完成率都占15%的考核权重，也是两个权重最大的任务。这说明货款回收和销售这两项任务是一样重要的!

客户经理是所辖区域货款回收的全权责任人,主要职责有:

- 负责所辖区域局方财务部门及银行关系的建立与推动;
- 负责和产品经理共同签订融资合同,并负责相应融资资料办理及银行划款的落实;
- 对合同付款方式进行预审,并报代表处财经部审核。

以上是代表处每个客户经理对货款回收的责任(详见图4-25)。

| 产品经理对合同的付款方式负责 | 客户经理是货款回收的全权责任人 | 客户经理催收合同预付款 | 出纳是货款回收数据统计台账责任人 | 客户经理催收到货款 | 客户经理协调退换货处理 | 客户经理催收终验款及尾款 | 公司全员出动催收疑难欠款 |

图4-25 催收货款的责任人及关键活动

在整个华为营销体系,货款回收是有一个专门的组织负责的,就是市场财经部。市场财经部归属营销体系管理,具体职责是:

- 根据公司货款回收总目标,负责制订货款回收计划并组织实施、监控、协调;
- 负责拓展各区域市场融资渠道;
- 负责组织、建立、完善、指导公共关系体系建设;
- 负责货款回收资源的组织、调配、推进,提供快速、有效的资源支持;
- 负责财经人员及市场人员货款回收及公共关系相关培训。

1999年12月,华为公司整个市场财经部人力资源配置是85人,其中总监级6人,经理级48人,业务经理31人。

华为每个代表处设有财经部,根据业务量大小配备0—4人,主要职责是：

- 组织实施本代表处的回款工作，参与策划实施所有具体回款项目；
- 参与关于新签订合同付款方式的谈判，运用、推广多种融资手段和政策收回欠款；
- 建立和巩固用户财务系统、银行系统、租赁公司等客户公共关系。

货款回收的指标要求和独特方式表现在三个方面。

（1）1999年，华为要求代表处每年的销售回款率要达到85%，综合货款回收率达到80%。以1999年为例：

综合货款回收率＝1999年内收到的货款／（1999年以前已产生欠款＋1999年发货合同款）

如果达不到这个指标，代表处当年的奖金包打六折，也就是只给原计划的60%。这个硬指标使华为全国各地代表处在每年的12月份几乎全员出动，抢收回款，力争在12月31日前把汇票放入银行。

（2）买方信贷，指的是银行以买卖合同为依据，向买方提供一定数额的贷款来购买特定货物的行为。国内买方信贷始创于华为。

1994年底，华为公司在深圳市委、市政府的支持下，与招商银行合作，在湖南、湖北两省开展了国内首例买方信贷业务，突破了传统的信贷业务投放思路，贷款对象是荆沙邮电局和怀化地区邮电局，总计金额2 700万元。1995年总计投放买方信贷资金达1亿元，1996年3.8亿元，1997年达8.5亿元。

买方信贷在1997年11月终于得到国家政策支持，人民银行正式发文，要求各大银行积极运用买方信贷，支持国产交换机的生产和销售，使买方信贷从政策上得到进一步保证。1998年买方信贷资金达21.1亿元。建行分省操作，起步仅半年资金投放就达 7.5 亿元。

1998 年以前，信贷额度一直处于供不应求状态。1999 年买方信贷使用范围已遍及全国，并已进入大规模、规范化操作阶段。根据市场需要，公司争取到 80 亿元的信贷额度。后来，在海外也开展了大量的买方信贷业务。

（3）华为针对货款回收难、老账烂账多等问题，在全公司开展了全员催收货款的动员，鼓励公司各个部门抽调一定比例的人员，到全国各代表处去催收货款，华为称之为"收麦子"，为期三个月。效果很好，一方面使公司各后方部门人员亲自体会了一线销售人员开拓市场的艰辛和奉献精神；另一方面，确实清理了不少陈年老账，也找到了很多催收货款的好办法。

华为营销流程建设方法及案例

华为营销流程建设的经验方法包括：（1）流程建设不能等、靠、要，必须在业务管理上先做准备，把业务案例化、模板化、清单化，然后才是流程化、IT 化，这也是最重要的一点；（2）把 80% 以上的例行化、重复性的营销活动固化成流程，规范操作、降低成本、提高效率；（3）绩效考评要与流程结果相匹配，并在人力资源政策上体现，量化责、权、利，做到有据可依的分配才有激励作用；（4）新流程或优化重整后的流程要先试点、试验，再小范围试用，然后大规模推广；（5）流程要不断优化、改进，如发现重大问题则马上整改。

流程建设不能等、靠、要　很多公司要等到请一个咨询公司或咨询顾问来公司先做出一个流程整体架构才开始流程化工作，不主动准备，不用心思考，期望靠别人的帮忙来完成任务，或者向公司要人员、要资金、要政策。其实，流程化的工作在我们每个人的日常工作中就可以做到，例如寻找、收集、分析业务中的好案例、好经验、好方法，归纳总结出业务最佳实践，为进一步流程化做好准备。

华为在流程建设初期，优先上了业务最紧迫需要使用的 IT 系统，例如 1993 年 9 月引入了金蝶财务系统，上下班考勤、门禁刷卡系统，自动办公系统，MRPⅡ系统（后来升级到 ERP 系统）等。

举例来说，如果只有流程或制度来规定上班、下班时间，不能迟到早退，那么考勤制度是很难执行的。这种情况下，就必须先上 IT 系统，而不是僵化地按流程优化的步骤严格地一步一步走。华为的员工工号就是在上这个系统时开始确定的，当时公司大约有 500 人，在职员工被按照工资从高到低排序并确定工号，这就造成华为早期的工号弊端，后来，工号的顺序就重新排了，解决了员工按工号识人的弊端。有的企业即使使用了 IT 系统来管理考勤，但还是有漏洞被一些自以为聪明的员工利用，如上、下班把工卡给别人，让别人代打卡。华为早期也出现过类似的问题。对此，华为的做法是严惩！通过监控录像把当事人找出来，和代打卡的员工一起降工资、降考评等级。如果当事人绩效、能力差，有可能被直接开除。这样就杜绝了代打卡的现象。另外，华为的工卡不但有考勤打卡的作用，还有储值卡的作用，可以用来在公司食堂吃饭。华为规定中午 12 点后才能去食堂吃午餐，有的员工工作不饱和，中午不到 12 点就去食堂吃午餐了，结果公司通过 IT 系统，把中午提前吃午餐的员工找出来，每个人直接降薪 1 000 元。这个处罚是非常重的，因为当时一个员工的每月平均工资是几千元。所以，华为的严惩和重奖才是员工执行力超强的真正原因。优先上马的 IT 系统在局部上保证了相应业务的规模运行的基本需求和高效率。

案例化 实质上是把我们业务运作中的经验、教训、方法进行总结，可以是销售项目、交付项目的总结，也可以是汇报会、展览会或其他业务运作中的经验、教训或方法的总结。案例是最真实、最贴近业务的宝贵的经验积累和无形资产。从诸多业务运作的案例中寻找、挑选、归纳出业务运作的最佳实践、优秀方法，把它固化，就形成了流程化最根本的业务基础。流程都不难做，但是，要做出一个好的、优秀的流程，就必须有优秀的案例，有优秀的业务运作经验和方法。案例化不仅给流程化带来优秀的业务运作经验和方法，而且，可以使员工通过对优秀案例的学习，快捷有效地吸收、模仿和融合案例，从而快速地提高业务技能和技巧。

模板化 其实就是把我们平时需要多次反复使用的文档模式进行优选并固化。例如会议纪要模板、市场规划模板、PBC模板、工作报告模板等。这个模板，是前人花几年甚至十几年时间摸索总结出来的。新入职的员工，不必再从头摸索和积累经验，只需看懂这个模板，就会做工作。对企业来讲，同一项工作能少用工又少用时，何乐而不为？模板化统一了团队的沟通语言和方式，降低了作业难度，提高了工作效率。例如新员工刚到业务部门参加会议，领导安排他写会议纪要，如果没有纪要模板，他就会按照他原有的经验和理解写一个纪要，往往很难匹配领导脑子里已经固化了的纪要要求，结果是被领导打回重写，新员工不但积极性受挫，还不知错在哪里。如果有了模板，新员工稍加学习，只需要填空式地将会议内容填写到模板的相应空白处，就可以方便快捷地按照部门的惯例、统一的要求写出符合预期的会议纪要。模板也是要不断改进、优化的，使它更易懂、更易用、更优秀。案例化、模板化、清单化是流程化的业务起点。

要实现流程化、模板化，最重要也是最关键的是一定要有样例。有样例才能消除操作过程中的疑虑，使流程更具有可操作性。这是华为营销经过十多年的业务运作总结出来的宝贵经验。没有样例的流程或模板，在使用上和效能上会大打折扣，甚至会影响到整个流程的运作效率。这也是大部分企业流程化运作效果不佳的最常见的原因。例如我们出国下飞机后，到当地海关要填写入关信息表。这时，如果没有样例你就会犹豫不决，不知填写的信息是否正确。这不仅会浪费时间，而且填写错误还需重新填写。而有样例的话，几十秒钟就能很快填写好。会议纪要、市场规划、PBC承诺书、工作报告等都要有已经填写好的样例，而且最好有两个不同类型的样例。一方面是制作模板的人的文字表达水平有限，另一方面，中国文字容易产生多义、歧义，如果没有样例，操作起来就犹豫不决，填写往往不准确，甚至让人误入歧途，达不到提高工作效率的目的。不单是流程、模板要有样例，工作、生活中的很多事也要有样例，才能提高可操作性。例如我是华为公司1998年市场部绩效考评的标杆，评议工资、奖金和股票分配的标杆，把我一年来所做的工作，如销售项目支持数量及成功率，市场目标完成率，技术汇报次数、难度和结果，技术软文发表，人员招聘培训，出差，部门管理贡献等拿出来做比对的依据，看其他员工与我在哪些方面有差距，可以大致地有个参考，这样做出来的评议结果就不会偏差太大，而且在员工对评议结果有异议时，也有事实数据和绩效结果的比对，使人心服口服。

清单化 就是把应该做的各项工作记录下来，做一个任务检查清单。例如最简单的清单就是我们的出行清单，即"伸手要钱"，就是身份证、手机、钥匙和钱（银行卡）的谐音组合。清单容易被记住，而且清单的内容十分关键，你只要完成了这个清单基本上就可以放心出门去了。

列清单有几个好处：（1）减轻焦虑。要完成的工作一目了然，不用担心忘记了什么事情。（2）提高专注力。专注完成清单的事项而不因小事分心。（3）获得成就感。一个个任务完成后打钩，成就感满满。

华为规模营销法

技术汇报会职责清单

我刚到某办事处工作时，发现开技术汇报会时，时有投影仪丢失、汇报胶片等被小偷在撬开桑塔纳轿车的尾箱时顺手偷走的意外事项发生。当时，开汇报会用的是3M透明胶片投影仪，还没有现在这种小巧的数字投影仪。我们几个人要带投影仪、透明胶片，以及给客户的资料、笔记本、笔、小礼品等，经常会出现到达现场时投影仪找不到的情况，连在哪里丢的都不清楚。另外，参与技术汇报会的人员经常到了现场才发现少了这个少了那个，导致团队成员互相指责、埋怨，汇报会的结果可想而知。我就想了个办法，列了个职责清单，逐条写明参会人员的各项职责：首先要确保不会少带东西；其次，规定客户经理负责投影仪，要确保投影仪安全、完好、能用，投影仪出任何问题，都要客户经理担责；再次，产品经理负责胶片和资料，而且要确保胶片有两套，由两个人分别携带，互为备份，而且人不在车上时不能放在汽车尾箱里，胶片不能离开人，胶片出任何问题，都要产品经理担责；最后，文员或秘书负责华为人袋、笔记本、笔、礼品等物品，并且确保在汇报会前半天或一天到汇报会现场检查会场的屏幕、投影效果、麦克风、空调、灯光环境等等。在这个汇报会职责清单经过一段时间的试用后，再也没有发生丢失物品的问题。汇报会的职责清单在做了一些小的修改、优化后，在全国办事处全面推广使用。

后来因为境外出差比较多，我还总结了一个有25个项目的出差旅行必带物品及事项检查清单，非常实用，让我出差时不会慌张，不会觉得少带了什么东西。我每次境外出差，都会把这个清单拿出来，把清单上所列的事项一项一项地完成，既方便、又快捷，很实用。

其实，企业流程化运作，关键不是建设流程，而是要严格地按流程执行，对绕开流程或没有按流程要求完成流程任务的岗位角色进行处罚，对执行得好的给予奖励。另外，在流程使用过程中，一定会遇到流程设计不合理的地方或问题，也会由于业务模式、场景发生了变化，需要流程做出相应的改变。因此，流程的优化工作是一项永不停歇的工作，一个好的、优秀的流程，往往需要经过无数次的迭代优化。

2000年，华为SDH传输产品结构件生产计划员立足于本职工作，由浅至深地不断改进，主动思考，积极行动，勇于协调，最终使SDH结构件的库存周转率从6月初的15次/年上升到19次/年，又在7月份，使库存周转率上升到了21次/年。到8月底，库存周转率已上升到23次/年。到9月底库存周转率已上升到25次/年。他把平凡单调、日复一日的本职工作转化为不平凡的挑战自我，不断优化、不断改进、不断进步，为公司做出了实实在在的贡献。

2005年前后，欧洲地区部的员工费用报销时间平均超过两个月，因为需要高层领导审核签字后才能付款。后来，华为就优化了费用报销流程，员工报销流程是先付款后审核，有问题再单独沟通解决，毕竟费用报销出问题的单子比例是极小的。这样一个简单的流程优化就解决了大问题。

日本人流程优化的职业精神

有一次，我坐飞机去日本，身边坐着一个中年人在一个小本子上画着什么，我仔细一看，发现他在画一个流程图。有意思的是，流程图边上还简单地画了几个小人。日本人从小就会用漫画来表达自己的思想或动作，这也造就了日本人在流程表述和优化方面的优势。日本的大规模、精细化的生产，得益于他们不断优化的、精益求精的流程管理以及精湛的技术。

> 我用日语问他是不是日本人，他说是。他看我是中国人，后来就直接与我说中文了。我太高兴了，不必再用我蹩脚的日语与他沟通了。我问他："您画的小人真有趣，您在画流程图吗？"他说是的。后来，我才知道，他是日本的一家会社（公司）的工程师，他们公司给深圳的富士康公司供应器件。他在考察富士康这家公司的生产线时，得到灵感，觉得他们公司的生产流程可以进一步优化一下，他怕时间久了会忘记，就赶快把这个灵感用小本子记录下来，以便回去后尝试改进。日本人能把流程的第五或第六级描绘得很清晰，通过漫画的形式细化到每一个活动或任务的动作，而且是连贯的、易懂的、易操作的。这是我们做流程最欠缺的核心能力！我们的流程往往是不可操作的或者说是不够细化的，在源头就不规范、不标准、多歧义，结果就是没有使流程达到应有的作用。我非常敬佩他的职业化精神，也为他精益求精的做事态度和流程优化的方法而感动。日本人的流程优化无时不在、无处不在、无事不在的理念和行动值得我们学习。

后来，我转岗到了采购部当了专家团主任，到富士康公司在深圳龙华的生产基地参观考察。富士康在龙华有39万人。生产车间人头密密麻麻，产线密布，自动化流水线上少的几十人，多的几百、上千人，令人叹为观止。每个人只负责最简单的1到3个动作，比如放垫圈、套螺帽，下一个人完成拧螺帽等工序。把岗位人员的要求降到了最低，不用小学毕业，只要认识几十个基本的字，手脚健全，就可以上岗。就是在这样的车间里、这样的工人手里，制造出了质量好、外观美、性能优越的苹果智能手机。后来，华为的手机在设计、性能、外包加工等方面学习了业界的成功经验，制造出的智能手机实际上在各方面已经远远超过了苹果手机。

第四章总结 华为营销体系流程化建设

1. 企业里的"个人英雄"或"能人"往往有一套优秀的做事方法，如果企业把它总结出来固化在流程里，使大家受益，那么最终人人都成为英雄，整个组织也就变得优秀了。

2. 流程化是规模经营的必经之路，可以把简单、海量、重复的工作流程化、模板化、固化下来，最后采用IT支撑，实现低成本、高效运作。

3. 用规则的确定来对付结果的不确定。我们对公司未来的发展是不清晰的，但是我们可以确定一个过程的规则，有了过程的规则，我们就不会混乱。

4. 华为向一切先进学习，全面地引进业界最佳实践，从局部一块一块地变革、整改、优化，逐步形成了局部的业界最佳，再从局部最佳进步到几个主业务链的最佳，最后形成了华为全业务全面接近世界最佳的可喜局面。

5. 流程建设必须先把业务案例化、模板化、清单化，要把留在优秀员工脑子中的好经验、好方法挖掘出来形成案例，这无论是对建设流程还是对提升员工业务能力都能起到重要的作用。

第五章
华为规模营销的战术方法

01 华为规模营销的经典战术
  代表处六大工作目标及管理办法
  从营销"三板斧"到"一纸禅"
  从"一五一工程"到"新丝绸之路"

02 华为营销排兵布阵规模制胜的法宝
  多销售项目的项目群管理
  销售项目过程监控
  市场一线呼唤炮火的技巧

03 华为为客户提供优质的服务
  华为与客户的12个关键接触点
  客户满意比什么都重要

04 华为规模营销的独特作战能力培养
  规模营销市场一线的业务职责
  立体式的客户关系管理及能力培养
  代表处学习型、能力型、流程型组织的建设方法

第五章 华为规模营销的战术方法

01

华为规模营销的经典战术

华为规模营销的战术方法主要体现在遍布全球150多个国家和地区的代表处排兵布阵、规模制胜的运作机制上。1998年，华为开始推行代表处"目标管理、绩效考核"的工作模式，使代表处六大工作目标的管理责任清晰、明确，为市场目标、销售目标、货款回收目标等的达成奠定稳固的管理运作基础，同时保证各项工作的均衡发展。当时，国内代表处的组织结构如图5-1所示：

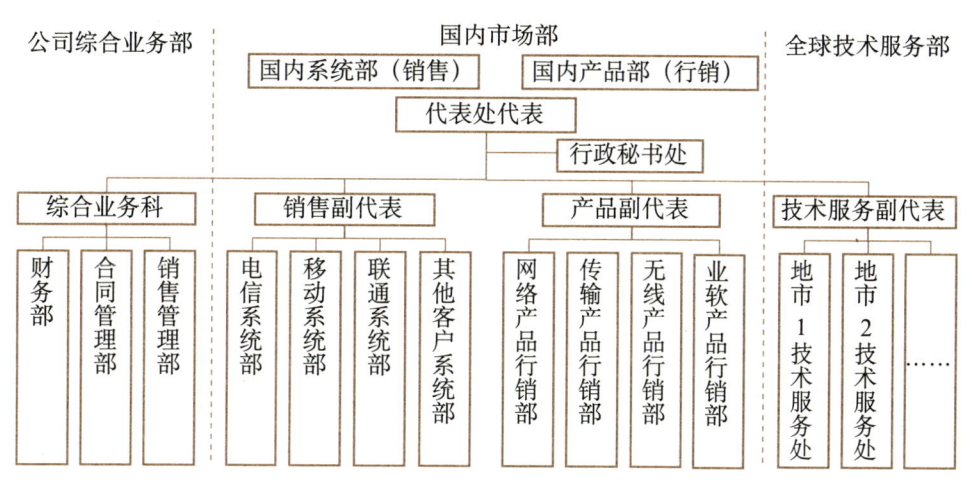

图5-1　1998年华为国内代表处的组织结构

说明：华为国内代表处当时被称为办事处。

代表处设代表一人，副代表三人，分别是销售副代表、产品副代表和技术服务副代表。代表处代表和三个副代表组成了代表处的最高决策团队。销售副代表主管各系统部的客户经理；产品副代表主管各产品行销部的产品经理；技术服务副代表主管技术服务部的区域维护经理。代表处实行代表负责制，决策方式是办公会议制。代表处通过建设强大的销售平台，达到客户线与产品线协同作战，全力以赴完成代表处的六大工作目标。

代表处六大工作目标及管理办法

代表处六大工作目标

（1）市场目标，主要指在季度时间内市场地位、市场培育、市场拓展、市场巩固等方面要达到的目标；

（2）销售目标，主要指在季度时间内不同产品的销售目标额及其总目标额；

（3）货款回收目标，主要指在季度时间内货款回收要实现的目标额；

（4）公关目标，主要指在季度时间内公关规划、公关计划及其执行上所要达到的目标；

（5）服务目标，主要指季度时间内在工程设计、工程安装、客户服务以及规范化管理上要达到的目标；

（6）管理目标，主要是指在季度时间内在组织运作、管理方法、制度、流程推行、培训、文化建设等方面要达到的目标。

代表处的工作以这六大目标为牵引，过程帮扶，结果导向。当时，国内划分为华东、华南、华中、华北、西北、西南、东北七大片区及北京分部。片区相当于现在海外的地区部，每个片区管辖几个代表处。片区主管平时就在几个代表处例行支持、走动管理。另外，公司市场部高层主管,每个人对口几个片区,对相应的片区进行跑动管理,同时,营销各级主管都要参与到具体的重大销售项目中,既是领导决策者,又是销售项目的组员,是执行者。这些参与的项目、目标、责任,都被明确地写在个人的绩效考核 PBC 里。目的是明确目标和责任,加强客户关系,以销售项目运作为抓手,以项目成功为导向。

营销过程帮扶,是在代表处的运作过程中及时发现问题、困难,及时给予帮助扶持。例如有的代表处市场规划能力较弱,公司就派营销策划部的人到代表处来,带领大家重新梳理,直至做出合格的、可操作的市场规划。在高层公关上安排公司高层主管支援,例如1997年的第四批日元贷款邮电本地网项目是奠定交换机和传输产品市场格局的重大项目,12个厂家或代理商参与传输类投标,地域覆盖全国六个省。任正非一马当先去了青海西宁、甘肃兰州等地拜访各省局领导,为项目松土。后期,胡厚崑、王诚、徐直军分赴宁夏、内蒙古、青海,开展项目支持,各地代表处主管全力参与,新疆、兰州、贵州也是全力强攻,在公司营销高层领导的鼎力支持和全方位帮助下,项目取得了很好的结果。

六大工作目标的管理

(1)六大工作目标的工作重点和要求的确定。六大工作目标的管理责任部门在市场部季度市场工作会议之前根据上季度各项工作目标完成情况及市场部下季度工作重点和要求,组织形成对各驻外机构(片区、代表处等)的下季度工作重点和要求,作为各驻外机构制定下季度六大工作目标的指导思想。

(2)组织与各驻外机构签订六大工作目标承诺书。在季度市场工作会议上,六大工作目标管理责任部门组织各驻外机构主管通过沟通就目标达成共识,并签订目标责任承诺书。

(3)六大工作目标的沟通、指导、监控与支持。驻外机构在六大工作目标执行过程中，各管理责任部门组织对六大目标的执行情况进行监控，并实施指导和支持，以保证目标的及时完成。

（4）六大工作目标执行结果的评估。各管理责任部门在季度末根据过程的监控，组织对各驻外机构六大工作目标用事实和数据做出合理的评价，并提出存在的问题及绩效改进的建议。

各驻外机构（片区、代表处等）是六大工作目标的执行机构，各驻外机构主管是六大工作目标的责任人，六大工作目标的完成情况与各驻外机构主管季度、年度考核相挂钩，并作为各驻外机构主管奖励、晋升、调薪等的重要依据。同时，对于各驻外机构六大工作目标的完成情况，其管理责任部门负全责。关于代表处代表、销售副代表以及产品副代表的季度绩效考核标准，详见表5-1、表5-2、表5-3。

每年的12月份，代表处有最重要的两件事：一是催收货款；二是把第二年能签的合同尽力在年底前签订。因为第二年华为干部可能轮岗、客户领导可能会换人。考核要素最后一行写明了超额完成任务会加分。因此，每年的12月，代表处的所有人员全部外出抢收货款，只留秘书在代表处值班。

季度市场工作会议制度

为进一步在市场部全面推行"目标管理、绩效考核"工作模式的运作，使市场部各项工作围绕六大工作目标开展，确保市场部各项工作目标的达成，同时使阶段性的工作及时得到总结，工作目标及时得到明确，市场部阶段性方针、政策及时得到贯彻执行，真正在市场部上下实现"思想一致、目标一致、步调一致、令行禁止、协同作战"的目标，华为特别制定了市场部季度市场工作会议制度。

会议时间：每季度初，市场部季度工作例会之后。

参会人员：市场部总裁，市场部各常务副总裁及华为通信市场部总

第五章　华为规模营销的战术方法

表 5-1　代表处代表季度绩效考核标准

序号	考核内容	权重	考核等级 A	考核等级 B	考核等级 C	考核等级 D	分值
1	高层公关目标完成率	15%	高层公关目标完成率≥90%	高层公关目标完成率≥60%	高层公关目标完成率≥40%	高层公关目标完成率<40%	A=15 B=12 C=9 D=6
2	产品准入目标完成率	15%	产品准入目标完成率≥90%	产品准入目标完成率≥75%	产品准入目标完成率≥60%	产品准入目标完成率<60%	A=15 B=12 C=9 D=6
3	销售目标完成率	10%	销售目标完成率≥90%	销售目标完成率≥75%	销售目标完成率≥60%	销售目标完成率<60%	A=10 B=8 C=6 D=4
4	货款回收额目标完成率	10%	货款回收额目标完成率≥80%	货款回收额目标完成率≥60%	货款回收额目标完成率≥40%	货款回收额目标完成率<40%	A=10 B=8 C=6 D=4
5	关键行为 ● 拜访高层客户并邀请高层客户考察公司、组织高层技术和管理研讨会	10%	季度公关规划、公关计划、管理研讨会计划、高层客户认可公司产品技术、高层客户拜访实施90%，公司产品技术、高层客户拜访所有重大项目的支持度非常高，高层客户对重大项目的支持度非常高。	季度公关规划、公关计划、管理研讨会计划、高层客户认可公司产品技术、高层客户拜访实施80%，公司高层客户对有1~2次不顺情况，但高层客户对重大项目的支持度较高。	季度公关规划、公关计划、管理研讨会计划、高层客户认可公司产品技术、高层客户拜访实施70%，公司产品技术的认可程度一般，公司高层客户拜访有1~2次不顺情况，高层客户对重大项目的支持度一般。	季度公关规划、公关计划、管理研讨会计划、高层客户认可公司实施率<70%，产品技术的认可度不行，公司高层客户拜访中常有不能顺利实施。	A=10 B=8 C=6 D=4
	● 对直接下属进行考核、沟通、辅导的质量	10%	能根据考核标准对直接下属进行考核、沟通，辅导有效的工作指导，下属成长进步非常快。	较好地与下属进行考核、沟通和工作指导，下属成长进步较快。	能对出现问题才进行沟通和工作指导，下属成长进步较慢。	虽然进行工作考核，但很少进行工作沟通和指导，下属在工作中常有所不知所措和抱怨。	A=10 B=8 C=6 D=4
	● 对直接下属进行培训或组织下属接受培训的数量和质量	5%	积极组织开展各种管理、技能培训≥3次，下属评价高，且相关部门无投诉。	较好地组织开展培训，价格较高，但因培训工作不到位，出现1~2次投诉。	偶尔进行1~2次培训，工作指导不到位，出现工作投诉。	不能主动地组织开展培训工作，造成重大工作失误，被相关部门投诉1~2次。	A=5 B=4 C=3 D=2
	● 制定市场规划、目标计划并监督实施	5%	按期组织制定区域市场策略、目标计划，采取的监控措施有效、有力，目标计划完成率≥85%。	偶尔未按期制定区域市场策略、目标计划，采取的监控措施较为有力，目标计划完成率≥75%。	有2次未按期组织制定区域市场策略、目标计划，采取的监控措施一般，目标计划完成率≥60%。	经常不能按期组织制定区域市场策略、目标计划，采取的监控措施不力，目标计划完成率<60%。	A=5 B=4 C=3 D=2
	● 贯彻、落实、执行公司的政策和制度	5%	公司下达的各项政策、制度和所布置的工作，能够按时贯彻执行（重大快速），并按前组织实施。	公司下达的各项政策、制度和所布置的工作，能够较好地积极贯彻执行，市场活动的组织实施速度一般），并按期组织实施。	公司下达的各项政策、制度和所布置的工作，基本上能够贯彻执行（重大市场活动的组织执行应速度一般），有1~2次执行工作失误。	公司下达的各项政策、制度和所布置的工作，有效地贯彻执行（重大市场活动的组织实施应速度慢），有1~2次执行工作失误。	A=5 B=4 C=3 D=2
	● 客户满意度的改进	5%	主动组织相关人员处理解决技术、商务、服务问题，客户评价高，工作无投诉。	较为地组织，解决处理问题，客户投诉、偶发1次工作投诉，但能及时进行工作改进。	因未及时遗留问题，客户2次以上的投诉，工作改进效果不明显。	客户多次投诉，且无工作改进，造成市场上的工作损失。	A=5 B=4 C=3 D=2
	● 由上级主管确定的其他关键行为或用来调节上述关键行为权重的部分	10%					A=10 B=8 C=6 D=4

表 5-2　代表处销售副代表季度绩效考核标准

序号	考核内容	权重	考核等级 A	考核等级 B	考核等级 C	考核等级 D	分值
1	市场覆盖率目标完成率	15%	市场覆盖率目标完成率≥85%	市场覆盖率目标完成率≥75%	市场覆盖率目标完成率≥60%	市场覆盖率目标完成率<60%	A=15 B=12 C=9 D=6
2	销售目标完成率	15%	销售目标完成率≥85%	销售目标完成率≥75%	销售目标完成率≥60%	销售目标完成率<60%	A=15 B=12 C=9 D=6
3	货款回收额目标完成率	10%	货款回收额目标完成率≥90%	货款回收额目标完成率≥75%	货款回收额目标完成率≥60%	货款回收额目标完成率<60%	A=10 B=8 C=6 D=4
4	公共关系目标完成率	5%	公共关系目标完成率≥90%	公共关系目标完成率≥80%	公共关系目标完成率≥60%	公共关系目标完成率<60%	A=5 B=4 C=3 D=2
5	维护收费目标完成率	5%	维护收费目标完成率≥90%	维护收费目标完成率≥80%	维护收费目标完成率≥70%	维护收费目标完成率<70%	A=5 B=4 C=3 D=2
6	关键行为●制定区域市场策略、目标计划并监控实施	5%	按期组织区域市场策略、目标计划，并使采取有效措施监控，目标计划完成率≥85%。	偶尔未按期组织制定，但采取的监控措施较为有力，目标计划完成率≥75%。	有2次未按期组织制定，采取的监控措施情况一般，目标计划完成率≥60%。	经常不能按期组织，且监控措施无力，目标计划完成率<60%。	A=5 B=4 C=3 D=2
	●培训、辅导、与下属沟通的数量和质量	10%	对下属进行培训、辅导≥3次，并能经常地与下属进行有效的工作沟通，下属成长进步快。	对下属针对性地进行培训、辅导≥2次，较好地与下属进行工作沟通，下属成长进步较快。	偶尔对进行培训、辅导，同偶尔才进行工作沟通，下属成长进步较慢。	常进不培训、辅导下属，工作中很少进行工作沟通，下属当中常有人被退回公司进行下岗培训。	A=10 B=8 C=6 D=4
	●组织、指导分析区域市场的数量和质量	5%	按发组织各区域人员进行市场分析≥2次（会议记录），所制定的实施计划分工明确，采取的对策准确可实施。	组织各区域人员进行市场分析≥1次（会议记录），计划分工和采取的对策较明确，并能较好地实施执行。	对80%的区域组织进行分析，且计划分工、采取的对策基本符合工作要求。	很少组织召开区域市场分析会，计划分工和对策在执行中总出现问题。	A=5 B=4 C=3 D=2
	●例行工作报告的质量	5%	按期、高质量地上交各种工作报告。	有1-2次未按时上交且偶尔出现工作报告质量不高情况。	有2-3次未按时上交，且工作报告质量一般。	经常不能按期上交，且工作报告质量不符合工作要求。	A=5 B=4 C=3 D=2
	●高层客户拜访的数量和质量	5%	决策层客户拜访次数≥3次，该地区的市场环境有很大改善，客户对重大项目支持力度很大。	决策层客户拜访≥2次，该地区市场环境有较大改善，客户对项目支持力度较大。	虽进行拜访，但数层客户关系较差，区域客户对项目支持力度一般。	很少拜访客户，与决策层客户关系较差，并对重大项目顺利开展产生不良影响。	A=5 B=4 C=3 D=2
	●有效的沟通与协作	5%	能很好地与相关部门人员进行工作沟通与协作，上级、下属及相关部门人员评价高，工作中无投诉。	能较好地与相关部门人员进行工作沟通与协作，相关人员评价高，但仅有1-2次的投诉。	基本上能与下属进行工作沟通，但有2次以上的投诉。	组织与相关部门人员沟通与协作，且协作性不好，有3次以上的工作投诉。	A=5 B=4 C=3 D=2
	●客户满意度的改进	5%	主动组织相关人员处理解决技术、商务、服务问题，客户评价高，工作无投诉。	较好地组织，解决问题遗留问题，客户评价较高，偶尔有1次工作投诉，但能及时处理改善。	因未组织好遗留问题，客户有2次以上的投诉，工作改进效果不明显。	客户多次投诉，且无工作改善，且工作上的损失。	A=5 B=4 C=3 D=2
	●由上级主管确定的其他关键行为或采用来调节上述关键行为权重的部分	10%					A=10 B=8 C=6 D=4

第五章 华为规模营销的战术方法

表5-3 代表处产品副代表季度绩效考核标准

序号	考核内容	权重	考核等级 A	考核等级 B	考核等级 C	考核等级 D	分值
1	多产品覆盖率目标完成率	20%	多产品覆盖率目标完成率≥85%	多产品覆盖率目标完成率≥75%	多产品覆盖率目标完成率≥60%	多产品覆盖率目标完成率<60%	A=20 B=16 C=12 D=8
2	新产品销售增长目标完成率	15%	新产品销售增长目标完成率≥90%	新产品销售增长目标完成率≥75%	新产品销售增长目标完成率≥60%	新产品销售增长目标完成率<60%	A=15 B=12 C=9 D=6
3	销售目标完成率	15%	销售目标完成率≥85%	销售目标完成率≥75%	销售目标完成率≥60%	销售目标完成率<60%	A=15 B=12 C=9 D=6
4	关键行为： ● 组织制定本地网个性化的网络引导技术方案并组织实施	10%	及时有效地组织各部门结合市场规划、出现实际情况和问题的合理技术提到局方案的可行性并具体实施	及时组织各部门结合局方网络实际情况，提出解决同题的合理技术方案，得到局方重视并引导组织实施	较及时地组织并能根据局方网络实际情况制订清楚我司产品特点，基本解决局方的问题	不能有效依据制订网络实际情况和应制定技术方案，方案没有特色，勉强表达我司产品特点，效果一般	A=10 B=8 C=6 D=4
	● 贯彻、落实执行组合销售营销政策和公司政策情况	5%	严格贯彻、落实执行组合销售营销政策和公司政策，没有违反政策的情况发生	注意贯彻、落实执行组合销售营销政策，偶有违反公司流程和公司政策对公司未造成损失	能基本贯彻、落实执行组合销售营销政策，有违反流程和公司政策的情况发生，但未对公司造成较大的损失	不能贯彻、落实执行公司政策，多次发生违反流程和公司政策情况，给公司造成较大的损失	A=5 B=4 C=3 D=2
	● 制订区域市场技术推广计划并监控实施	5%	根据市场需求变化及时制订有针对性的技术推广计划，积极协调资源完成技术推广，推广完成率≥90%	根据市场需求制订行之有效的技术推广计划，主动协调资源完成技术推广，推广完成率≥80%	根据市场需求制订可行的技术推广计划，能协调资源完成技术推广，推广完成率≥70%	制订的技术推广计划没有考虑市场实际情况，不能协调资源完成技术推广，推广完成率<70%	A=5 B=4 C=3 D=2
	● 控制组合销售合同的质量	5%	综合考虑公司实际情况、网络状态和商务上的要求，从技术上、商务上严格控制组合销售合同的可行性和必要性	根据网络状态、商务上注意控制组合销售合同的可行性和必要性，但未给公司造成损失	基本从技术上、商务上控制了组合销售合同的可行性和必要性，但有2次以上必要性较松，但未给公司造成损失	片面追求其可行性和必要性，不注意控制，给公司造成损失	A=5 B=4 C=3 D=2
	● 培训、辅导，与下属沟通的数量和质量	5%	对下属进行培训、辅导≥4次，并能经常地对下属进行有效的工作沟通、下属成长进步快	有针对性地进行培训、辅导，较好地与下属进行工作沟通、下属成长进步较快	偶尔进行培训、辅导，有时才进行工作沟通，成长进步较慢	几乎不培训、辅导，培训组织工作混乱，下属中很少进行沟通、下属得不到培训	A=5 B=4 C=3 D=2
	● 组织办事处技术培训的数量与质量	5%	办事处技术培训计划完成率≥100%，培训教师、教材质量、效果好，学员满意度高	办事处技术培训计划完成率≥90%，培训教师、教材质量、效果较好，学员满意度较高	办事处技术培训计划完成率≥80%，培训教师、教材及效果一般，培训形式单调，但效果一般，学员基本满意	办事处技术培训计划完成率<80%，培训教师、教材较差、培训形式单调，效果较差，学员意见较大	A=5 B=4 C=3 D=2
	● 有效的沟通与协作	5%	能很好地与相关部门人员进行工作与协作，相关部门人员评价高，工作中无投诉	能较好地与相关部门人员进行工作沟通与协作，相关人员评价较高，但工作中有1-2次投诉	基本上能与相关部门人员进行工作沟通与协作，相关工作人员评价欠佳，次的工作投诉	很难与相关部门人员进行工作沟通、协作性不好，有3次以上的工作投诉	A=5 B=4 C=3 D=2
	● 由上级主管确定的其他关键行为或使用来调节上述关键行为权重的部分	10%					A=10 B=8 C=6 D=4

287

裁和常务副总裁；市场部各一级部门主管，交换事业部、市场策划部、市场宣传部及有关部门主管；各专业产品部主管，营销工程部、销售管理部、市场财经处、重大项目部等相关部门主管；市场部各驻外机构主管；各级主管指定的参会人员。

会议内容：上季度六大工作目标完成情况总结及本季度围绕六大目标制定的工作重点和要求；六大目标管理责任部门和各专业产品部责任人与各驻外机构主管对本季度六大工作目标的沟通、确认以及各驻外机构主管六大工作目标承诺书的签订；各驻外机构主管，各专业产品部主管和营销工程部业务管理部门主管工作述职（在各级主管工作述职时，市场部各副总裁要分组参与）；相关专题的讨论。

市场目标

评价原则：市场目标评价以季度为周期，采用百分制评分。

评价要素：产品选型、准入，以选型、准入文件下发为准；空白、战略市场进入，以合同签订为准。产品的选型和准入是确保规模销售的基本要素之一。选型、准入目标要根据我司各种产品和各省电信部门设备选型管理模式的具体情况来确定。战略市场进入是以进入战略市场为目的。

市场目标的制定：（1）"市场目标"按季度制定，首先由事业部和各产品行销部提出；（2）与代表处代表沟通过程中修正；（3）报营销工程部（或职能部门）审核，并确定每项市场目标在评估中占的权重（采取总分百分制），以便量化考核；（4）由营销总监、代表处代表、产品部总监会签生效。

注意事项：制定市场目标要对可实现性做预测，保证市场目标完成率。

第五章　华为规模营销的战术方法

销售目标

评价原则：销售目标评价以季度为周期，采用百分制评分。

评价要素：以销售计划完成率为评价要素，以完成率折合为百分数为评价标准。

销售目标的制定：销售目标以公司下达的销售计划为准。

货款回收目标

评价原则：货款回收目标评价以季度为周期，采用百分制评分。

评价要素：以货款回收目标计划完成率为评价要素，以完成率折合为百分数为评价标准。

货款回收目标的制定：货款回收目标根据公司要求的期初应收账款完成率和新发货款完成率制定。

公关目标

评价原则：

（1）评价以公关"进步"与"进展"为主；

（2）评价以评估要素的统计结果为主，参评人员意见为辅；

（3）以高层公关规划做指导，以规划制定、执行及动态调整作为常设评估要素；

（4）部门公关的综合评估与具体公关对象评估相结合。

评价周期分为季度评价、半年评价和年度评价。具体如下：

（1）季度评价侧重"做了多少工作"，以季度计划完成情况为主，规划和计划的制订、调整、优化等日常工作为辅；

（2）半年度评价侧重"效果如何"，以半年度公关目标完成情况为主，季度评估结果为辅，采取部门综合评估与关键对象评估相结合；

（3）年度评价侧重"效果如何"，以年度公关目标完成情况为主，评估依据是各大要素，采取部门综合评估与关键对象评估相结合。

评价要素

（1）季度评价依据公关项目（本季度公关活动）完成情况，项目目标完成情况，季度计划 project 完成情况，本年度公关目标完成情况，以及季度计划制订、执行、优化情况这五项要素综合判断效果；

（2）半年度/年度评价，从选型准入，大项目支持率，重点产品进入重点地区，建立利益共同体，考察交流情况，规划、计划的规范性及执行情况，关键公关目标完成比率，公关目标完成率，季度公关工作状况等方面进行评价。评估公关对象，依据五大要素综合打分。

公关目标的制定：

（1）以市场规划中产生的公关目标作为制订计划的指导；

（2）以评价体系中五个要素，即选型准入、重大项目支持、重点产品进入重点地区、考察交流、建立利益关系作为计划设定的参考；

（3）以有策划的重要日常公关活动为主要内容，公关计划中注意设置监控点。

公关目标评价方法：（1）季度评价；（2）半年度评价；（3）年度评价。

服务目标

评价原则： 通过对代表处服务目标完成情况进行科学、客观的评价，将评价结果与代表处主管考核挂钩，促进代表处售后服务工作绩效的提高。评价以季度为周期。

评价要素： 服务客户满意度、工程质量系数、维护质量系数、勘测及时完成率、客户有效投诉次数。

服务目标的制定： 在季度初，用服干部处根据公司的总体目标和售后服务当前的工作重点，提出代表处季度服务目标，通过上下沟通确定各代表处季度服务目标，并与各代表处主管签订服务目标责任书。在季度初，由用服干部处根据售后服务当前的工作重点，确定五大要素的权重 K 值为 K1 = 0.5，K2 = K3 = K5 = 0.1，K4 = 0.2。

评价方法：

（1）以要素的目标值作为各要素的最高标准值，完成率为要素的实际值占目标值的比例；

（2）客户投诉得分计算方法：投诉次数等于目标次数，得分 100 分，多一次扣 5 分，少一次加 5 分；

（3）代表处季度服务目标总得分计算；

（4）一季度和三季度服务目标中没有客户满意度这一项，其得分取上次得分；

（5）根据服务目标在代表处六大目标中占的比例，可以计算出代表处主管服务目标的得分。

管理目标

评价原则：通过将代表处的管理目标落到实处，促进代表处管理工作绩效的改进与提高，保证代表处各项工作目标均衡发展。代表处管理目标评估以季度为周期，对代表处的管理目标达成状况采用百分制评分法。由各评估责任部门对管理工作目标要素之各项具体指标进行百分制评分，再根据营销总监办确定的管理工作目标要素的不同权重，计算得到各代表处的季度管理目标的最后得分。代表处季度管理目标评估结果与代表处代表的季度考核成绩相挂钩。

评价要素：管理目标的评价要素包括十个方面，享有同样的权重。分别是：

- 代表处运作模式推广
- 目标管理与绩效考核
- 订单流程 KPI
- 商务审计

- 项目管理
- 例行报告
- 信息反馈
- 投入产出比
- 区域市场关系
- 培训学习

每个要素还包含若干个分要素,可参见下面的管理目标评价方法。

管理目标的制定：代表处管理目标的沟通确定是基于上季度管理目标完成情况和所存在的问题,本着解决问题、绩效改进的原则来制定的。管理目标的管理责任部门是营销工程部,负责对代表处管理目标的工作重点和要求的下发,监督落实和评价,并在季度市场工作会议上通过沟通、达成共识而签订管理目标的承诺书。

管理目标评价方法

（1）代表处运作模式推广

- 运作模式上要求的会议纪要是否及时完成。以召开会议与否作为评估点,会议纪要为评估依据,由营销总监办进行评分。
- 代表处各项目标是否得到有效分解。通过抽查的方式,评估是否进行了代表处目标的有效分解,由营销总监办进行评分。
- 区域市场策划及时性,由国内营销策划部根据区域市场策划报告的反馈速度进行评分。
- 区域市场策划报告质量,由国内营销策划部根据区域市场的实际状况,从现状的描述、问题点的剖析和对策等因素考虑,对代表处提出的区域市场策划报告质量进行评分。
- 代表处市场策划报告及时性,由国内营销策划部根据代表处市场策划报告的反馈速度进行评分。

- 代表处市场策划报告质量，由国内营销策划部根据市场的实际状况，从现状的描述、问题点的剖析和对策等因素考虑，对代表处市场策划报告的质量进行评分。

（2）目标管理与绩效考核

- 代表处主管是否就目标与营销人员沟通达成共识，由营销总监办通过抽查有关员工的方式进行评分。
- 是否签署达成共识的目标承诺书，由营销总监办通过抽查有关员工的书面目标承诺书的方式进行评分。
- 季度考核是否进行沟通，由营销总监办通过抽查有关员工的方式进行评分。
- 季度考核是否按要求进行，由营销总监办通过抽查的方式进行评分。

（3）订单流程KPI

该要素评估等同采用商务订单流程KPI的评估方法。

- 合同规范不合格率：10%以下为100分，超过10%，每增加1%扣2分。由商务部合同管理科进行评分。
- 合同越权评审率：3%以下为100分，超过3%，每增加1%扣10分。由商务部合同管理科进行评分。
- 工程勘测及时率：80%以上为100分，低于80%，每降低1%扣4分。由用服工程设计部进行评分。
- 工程勘测差错率：5%以下为100分，超过5%，每增加1%扣10分。由客户服务中心进行评分。
- 急单率：不参与计分，仅作参考数据，由商务部合同统筹办提供统计数据。

（4）商务审计

- 商务审计违规率：20%为60分，低于20%，每降低1%加2分；高于20%，每增加1%扣2分，超过50%的合同未经预审，则得分为零。由市场调研部商务审计部进行评分。

（5）项目管理

- 项目管理档案完成率：90%以上为100分，低于90%，每降低1%扣5分。由销售管理部进行评分。
- 项目申报及时性：95%以上为100分，低于95%，每降低1%扣5分。由销售管理部进行评分。
- 项目成功率：由销售管理部对代表处代表承诺的若干项目成功数占承诺项目总数的比例进行评价，成功率80%以上为100分，低于80%，每降低1%扣5分。
- 项目完成质量，由销售管理部监控项目进展，对项目运作过程的质量进行评分。

（6）例行报告

- 月度计划、总结及时性，由营销总监办根据反馈回来的月度计划、总结的及时程度进行评分。
- 月度计划、总结质量，由营销总监办根据反馈回来的PROJECT表的内容对代表处计划总结的质量进行评分。

（7）信息反馈

- 客户经理本地网信息反馈及时、准确性，由国内营销策划部对客户经理本地网信息反馈从及时和准确两方面进行评分。
- 省局信息反馈及时、准确性，由国内营销策划部对代表处主管省局信息反馈从及时和准确两方面进行评分。

（8）投入产出比

- 本季实际投入产出比/本季目标投入产出比，比值为1得60分；大于1，每增加0.1扣10分；小于1，每减少0.1加10分。由市场财务处进行评分。

（9）区域市场关系

- 区域市场均衡、稳固市场关系，由营销总监办根据区域本地网市场关系数量是否稳固以及决策层、决策链是否均衡进行评分。

（10）培训学习

- 公司、市场部要求的学习、培训及纪要，由市场部管理办公室和营销总监办对代表处执行公司要求的学习和培训是否按照时间要求，并根据反馈回来的纪要进行评分。
- 培训纪要由市场部管理办公室和营销总监办对代表处执行培训计划（包括技术、产品、文化培训）的程度，通过抽查并结合反馈回来的纪要进行评分。

季度管理目标评价示例

假设某代表处的各项具体指标评分由各评估责任部门评定如下：

1.1（90分），1.2（80分），1.3（90分），1.4（100分），1.5（90分），1.6（80分），管理目标之"代表处运作模式推广"得分为六项得分的平均分88分，乘以其权重10%，则该项得分为8.8分。

同样地，可以计算其他九个要素的得分，假设分别为8分、10分、3分、10分、4分、3分、3分、8分和5分，将各要素的得分相加，即8.8 + 8 + 10 + 3 + 10 + 4 + 3 + 3 + 8 + 5 = 62.8，那么62.8分即为该代表处的管理目标最后得分。

六大工作目标考核及应用

1. 考核目的

（1）促使驻外机构六大工作目标的管理落到实处，保证六大工作目标的均衡发展。

（2）通过将驻外机构季度六大工作目标完成情况与主管的季度考核等相挂钩、与主管的年终奖评定直接挂钩来保证六大工作目标的分解、执行与评价考核。

2. 考核对象

各驻外机构主管。

3. 考核周期

季度。

4. 考核内容

各驻外机构季度六大工作目标完成情况。

5. 考核过程与考核结果

依据六大工作目标评价体系，由六大工作目标管理责任部门组织相关部门对驻外机构季度六大工作目标完成情况进行评价（具体考核标准详见表5-4、表5-5）。评价分数为百分制得分，由各评价责任部门定期上报市场干部部。市场干部部于每季度第一个月的10日前，按各驻外机构季度综合分数由高到低进行排名，并将排名结果以市场部文件形式下发。市场干部部在每年1月10日前，按各驻外机构年度综合分数由高到低进行排名，并将排名结果以市场部文件形式下发。

6. 考核结果的运用

（1）作为评价各驻外机构主管岗位胜任能力的重要依据。为各驻外机构主管的晋升、调薪等提供客观的依据。

（2）与各驻外机构主管（国内）的年终奖直接挂钩。

第五章 华为规模营销的战术方法

表 5-4 代表处高级客户经理、客户经理、销售工程师季度绩效考核标准

序号	考核内容	权重	考核等级 A	B	C	D	分值
1	货款回收额目标完成率	15%	货款回收额目标完成率≥90%	货款回收额目标完成率≥75%	货款回收额目标完成率≥60%	货款回收额目标完成率<60%	A=15 B=12 C=9 D=6
2	销售目标完成率	15%	销售目标完成率≥90%	销售目标完成率≥75%	销售目标完成率≥60%	销售目标完成率<60%	A=15 B=12 C=9 D=6
3	市场准入目标完成率	10%	市场准入目标完成率≥90%	市场准入目标完成率≥75%	市场准入目标完成率≥60%	市场准入目标完成率<60%	A=10 B=8 C=6 D=4
4	公关目标活动完成率	10%	公关目标活动完成率≥90%	公关目标活动完成率≥80%	公关目标活动完成率≥60%	公关目标活动完成率<60%	A=10 B=8 C=6 D=4
5	维护收费目标完成率	5%	维护收费目标完成率≥90%	维护收费目标完成率≥80%	维护收费目标完成率≥70%	维护收费目标完成率<70%	A=5 B=4 C=3 D=2
6	关键行为 ●客户拜访的数量和质量	5%	定期拜访客户≥2次，市场环境好，项目成功率高	定期拜访客户≥1次，客户较认可公司及产品，并对项目的支持力度较大	针对项目拜访客户，但客户环境一般，且有1-2次的项目丢单	很少定期、不定期地拜访客户，工作效率差，项目成功率不高	A=5 B=4 C=3 D=2
	●邀请客户考察公司及样板点	5%	邀请客户考察公司或样板点≥2次，市场关系有很大的突破	邀请客户考察公司或样板点≥1次，市场关系有一定的突破	能邀请客户考察公司或样板点，市场关系很难突破	很难邀请客户考察公司或样板点，市场关系很难突破	A=5 B=4 C=3 D=2
	●组织技术和管理研讨会	5%	技术、管理研讨会的计划实施率100%，客户认同公司产品，技术与管理	技术、管理研讨会的计划实施率≥90%，客户较认同公司产品，技术与管理	技术、管理研讨会的计划实施率≥80%，客户基本认同公司产品，技术与管理	技术、管理研讨会的计划实施率<80%，客户对公司产品、技术与管理认同上存在问题	A=5 B=4 C=3 D=2
	●项目一览表内容的准确性	5%	项目一览表内容的准确性≥90%	项目一览表内容的准确性≥85%	项目一览表内容的准确性≥80%	项目一览表内容的准确性<80%	A=5 B=4 C=3 D=2
	●例行工作报告的质量	5%	按期、高质量地上交，同时针对工作问题提出工作改进建议（获得荣誉奖或合理化建议奖1次）	有1-2次未按时上交，但所上交的工作报告质量不高	有2-4次的拖后或未交情况，所上交的工作报告质量一般	经常不能按时上交且例行工作报告质量较差	A=5 B=4 C=3 D=2
	●有效的沟通和合作	5%	能较好地与同事、相关部门人员进行工作沟通与合作，各方面人员评价客户无工作投诉	能较好地与同事、相关部门人员进行工作沟通与合作，但工作中出现有1-2次的工作投诉	基本上能与同事、相关部门人员进行工作沟通与合作，但已有2-3次的工作投诉	很难与同事、相关部门人员进行工作沟通与合作，有3次以上的工作投诉	A=5 B=4 C=3 D=2
	●客户满意度的改进	5%	经常听取客户意见并反馈，主动解决工作中的遗留问题，所辖区域客户对其较为认同，从无出现客户工作投诉	较好地反馈客户工作中的遗留问题，所辖区域客户对其较为认同，偶尔有1次工作投诉，但工作改进较大	能够得到客户的认同，但因客户未能及时处理工作遗留问题，造成2次以上的客户工作投诉	客户不认同，并有多次工作投诉	A=5 B=4 C=3 D=2
	●由上级主管确定的其他关键行为以及用来调节上述关键行为权重的部分	10%					A=10 B=8 C=6 D=4

表 5-5 代表处高级产品经理、产品经理、产品工程师季度绩效考核标准

序号	考核内容	权重	A	B	C	D	分值
1	销售目标完成率	30%	销售目标完成率≥85%	销售目标完成率≥70%	销售目标完成率≥55%	销售目标完成率<55%	A=30 B=24 C=18 D=12
2	空白市场进入目标完成率	15%	空白市场进入目标完成率≥85%	空白市场进入目标完成率≥70%	空白市场进入目标完成率≥55%	空白市场进入目标完成率<55%	A=15 B=12 C=9 D=6
3	合同错误率	5%	合同错误率≤2.6%	合同错误率≤5.6%	合同错误率≤8%	合同错误率>8%	A=5 B=4 C=3 D=2
4	关键行为 ● 项目管理（立项、策划、分析、监控、总结、档案）	10%	项目资料齐备完整，对项目从总体策划、市场分析等方面进行强有力监控，项目管理规范并对合同签订起决定影响。	项目资料较完整，能对项目从总体策划、市场分析等各方面进行分析及监控，对项目管理较规范并对合同签订有影响。	部分资料不完整，对项目的分析、监控措施一般，对项目管理松散并对合同签订影响小。	主要资料不完整、凌乱，项目监控不利，基本处于失控状态。	A=10 B=8 C=6 D=4
	● 以技术引导为目的的客户拜访的数量和质量	5%	客户拜访计划完成率≥95%（有洽谈记录），能达到预期目的，效果好，能引导宏观层思路。	客户拜访计划完成率≥90%（有洽谈记录），能达到预期目的，效果较好，对宏观层思路较大影响。	客户拜访计划完成率≥80%（有洽谈记录），基本能达到预期目的，效果一般，对宏观层思路影响小。	客户拜访计划完成率≤75%（有洽谈记录），不能达到预期目的，对宏观层没影响或负面影响。	A=5 B=4 C=3 D=2
	● 技术方案的质量	5%	制定的技术方案可行，有利于我司后续商务达成，性能成本比高，并教导方以有效引导局方思路。	技术方案可行，有利商务达成，商务成本低，能救局方以降影响较大改变。	技术方案基本可行，但经救改修改才确定。	局方认可其技术方案，且从技术上遭到多数人反对。	A=5 B=4 C=3 D=2
	● 例行工作报告的质量	5%	按期、高质量地上交公司所要求的各种工作报告，针对问题并提出改进建议，及时彻底完成率≥90%。	有1-2次未时或未出现的工作情况，针对性和完成率≥80%。	有2-4次未时或未出现的工作情况，针对性和完成率≥60%。	经常不能按期上交，且报告质量差，及时性和完成率<60%。	A=5 B=4 C=3 D=2
	● 控制合同成交质量（价格、付款方式）	5%	合同商务控制好，价位高出公司授权价，付款方式为买方合同贷款占总金额比例≥90%，无随意承诺行为。	合同商务控制好，价位在公司办授权内，付款方式为买方合同贷款一年内结清占总金额比例≥80%，无随意承诺行为。	合同商务控制一般，公司授权内，付款方式为买方贷款≥70%，随意承诺行为且影响不大。	合同成交较差，价位低于公司离合公司授权价，付款方式为买方不付款一年内结清一年内占金额清不到70%。	A=5 B=4 C=3 D=2
	● 客户满意度的改进	5%	有改进计划、主动组织、协调协处理解决技术、工程服务问题，客户评价高，工作无投诉。	有改进计划，能较好地组织、协调解决客户问题，客户评价较高，偶有1次以上投诉。	无改进计划，但能基本处理遗留问题，客户评价2次以上，工作效果不明显。	无改进计划工作无改进，客户多次投诉，造成市场上的工作损失。	A=5 B=4 C=3 D=2
	● 有效的沟通与协作	5%	能很好地与相关部门人员进行工作沟通与协作，上级、下属、相关部门人员评价均高，工作中无投诉。	能较好地与相关部门人员进行工作沟通与协作，相关人员评价较高，但工作中有1-2次的投诉。	基本上能与下属及相关部门进行工作沟通与协作，目标性相关不好，有3次以上的工作投诉。	很难与相关部门人员进行工作沟通，目标性相关不好，3次以上的工作投诉。	A=5 B=4 C=3 D=2
	● 由上级主管确定的其他关键行为或用来调节上述关键行为权重的部分	10%					A=10 B=8 C=6 D=4

7. 考核结果的保存

上述各种评价分数、综合分数及各种排名结果保存在市场干部部。

从华为的市场管理流程、战略管理流程到代表处六大工作目标管理，华为的流程管理覆盖面广、深入细化，但操作复杂、难以入手。我把这些流程、目标、理念梳理展现给大家，目的是使大家对华为规模营销的方法知其然，还知其所以然。在实际操作上，华为经过三十多年的营销实践，把优秀营销人员的好经验、好方法总结归纳成了华为规模营销的经典战术方法，即华为营销的"三板斧""一纸禅""一五一工程""新丝绸之路"。这些都是非常简化、易懂、易操作的经典销售方法。在华为品牌影响建立之后，项目机会大量涌现。为了解决大量项目的可复制性、可管理性，华为又总结出了"营销四要素"战术方法，即客户关系、解决方案与品牌、融资与商务、交付，是大项目的成功要素框架。在四要素里你是不是看到了传统营销要素的客户和竞争这两个单独的方面？因为所有的四要素都要求站在客户的视角来看，所有的要素是和对手相比得出的数据，而不是自我陶醉。

华为这些经典战术方法特别适合目前企业学习、应用，因为现在已经不是依靠销售人员的勤快或关系就能提高销售业绩的时代了，销售最关键的是要获得客户的信任，而销售人员一个一个地打电话或者上门推销已经使人们恼羞成怒了，销售人员累得要死也不会有什么业绩。这时，营销活动就要以展览、现场会、汇报会、参观公司、参观生产线、组织客户旅游或时尚团队活动为主，使客户对企业从了解、认识到认可，再到建立信任，业务拓展就容易得多。

从营销"三板斧"到"一纸禅"

"三板斧"是指：带客户参观样板点、带客户参观公司总部、在客户机房开实验局。华为营销人员虽然有大量的市场策划报告、引导方案、工作总结等书面作业要做，但是，实际销售运作中，要牢记自己的第一个工作目标就是要邀请客户到公司的样板点参观或到公司总部参观。如果客户不答应，你就天天去客户那里邀请，局长没有时间，你就邀请副局长去，副局长没有时间，你就邀请处长去，目的是要把电信局里从上到下的、对项目决策有影响的人都邀请去参观华为样板点或公司总部。例如华为曾经几十人一批地邀请了十几批山东省的客户到华为公司参观、研讨。当时，载满客户的大巴车一辆又一辆地穿梭在华为公司总部各园区。华为的品牌形象、产品技术、企业文化就这样逐步地被客户了解、熟悉、认可。华为的产品和服务也就这样逐步地被客户认识、熟悉、购买。

带客户参观样板点与参观公司总部顺序可以不同，但必须都要做到。因为，客户到公司总部参观是增强客户对华为公司整体的认可，使客户认可公司的核心竞争力、成长力以及以客户为中心的公司文化；客户到样板点参观是增强客户对华为产品的认可，对华为的产品性能、技术领先和优质服务的认可，用华为给样板点客户带来价值的真实应用场景触动客户的合作欲望。

"一纸禅" 是指针对客户的应用场景，华为差异化价值的最精简版本，精简到一张纸以内。内容一定要简单明了，重点突出，优势明显，做到好记、好讲、好用。

任正非曾经说过，人的一生总结起来，用一张A4纸足够了。即使是很伟大的人也写不到半页纸，大部分的普通人，用两个字就可以总结了，就是"凡人"。一个平凡的，没有世界级贡献的人。迪拜第九任酋长穆罕默德·本·拉希德·阿勒马克图姆，在《我的构想》一书中写道："没有人会记得第二名是谁。"

第五章　华为规模营销的战术方法

所以,"一纸禅"切记不要把产品性能特点、技术优势写得密密麻麻,弄巧成拙,只需要把你的产品的最突出的几大优势或特点表述清楚即可。后来,华为的大部分产品的销售指导书都按照"一纸禅"的要求,用一张 A4 纸表述出来,起到了很好的销售指导作用。同时,有的产品在写这个"一纸禅"的时候才发现没有值得写入的差异化、突出性的特点或优势,这使得"一纸禅"反过来推动了产品研发改进。

> **华为在马来西亚 3G 项目中的营销"三板斧"和"一纸禅"**
>
> 华为当年在马来西亚的 3G 项目运作中就很好地使用了营销的"三板斧"。当时华为的 3G 只在马来西亚一些偏远地区有些应用,没有形成规模,在客户心中只是一个二流品牌。
>
> 第一板斧:华为营销人员说服客户的 CTO(Chief Technology Officer 首席技术官)和技术团队到就近的新加坡样板点参观。这是因为在东南亚地区,新加坡代表了最高要求。在新加坡样板点,华为向客户展示了领先对手一代的最先进技术网络。然后让客户团队自己做对比测试,自己去和新加坡客户交流,让马来西亚客户获得华为新加坡客户最真实、最有说服力的评价。马来西亚客户参观完样板点后对华为的 3G 技术和产品的真实水平和性能的印象开始有了好转。
>
> 第二板斧:经过前面的样板点考察,客户觉得华为 3G 产品值得考虑,答应去华为公司总部参观考察。在华为公司总部展厅,马来西亚客户看到了各种领先的解决方案、行业应用。在深圳华为坂田基地还有着比诺基亚、爱立信更漂亮的园区,更朝气蓬勃的研发团队,更先进的生产设备。客户觉得华为是一个有技术、有实力、发展前景很好的公司,值得长期合作。

> 第三板斧：在华为高层领导的帮助下，华为在马来西亚客户公司搭建了一个实验局，在标书截止日期之前给出了实验局完美的测试报告，还安排了一波接一波的客户和媒体去参观。
>
> "三板斧"之后，华为给出了"一纸禅"，上面突出了华为解决方案差异化的独特优势，选择华为的理由，为什么应该长期合作，解决方案的差异点，以及可以给客户带来的价值等内容，简单明了，重点突出，优势明显。
>
> 一系列流程化的运作之后，客户在心中已经认可了华为，客户关系也就建立了，项目最终拿下也就顺理成章。对于所有企业来说，"三板斧"和"一纸禅"都是值得学习和借鉴的好方法。

从"一五一工程"到"新丝绸之路"

华为营销"三板斧"经过一段时间的运作，发展出"一五一工程"。

华为营销**"一五一工程"**即一支队伍，五个手段（参观公司、参观样板点、现场会/展览会、技术交流会、管理和经营研讨会），一个资料库。

一支队伍，从公司层面看是"所有部门组合成一个强大的团队"，华为通过矩阵式管理，将内部各个职能部门拧成一个团队，形成一个利益共同体。通过这种方式打破职能分工和传统绩效考核造成的"铁路警察各管一段"现象，借助内部IT网络平台，最大限度降低"内耗"，对客户需求做出快速高效的响应。从销售项目层面看，华为销售不再是个人英雄式的单打独斗，而是建立一支欲望强烈、分工合理、高效运作的项目团队，开展多专业的团队运作模式，使负责客户关系的客户线、负责

第五章　华为规模营销的战术方法

技术解决方案的产品线、负责交付与服务的交付线三线目标一致、高度协同，专业而有专长，分工而有协作，在同一个方向上聚力奋战，最终达成项目成果。

五个手段是"参观公司、参观样板点、现场会/展览会、技术交流会、管理和经营研讨会"。看似平常，但这正是很多企业忽视的重要工作。华为为抓住这五个与客户面对面互动的机会建立了世界一流的企业园区，高端大气上档次的产品解决方案展示厅，先进、多业务性能、为客户带来实际价值的样板点，以及精心策划、细致周到、堪称完美的接待流程，使华为营销模式由营销人员个人的艰苦攻关转变成组织（公司、团队）的品牌影响和技术、产品的先进性和优质服务能力的综合牵引。也就是说，华为一般营销人员对公司介绍、产品技术讲得不够深入、不够好时，可以把客户带到公司总部或样板点，请华为高层领导给客户讲华为文化，请顶级的研发专家和技术专家来讲产品、讲技术，讲得清清楚楚、明明白白。这五个手段也成为"标前引导"环节的核心工作，目的就是在投标之前让客户认可华为、认可华为的解决方案，甚至为竞争对手设置"门槛"，使华为中标率得以大幅提升。

管理和经营研讨会，主要是指华为给客户介绍华为的管理经验或研讨华为的经营实践，例如陈珠芳老师（原华中科技大学工商管理学院副院长，后来加入华为）给客户讲人力资源管理及心智模式转变；陈培根老师（原湖南大学管理学院教授，后来加入华为）给客户讲《理性与平实》《均衡四感》；吴春波老师（中国人民大学教授，《华为基本法》起草人之一）讲《华为基本法》，等等。与客户的研讨，使客户认可华为，认可华为的管理和文化。一般在安排管理研讨会的同时都会安排介绍一两个华为的产品，例如有一次，陈珠芳老师给一个电信局讲华为薪酬管理和心智模式转变，公司就安排我去讲接入网产品。以研讨促销售也成了华为经典的营销手段。

一个资料库是指一个强大的"知识数据库",即公司知识库。在需要时,它可以被快速调用,大大节约方案开发时间,提高问题解决速度。

当一个销售人员做完了这五个动作中的两个或三个,销售项目就有 **80%** 的成功把握了。华为营销把这些战术方法固化到制度和文化当中,使这些营销手段成为营销人员的标准动作。从而培养了一批又一批的营销新人,使他们快速成长为华为营销的骨干。

"新丝绸之路" 我们在第二章第二节已经讲解过了。简言之就是走出国门的华为营销人员意识到,要想销售产品,就必须让世界了解中国,了解华为,让客户了解中国改革开放这几年的发展成就以及华为所做出的贡献。因此,华为制订了一个"新丝绸之路"计划,邀请大量的外国运营商客户、政府官员和电信专家到访中国,并参观华为公司总部和样板点。

华为规模营销的战术方法简单朴素,只不过华为把它做到了极致。

02

华为营销排兵布阵
规模制胜的法宝

1999年，一个中型代表处的年销售额在4亿—5亿元人民币，其最核心的工作就是销售合同的签订与回款。代表处的工作重点是在年初把所有销售任务分解，建立一个个销售项目组。每年有近100个销售项目组。代表处后续的所有工作基本上都是围绕着这些销售项目组的计划而展开。

多销售项目的项目群管理

代表处的客户经理、产品经理配置往往是不够用的，人少项目多，怎样排兵布阵才能科学有效？怎样监控、解决项目运作过程中的问题？代表处有客户经理和产品经理合计二十多人。不但要将他们分配到一个个销售项目组中，还要在分配时考虑兼顾全省十几个地级市和二十多个县、市（县级市）的行政区域。

首先把代表处的所有项目根据金额大小、战略重要性、竞争难易、客户关系好坏等要素进行分类和排序。其次，把代表处所有营销人员，包括代表处主管、客户经理、产品经理按客户公关能力、产品技术宣传能力、综合把握项目运作的能力等进行摸底和排序。最后，把相应的目

标客户根据客户决策层与华为的客户关系情况，以及客户与重要竞争对手的客户关系情况分类排序。（如图 5-2）

销售项目分类排序 ↔ 销售人员分类排序 ↔ 目标客户分类排序

图 5-2　销售项目、销售人员、目标客户有机匹配，综合权衡

把这三大系统的分类排序有机匹配，综合权衡。代表处三个销售主管，每个人都被分配在 5—6 个重大、困难的项目组里担任项目成员。同时，每个主管对口 4—5 个大的地市客户关系的维持，另外，还要被分配至少一个待突破的地市或重大客户的关系突破任务。

代表处在大部分项目组匹配完成后，再对项目组的人员进行审视，并进行人员配置的微调。客户经理和产品经理的配置技巧是：用"酒鬼"对付"酒鬼"，用书生"对付"书生。即如果客户主管是吃喝玩乐型的性格特征，我们就要为客户配一个相对也比较能吃喝玩乐的客户经理。如果客户主管是一个懂技术、爱学习的"书生型"人物，我们的项目组就要匹配一个技术水平高、能"镇住"客户技术能力的产品经理，而且可以把能力强的产品经理任命为项目组组长。

用书生"对付"书生

华东某省电信局的一个副总工，是典型的书生型专家，曾经去国外某大型电信设备制造公司培训过，号称局里的交换机技术"百事通"，一般的供应商销售人员他都不太搭理。由于他一直不接受接入网这个新技术，华为在这个省的接入网推广几乎是寸步难行。华为派过几个技术大拿去做

第五章　华为规模营销的战术方法

工作，几乎都是碰壁而回。公司派我去试试，看能不能"镇住"他。这可是个难啃的骨头，我得好好准备一下，想个好办法。于是，我与前几个会过他的技术大拿沟通，了解了一些细节，又在与代表处的沟通中了解到，他主要是对交换机了解透彻，对技术比较感兴趣，而对接入网这个近几年才发展起来的新技术并不太了解。我觉得应该从接入网技术来突破他的固执。于是，我准备了充分的接入网资料，就去会他了。

他一开始对我也是爱搭不理的。我就跟他谈接入网的 V5.2 接口的三层协议，讲第二层协议又分为两个子层。他就开始谈交换机的 7 号信令，我差一点被他绕进交换机的陷阱，因为他是交换机的专家，在他面前谈交换机不就是班门弄斧吗？我赶紧把话题绕开，跟他讲 V5.2 接口中链路控制与 7 号信令的不同以及接入网接口的标准性和通用性，并说接入网是打破交换机占地为王、扩容只能用原有交换机垄断的最佳选择。

我把我了解到的接入网从理论到实际应用的真实情况告诉他："理论上欧洲某通信设备巨头 S1 公司在某国际通信展上抛出了接入网 FastLink 的宣传彩页，但实际上是连研发局都没有成功，实验局就根本没有踪影；U 公司宣传已经在某省电信局开了实验局，我专门去这个局的机房里考察过，机房运维工程师告诉我问题很多，要达到商用至少有很多设计需要改进，而根据现在的进度，估计半年、一年都很难商用；另一家号称接入网在某局已成功应用，我也是专门飞去客户机房考察了，到了现场才发现，只是一个光环设备，是多次模数转换、容量很小的接入补充，根本不是接入网，因为不是 V5.2 接口对接的，业务接入、容量、技术等等都差距太大。"我告诉他我已经在短短的半年多时间里飞了十几个省，获得了大部分省的接入网开局应用的第一手资料。

> 他开始对我有点半信半疑了。我就把我不久前在《人民邮电报》新技术专栏上发表的技术文章《光纤接入网发展的新趋势》拿给他看，他把《人民邮电报》看了很久，看完以后，他对我说："你总结得很全面、很到位。"《人民邮电报》可是全国通信领域最权威的国家级报刊，而新技术专栏更是引领全国通信领域新技术发展趋势的理论前沿阵地。这是他非常难得的对一个供应商技术人员的接受和认可。我也感到非常欣慰，不只是因为能够得到他的认可，更因为从此以后又多了一个能深聊技术的朋友。
>
> 后来，他对我说："你这一篇文章看来会在全国各地掀起一轮接入网建设高潮。能不能给我们先开个实验局？"正如他所言，随后的几年，全国各地掀起了很长一段时间的接入网建设高潮，华为也通过接入网突破了很多国际巨头们垄断的交换机市场，获得了可喜的市场份额。

代表处能力较强的产品经理当项目组组长并同时配置一个能力稍弱的客户经理；每个客户经理负责1—2个地级市的区域，而每个产品经理负责3—4个地级市的区域；在一个项目组里的客户经理和产品经理必须尽量做到性格互补、主次分明，在运作上要经常相互沟通、统一口径、目标一致地面对客户。客户经理与产品经理的有机配合是项目顺利运作的关键。

代表处把需要公司高层支持的最大项目单独列出来，把项目需要支持的高层领导名单、时间列出，提前与高层领导预约。

最后，代表处制定出销售项目组的人员安排清单，并在每周的例行评审中及时调整，动作要快。

第五章　华为规模营销的战术方法

销售项目过程监控

每周末的项目进展评审会是营销成功的最关键监控点，在评审会上近百个项目逐个"过堂"，是对上周运作的总结及求助。

每周五下午，各地市的营销人员全部回到代表处，并在晚上聚餐。代表处的餐厅就设在居民小区的一套大房子里，大家聚餐时一般坐好几桌。大家一起工作、一起加班、一起吃、一起住、一起玩，就像一个相亲相爱的大家庭！尽管大家后来被分派在世界各地，但多年后，大家还自发地回到代表处欢聚了一次。

周六早晨开始项目进展汇报、评审。由项目组的客户经理和产品经理分别汇报一周来所做的工作、进展及求助，评审组由代表、销售副代表和产品副代表组成。代表处的近百个项目每一个都要评审，一整天的时间都不够用。后来，我们又把项目分类中的 **60%** 左右的金额偏小、难度偏中低的销售项目，交给代表处的中层主管组成的评审组过堂，这个中层评审组主要由各系统部主任和各产品行销部经理组成。这样，两个项目评审组并行评审，一方面缩短了代表处整个销售项目评审的时间；另一方面发挥了代表处中层主管的能动性，同时锻炼培养了代表处中层主管的分析、判断、运作项目的能力。

评审会发现很多问题，如客户决策层领导意见分歧，客户对建设项目选择的产品解决方案有疑虑，客户方投资计划推迟，竞争对手高层支持活动频繁、威胁大，等等。同时要求我们必须立即给出项目指导意见，并制订出下周的关键行动计划。另外，还要加快申请公司高层支持。对此，代表处人员往往是既期待，又担心。期待公司高层领导来帮忙推动项目，但同时又担心领导考察代表处的业务运作情况，怕挨批评。

过程监控的目的是在销售项目运作过程中及时发现问题，并迅速给出改进建议和行动计划。

市场一线呼唤炮火的技巧

在代表处销售一线呼唤公司的炮火是有一定的技巧的。公司资源总体来说是有限的，而代表处希望获得的能对销售项目给予很好支持的好资源就更有限。一般来说，主要有以下技巧：

（1）一定要提前计划、提前申请，把优质资源提前锁定，在重大项目的销售策划时就把高层支持所需的内容直接规划进去，并尽早申报，使高层领导有充足的时间调整行程规划。

（2）平时，项目的定期书面总结，包括周总结、月度总结，是项目管理的总结报告，也是销售项目运作监控的关键输出，要抄送、密送给相关领导、专家，请他们提建议，加强他们对项目的了解和指导。

（3）有节奏地请相关领导、专家来代表处支持，或邀请代表处所在地是其故乡的领导、专家到访，顺便能让他们探亲。不能"平时不烧香，临时抱佛脚"，平时要多汇报、多沟通。这样，在项目需要时才能及时获得高层支持。

03

华为为客户提供优质的服务

华为与客户的 12 个关键接触点

华为与客户的 12 个关键接触点，是华为完整的销售流程中与客户良好互动、直接带给客户真实服务体验的各环节的重要节点。华为营销把这些关键节点做到了极致，远远地超过了所有的竞争对手。这 12 个关键接触点也是销售项目从线索（市场机会点）到投标，到合同签订、履行，再到回款全过程高效运作的项目监控点。华为营销积累了三十多年的销售项目管理的经验和教训，整理、归纳、总结出这 12 个营销关键接触点，也是华为营销组织、流程、IT 系统不断优化和改进，提升运作效率、客户满意度和品牌形象的关键点。我们把这 12 个关键接触点划分为设备采购、合同履行和设备运营三大类。

设备采购方面：

（1）电话、邮件、微信等远程咨询和建议

（2）项目建议与交流（包括客户关系拓展与巩固）

（3）接收技术建议书、报价书

（4）合同谈判

（5）合同签订

合同履行方面：

（6）现场准备、付预付款、交货期跟踪、培训

（7）收货验货

（8）设备安装及割接

（9）终验，付余款、尾款

设备运营方面：

（10）（向华为）咨询或投诉

（11）接受设备维修及维护服务

（12）退换货

设备采购是销售流程的前端，也是华为与客户建立关系的重要环节。华为与客户的接触，起始于电话、邮件或面谈等，无论是客户主动地联系华为还是华为主动地联系客户，都是营销人员获得销售线索的第一手信息，非常关键！因此，在这些与客户有直接沟通的关键岗位一定要安排服务态度好、有责任心、有关键技能的人员。守承诺、重情义、懂感恩是华为销售持续成功的做人准则。

电话、邮件、微信等远程咨询和建议　是12个关键接触点中唯一一个不与客户面对面的接触点。客户通过各种方式远程联系企业，这个过程一般暗示着客户对企业感兴趣，包含客户对企业的产品、地点、服务、人员的咨询或查找，往往蕴藏着一些潜在的购买商机。如果企业接收、处理、反馈得及时、规范、专业，使客户感到满意，很可能这就是一单生意的良好开端。相反，如果企业忽视了电话、邮件或微信等方式联系的重要性，无意间就把找上门的潜在客户推出了门外。

第五章　华为规模营销的战术方法

某银行客服电话体验差的典型案例

前不久，我有一笔 100 万的理财到期了，就想打银行电话咨询一下有什么理财产品可以购买。但是，当我拨通某国内知名银行的服务电话时，遇到的情况是这样的：先听到一段录音广告"欢迎致电×××银行客户服务中心，我行最新推出智能语音导航服务，说话就能办业务，抢先体验请按 6，自动语音服务请按 1，信用卡服务请按 2，个人金融服务请按 3，挂失及紧急服务请按 4，公司金融服务请按 5，智能小×服务请按 6，投诉及建议请按 7，For English service please press eight."听完这一连串的录音清单后，我按了 3，又开始听到另一连串的录音"短信通知账户状态及转账查询请按 1，理财及外汇业务请按 2……"我不耐烦地听完第二段录音清单后，按了 2，又开始听到一连串的录音"基金赎回请按 1……跨境理财通业务请按 8，人工服务请按 9，返回上一层请按 0"，我高兴地想，这回总算能找到个活人问一下这 100 万有什么理财产品可推荐购买的。我赶紧按 9，听到的又是录音而不是期待已久的真人的声音！"为了您更快捷办理业务，请输入您的身份证号或账号，字母以星号代替，以井号结束，其他证件开户或跳过证件开户请按星号和井号进入。"我赶紧去找身份证，只能把电话先挂了。然后，拿到身份证，我又重新把上面的流程走了一遍，最后输入身份证号。结果，电话那头还是录音："现在工作人员忙，请您稍后再拨。"这就是所谓的语音智能客服。我的耐心已经完全丧失了，剩下的是愤怒、烦躁！你们说，我还会把钱存到这样的银行吗？

这不是在看湖南卫视大兵和赵卫国演出的相声《如此推销》，而是现实中的真实案例，你现在就可以拿手机打一下电话试试。另外，还有很多企业直接电话回复："尊敬的客户您好，当前人工座席繁忙，您可通过自助语音或关注××微信公众号等自助渠道办理相关业务……"然而，往往你在微信上提交了问题，要过很多天才有人联系你处理相关事宜，有的甚至根本就没有回音。客户体验感极差。有的企业电话虽然是人工接通了，但是，还是解决不了问题。

相反，我们来看一看华为是怎么做的。

华为公司电话总机和服务热线都是24小时的人工接听，电话铃响三声之内电话接线员必须接听，电话接线员一声甜美的"您好！华为"，礼貌、简洁、规范，她的微笑您能听得见。而且接线员能快速、准确地把电话转接给相关业务人员，及时沟通、处理问题。华为的优质服务从接电话开始，就把竞争对手甩得远远的。全世界能提供像华为这样的24小时人工接听电话优质服务的企业并不多。

市场部新员工通宵值班接听总机的体验

1996年，我在市场部新员工培训时，有一个培训环节是公司电话总机值班，就是晚上不睡觉，通宵值班接公司总机电话。在科技园华为用户服务中心大厦一楼的客户工程部的办公桌下，接待员就睡在铺在地上的垫子上，公司总机晚上直接转到接待员办公桌上的电话。我原来以为夜深了，电话应该不多，可以稍微睡一会儿，实际上，到凌晨两三点还是电话不断，大部分是公司员工打来的，查询研发部门某某领导或专家的电话或者就直接让我转接到他的手机上。华为总机有一个很实用的功能，就是已经把华为员工的座机号或手机号做了关联，简单操作一下就能够把来电转到员工的手机上。也有客户打来的查询华为售后服务人员手机号码的电话。通过电话总机值班，我真实地了解到华为研发人员夜以继日、通宵加班的拼命干劲；我也更深刻地理解了4小时内到达客户机房现场的服务承诺背后隐含着多少华为服务人员的艰辛和付出。电话总机值班使我对公司要求所有干部必须24小时手机保持开机、随时准备接听电话的制度有了全新的认识。

第五章　华为规模营销的战术方法

现在，绝大部分企业的电话总机基本上成了摆设，有的只有工作日、工作时间才有人接听；有的是所谓的机器人智能录音接听，这个假智能的机器人根本满足不了客户的真实需求；有的是一大堆广告、一大堆选择清单，把企业自己应该内部分解的职责转移到客户身上，使客户极其反感；有的干脆就永远没有人接听，或者转接一下就断线了；有的电话转来转去，踢皮球，反正是解决不了客户问题。另外，邮件、微信等网络服务也是反馈不及时或根本没有反馈。

项目建议与交流　是销售项目运作前期与客户的关键接触点。主要包括两个方面的工作：一方面是客户经理拓展、巩固客户关系，进行大量的客户拜访及交流活动；另一方面是产品经理把握市场，培育、引导出销售项目。

华为的客户经理、产品经理在拜访交流中要建立普遍的客户关系，包括客户高层、决策层主管，中层建设处、运维处主管及工程师，基层秘书、司机、门卫等。

客户经理、产品经理要做到：

（1）到客户机房、设备运行维护的地方，与运维工程师交流，了解客户现有网络设备的现状，获得第一手的网络数据，包括设备厂家、型号、数量、组网模式等等；

（2）了解客户现有的各厂家的设备在技术、运行、维护等方面的优点、缺点，找到设备运营的问题、痛点；

（3）根据客户的现状及华为产品的优势，给出合理的技术建议和改造方案；

（4）与建设处工程师交流，了解客户的业务发展规划，根据当地人口、企业发展情况等，了解设备扩容的时间和数量；

（5）了解竞争对手的最新动态。

此外，要特别注意与客户交流以上信息的地点和环境：
- 在客户机房了解网络设备现状，运维的问题和痛点；
- 在办公室了解客户业务发展规划和业务绩效目标完成情况；
- 在客户家里或单独交流时，了解竞争对手动态。

项目建议与交流，是销售项目良好运作的开端，是销售项目成功的基础。

> **到客户机房了解客户运营痛点问题**
>
> 有一次，我在客户机房里看到某通信设备巨头的交换机还在用磁带机记录用户话费信息，倒换、拷贝磁带信息需要很长的时间，而且经常出故障。由于话费信息是电信局向用户每月收取话费的唯一依据，不能有丝毫的差错，这样，就得有一个维护工程师时刻守着，吃饭也是别人送到机房的。这个维护工作太苦了！华为的C&C08交换机早就用光盘来记录这些信息了，原来要好几个小时拷贝信息的磁带，用光盘只要十几分钟就拷贝完成了，而且，光盘安全、集成、高效，不像磁带容易发霉、缠绕、低速且故障率高。我建议他们尽快废除老旧交换机，上华为的C&C08交换机，告诉他们对搬迁老旧交换机，华为有很大的优惠。后来，经过一番运作，局里上了华为的交换机。

接收技术建议书、报价书　各供应商厂家的技术建议书、报价书，大部分是根据客户给出的招标书的要求制作的。当然，如果前期销售项目引导、操作得好，使客户不招标、只与华为议标，那肯定是最好的结果。

技术建议书尽量选择在最后时间点提交。在提交技术建议书之前，要想尽一切办法了解竞争对手建议书的内容，找出其弱点，用华为的产品优势以及差异化竞争获胜。报价书是投标活动最关键的内容，要做四

第五章　华为规模营销的战术方法

套不同的报价方案，按照总价分为高、中、低三种方案，另外准备一个空白的报价表，准备随时将报价填写上去。将四份报价表分别装在四个同样的报价信封里备用。

合同谈判　在谈判前，要了解客户与竞争对手的谈判情况；了解客户的心理预期及目标，做到心中有底。要策划至少3—4轮的谈判，有计划地让步。一般谈判时间是一周左右，要注意以下三个关键点：

- 华为只能示弱，不能示强；
- 从整体总价来看全局，而不是从某一个单项看盈亏；
- 对未来的运维收费价格的限制不能承诺。

合同签订　是销售项目成功的标志性里程碑，是买卖双方双赢的值得庆贺的时刻。华为要求员工在签订合同之前，一定要把谈判的最后结果归纳、汇总，提交给公司进行合同评审；合同签订后，还要及时地给客户在此销售项目前后各环节有贡献的人员每人一份礼物及正式的感谢信，以示感谢！

合同签订只是销售项目成功的一半，要及时获得客户的预付款。后续的合同履行、设备运行等售后服务的好坏，是客户满意的根本。这方面，华为是有绝对的服务优势的。最核心的是在每一个环节有提前的信息沟通，例如收货现场准备，开局机房电力、空调准备等，都需要按规定提前正式地与客户沟通好。最有效的方法是督促客户成立一个与华为对应的合同履行项目组，确认共同认可的沟通渠道、沟通方式，以及关键环节要正式通报给客户高、中、基层哪些人员，从而提高华为在售后服务项目运作中的工作效率，提升华为服务的品牌、形象和客户感知。

现场准备、付预付款、交货期跟踪、培训　合同签订后，第一时间在IT系统中上传、发布合同信息，同时启动工程设计。代表处工程设计工程师到客户现场提取安装数据，完成工程的现场勘测及工程设计任务。

工勘和收到客户预付款是合同生产备货的起点（有的合同，需要工勘设计在合同签订前完成）。合同履行人员按规定提前、定期地给客户和华为的履行项目组所有成员通报合同进展状态，安排双方要提前准备的工作。设备的生产制造状态也是定期通报。华为的交付经理与客户经理协同，对客户的工程管理进行流程化的详细指导。

对客户的培训有现场讲解培训和客户派运维工程师到华为培训中心培训两种方式。现场培训要有给客户的培训资料，有讲解胶片，充分准备，正式实施。大型通信设备的合同履行避免不了合同更改、错货纠正、界面不清等问题，把这些问题当作例行化的工作进行处理，把具体方法固化成模板、流程，就能心平气和地处理，而不急躁发火生气。一定要以客户为中心，快速高效地为客户解决现场问题。华为内部协调、推动的任务要与客户经理、产品经理保持步调一致。

收货验货　华为按照合同约定时间为客户备货，提前通知客户准备收货，同时，准备到货款。收货地点往往是准备安装设备的各个分散地点，一定要把货物按安装地点分类打包，分别到货、验收。由于货物的运输、搬运是第三方公司来操作，经常会出现破损、漏货等问题。要严格记录、及时上报。先申请补发设备，保证客户安装运行的需要，同时，公司内部启动保险索赔。收货、验货信息要及时通报给客户与华为合同履行项目组所有成员，客户经理据此启动回收到货款。

设备安装及割接　设备的安装、调试、测试等工作现在很多都是外包给第三方安装工程公司做，他们的管理与人员素质与华为有较大差距，存在的问题比较多。对安装管理重视的客户会明确提出要求华为员工承担安装任务，不希望用第三方工程公司。此时，应该尊重客户的选择。设备割接是项目运作的里程碑，一定要通知双方领导到现场助阵，提前做好割接不成功时恢复网络的准备工作。

第五章　华为规模营销的战术方法

终验，付余款、尾款　设备割接完成，入网运行后，交付经理应及时将设备终验报告等资料传递给客户经理，客户经理根据合同条款，收取项目尾款。此时，客户往往会找各种理由延迟付款，因为设备已经开通，客户不必要催华为到货、安装、割接了。客户经理一方面要协调各方把设备遗留问题尽快解决；另一方面，需要更有耐心、更勤快地做催款工作。

在设备运营阶段，大型通信设备的售后服务、运行维护不可避免地都会出现这样那样的问题。客户的问题往往第一时间被反馈到华为的交付经理、区域维护经理，华为的交付经理、区域维护经理一定要高度重视客户的咨询或投诉！要第一时间向上通报并求助，同时，尽快联系客户经理等相关资源快速解决问题。华为要求员工要主动服务、例行化地与客户开展运维研讨会。华为聘请第三方专业满意度调查公司对华为客户进行满意度调查。

（向华为）咨询或投诉　客户可以通过华为的三级技术服务体系进行技术咨询或投诉。第一级是华为代表处在当地的服务部门，客户先直接与区域维护经理沟通、咨询；第二级是地区部的服务部门；第三级是公司总部的技术服务部。对于客户的咨询、投诉，无论问题大小，都一定要高度重视。首先要对客户表示歉意；其次，记录备案，给出回复的明确时间，无论是否能解决问题，都一定要在承诺的时间给客户通报问题解决进展。同时，反馈给服务部门主管、客户经理等相关人员，推动问题解决。客户投诉一定要闭环管理！同时，要使客户对投诉问题的处理结果满意。另外，在华为内部，要根据所有客户的有效投诉，对华为相关责任人进行考评。

接受设备维修及维护服务　华为客户提供及时的故障板件更换和维修服务，保证客户设备运行的延续性，指导客户管理和配备适当的备件。

319

区域维护经理在接到维修信息时，要第一时间通知客户经理，尽快安抚客户！站在客户的角度、立场，为客户减免维修维护费用。同时，尽快协调资源，解决问题。

退换货 产品的质量问题或发错货问题会导致退换货。退换货已经导致了工期的延误，同时，也暴露出华为的管理问题和短板，客户遭受了损失，自然火冒三丈。这时，我们更应该耐心冷静，诚心道歉，尽快处理。华为早期的交换机 C 型机等设备，由于在设计、运行、维护、扩容等方面与后来的 B 型机有一定的差距，华为公司秉承与客户是长期的战略合作伙伴关系，对客户网上的很多老设备进行了免费更换，深得运营商客户的好评与信赖。

客户与华为直接接触的时间是很少的。尤其是在签订销售合同之前，只有华为的客户经理、产品经理及相关主管去拜访客户，或在展览会、汇报会、研讨会上能直接接触客户，能请客户到华为公司或样板点参观是很难得的事。而与客户真正接触是在合同履行和设备运营阶段。大部分企业销售都重视售前做工作，忽视了售后这么好的维护、巩固和提升客户关系的机会。这个阶段也是向客户推广、宣传其他产品的好机会！

客户满意比什么都重要

华为的整个销售流程都彰显出"以客户为中心"的企业文化，客户满意度是衡量华为员工的重要依据。我们可以从华为与客户的 12 个关键接触点得出以下感悟：

（1）人工接听比智能客服更重要。人工接听给客户的体验是真实的、方便的，体现出对客户的尊重，可以快捷、准确地理解客户个性化的问题，并有针对性地解决，从而使客户满意。录音电话俗称语音智能客服，它们只能根据你提到的字符或者你选择的数字提供固定答案，这些固定答案也是有限的、共性的，无法针对个性化需求及时提供服务。例如机票改签、货物运输过程信息错误、网购质量问题等，都有处理时间的限制，都很有个性，智能客服针对这些个性化问题就不智能了，有很大的局限性。客户往往是在网络上搜索、研究了很久，大部分的共性的、基本性的问题是不会专门打电话咨询的，就是因为这些个性化的问题解决不了，才打电话咨询。

（2）售后比售前更重要。客户关心的是货物能否尽快到货，能否顺利安装、调试、割接。设备稳定运行，日常操作便捷，综合运营成本低，能给客户带来更多的运营收入。

（3）做到比说到更重要。信守合同，对客户的承诺要兑现。技术建议有的放矢、直击痛点；服务响应及时、解决问题有效、服务过程规范。

（4）开通比扯皮更重要。合同履行过程中会有这样那样的小问题，一定不要责备，更不要扯皮推诿。一切以设备开通为目标，提早开通一天，客户就多一天的运营收入。

（5）"防火"比"救火"更重要。无论是售前还是售后，华为人的规范化、专业化、高素质、高效率要在华为销售全流程中体现出来。无论是产品配置还是合同履行，减少差错、减少更改，比出现差错应急救火更重要。

（6）确认比通知更重要。合同履行项目组规范的沟通管理和通过约定的方式发布项目信息是必要的。对需要双方配合的事项不仅需要通知，还要确认、确认、再确认。

（7）现场比远程更重要。设备运行出现故障时，直接影响客户的收入和绩效。华为人一定要以最快的速度赶到故障现场，客户看到华为人到了现场，就放心了！而通过电话、网络远程支持、诊断、排除故障的方法都不如人赶到现场好。

（8）解决问题比付款更重要。合同履行与设备运营在初期会有些小问题，客户希望尽快解决问题，才能付相应的款项。客户经理必须协调资源，推动解决问题。

（9）退货比购货更重要。当客户对已经采购的产品不满意，要求退换货时，华为应该立即满足客户的需求。华为最早的宣传资料上有一句话："凡购买华为产品，可以无条件退货，退货的客人和购货的客人一样受欢迎。"

（10）总结比庆功更重要。经过一段紧张的项目工作，设备顺利割接运行，这值得庆贺！但更重要的是对项目的总结，对项目经验、教训及改进建议进行记录、报告、归档、入案例库。

（11）改进比道歉更重要。我们会收到来自客户的批评和改进建议，也会了解到竞争对手的好的做法。对客户的批评建议无论大小，都要重视，进行记录、分析、改进并及时反馈给客户。

（12）客户满意比什么都重要。为客户服务是华为存在的唯一理由，客户满意是华为生存的基础。我们必须以客户的价值观为导向，以客户满意度为标准，华为公司的一切行为都是以客户的满意程度作为评价依据。

04

华为规模营销的独特作战能力培养

规模营销市场一线的业务职责

华为以客户为中心的营销业务职责，包括**四大业务**：客户关系、市场、销售和服务。客户经理对外代表公司组织、监督并实施这四大业务，对内代表客户直接向公司反馈客户对公司的意见。客户经理直接归属代表处管理。

客户关系业务包括客户意见直接反馈；客户关系评估与分析，对行业客户群的整体与个体进行客户关系的分析、评估，并对华为与政府机构的公共关系进行评估与分析，寻找客户关系和公共关系改进的方法；客户关系规划，对客户关系的发展和改进进行策划和拟订工作计划；客户关系改进，改进已有的客户关系，不断寻找新的客户，并与之建立联系，形成新的客户关系。

市场业务包括市场信息收集与维护、市场策划和市场推广。收集客户信息、竞争对手信息、产品信息、区域市场信息、融资信息等市场信息，及时更新和维护市场信息数据库，为市场分析和决策提供基础数据和资料。市场策划包括市场分析，通过对客户现有设备和建设计划、所处区域的宏观经济环境、客户投资重点和方向、当地融资特点，以及客户自身的经营状况、决策链和决策模式进行了解和分析，分析客户的业务需求、商务需求以及达成需求的程度。通过对竞争对手的客户关系、市场情况、服务、人员配备等信息的了解，分析在特定市场上竞争对手的战术、战略、优势和劣势。通过对公司实力、网上应用情况、客户关系等的了解，结合目标市场情况，从技术、客户关系、商务等多个方面分析我司的优势和劣势。确定市场机会和目标，分析我司在领域（客户群、产品、区域）的市场机会及与之相关的业务目标。确定各产品在目标市场上的产品推广及技术宣传，销售渠道等策略。确定对目标客户有针对性的服务计划和行为。确定目标市场环境下达成业务的商务条件。通过及时、定时的技术交流和宣传使客户了解和认可我司产品。在我司产品有代表性的实际应用点，建设良好的设备运行环境，进行相关宣传，准备相关宣传，准备好接待流程和相关环节。邀请客户考察公司和样板点，增强客户对我司的认同。组织举办各类研讨会（如管理研讨），增强客户对我司的认同，与客户建立更密切的伙伴关系。通过广告、展览等活动，宣传公司形象。向客户介绍、推广各种融资和操作方法，使客户接受和采用新的融资方式。向客户宣传我司的服务政策，推广服务收费。

销售业务包括根据公司总目标和市场情况，制订针对客户的具体的销售、市场进入、技术支持等计划，并及时统计计划完成情况。对销售项目的实施进行监控，调集相关资源，保证及时发现和解决问题，使项目顺利进行。以完成销售为目的，对项目的运作进行统一的部署和策划。制定符合客户需求的设备方案、商务方案、工程安装方案。通过技术交流和推广，增强我司在销售项目中的竞争力。与客户在产品方案、商务方案和工程安装方案上进行谈判，达成一致。与客户签订产品销售合同、协议。与客户及融资方签订融资付款的协议，协调用户付出产品销售的货款。协调监控货物交付（包括预付款、备货发货、安装调试和终验），实现谈判中给予客户的承诺。以完成销售为目的，对项目的运作进行统一的部署和策划。制定符合客户需求的技术支持方案、商务方案。与客户在技术支持方案和商务方案上进行谈判，达成一致。与客户签订技术支持销售合同、协议等。

服务业务包括工程服务、技术支持、资料支持、用户培训、备件支持和客户满意度管理等。通过专业设计系统，提取现场数据，完成工程的现场勘测及工程设计任务，指导设备生产与安装。依据合同对从合同签订至设备验收的所有工作，如备货、验货、安装调试、测试、检验等进行管理，保证合同的顺利执行。面向客户，按服务请求类别负责设备验收后的所有客户需求的有效解决，包括技术支持、受理投诉等。编纂、发行各类技术资料，满足用户培训、装机、维护时的资料需求，提供一整套的面向客户的完备、实用的资料。根据合同向客户提供职业化、规范化的客户培训，以保证客户对设备的维护能力。提供及时的故障板件更换和维修服务，保证用户设备运行的延续性，指导用户管理和配备适当的备件，提供用户备件紧急购买需求。负责客户满意度的改进和评估，制定客户满意度改进策划并实施，对客户意见进行收集、反馈、协调和处理。

立体式的客户关系管理及能力培养

客户关系指企业为达到其经营目标，主动与客户建立起的某种联系。这种联系可能是单纯的交易关系或是通信联系，也可能是为客户提供一种特殊的接触机会，还可能是为双方利益而形成的某种买卖合同或联盟关系。

客户关系的作用：良好的客户关系能为企业提供安全、稳定、全面和可持续的商业机会，为企业与客户间持续不断的交易和合作提供方便，促进企业与客户间的深度信息交流，及时全面理解客户的需求，掌握其未来发展方向，做到持续不断地满足客户的需求，从而持续支撑企业战略愿景和业务目标的达成。

客户关系的升级步骤：简单交易—供求关系—合作关系—联盟关系。简单交易指简单的买卖关系，购买的是标准产品和服务；供求关系指稳定的供应商关系，地位优于普通竞争对手，向客户提供特殊的价值或优惠；合作关系指产品或服务路标与客户未来发展方向达成一致，形成长期合作关系，高度屏蔽竞争对手；联盟关系指战略与愿景高度一致，相互参股或共同成立合资公司，为了共同的商业利益形成了相互渗透式的联盟。企业应根据自身业务的发展需要，规划与不同客户间的客户关系目标。

华为规模营销的客户关系管理，把华为与客户的关系概括为立体式的客户关系体系。

立体式客户关系体系包含了三个层面，即组织客户关系、关键客户关系和普遍客户关系。以普遍客户关系为基础，以关键客户关系为支撑，以组织客户关系为牵引。组织客户关系、关键客户关系和普遍客户关系之间不是递进的关系，而是共同存在的，就好像一栋房子有屋顶、有支柱、有地基，这三者都必须有，它们共同构建出客户关系的整栋大厦。（如图5-3所示）

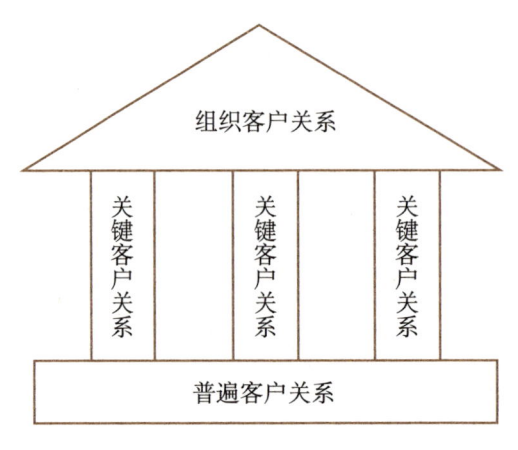

图5-3 立体式客户关系框架

怎样拓展这三个层面的客户关系？怎样通过有效的客户关系管理达到市场和竞争目标？华为公司经过三十多年的营销实践，把客户关系拓展、管理的一整套系统的经验、方法纳入华为管理客户关系流程。（详见图 5-4）我们在本书第四章第二节的华为流程架构与管理体系（图 4-8）中可以看到，6.0 Manage Client Relationships 管理客户关系流程是公司 17 个一级流程之一，属于使能流程，它其实是一种支撑能力，本身并不能直接产生价值，它通过支撑 3.0 Lead to Cash 线索到回款流程及相关流程的顺畅运作产生价值。

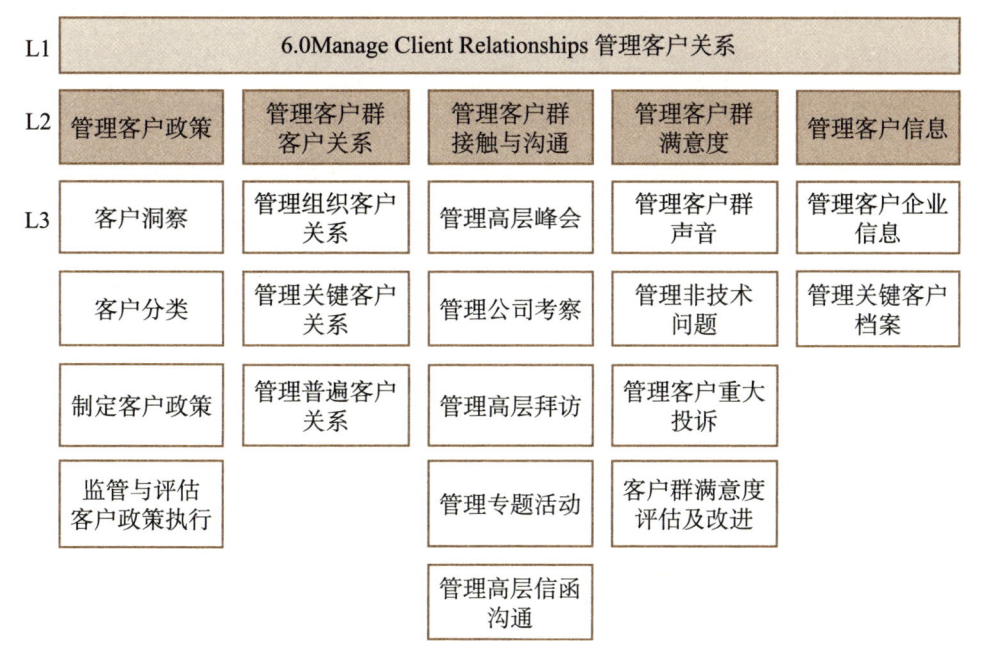

L1	6.0Manage Client Relationships 管理客户关系				
L2	管理客户政策	管理客户群客户关系	管理客户群接触与沟通	管理客户群满意度	管理客户信息
L3	客户洞察	管理组织客户关系	管理高层峰会	管理客户群声音	管理客户企业信息
	客户分类	管理关键客户关系	管理公司考察	管理非技术问题	管理关键客户档案
	制定客户政策	管理普遍客户关系	管理高层拜访	管理客户重大投诉	
	监管与评估客户政策执行		管理专题活动	客户群满意度评估及改进	
			管理高层信函沟通		

图 5-4 华为管理客户关系流程

管理客户关系就是要构建统一的平台和客户界面，对组织、关键和普遍客户关系进行规划、执行、监控与总结，提升全流程规范化、例行化闭环管理，以及优秀实践、信息资产的建设和可持续发展。客户关系管理对有效提升客户关系的竞争力负责。

管理客户关系的作用：业务贡献、流程贡献、组织贡献、人员赋能贡献。

管理客户关系，究竟如何管？重点抓两件事：规划和评估。规划是抓年度规划、季度计划，包括市场地位，关键行为；另外，还会有一些专项活动的管理。评估是评估客户关系是否达成既定目标，关键动作是否按期、高质量完成。

管理客户关系的手段就是 PBC 和 KPI，即按绩效结果分钱。

客户关系规划整体来看就是要考虑宏观环境；考虑客户（战略和挑战、决策模式、决策链）；考虑对手（市场战略定位及目标，市场策略，客户关系提升策略，客户关系拓展手段，客户关系的主要支撑点、关系水平、存在问题，组织构架与分工等）和我们自身；要以年度目标、中长期目标（市场、销售、竞争、赢利）为中心；要思考如何提升客户关系（包括组织、关键、普遍客户关系）来支撑市场、竞争等目标的达成。例如我们的目标是要在明年取得 WCDMA 核心网 40% 的市场份额，那么，组织客户关系至少要达到 Strategic Supplier 战略供应商，关键客户关系至少要有 2—3 个首席体验官（Chief Experience Officer，简称 CXO）对华为支持并排他；3—4 个关键客户支持不排他……普遍客户关系要达到中以上。然后，就是要研究如何达到这个最低要求。

客户关系规划有四个步骤：（1）市场分析；（2）客户关系分析；（3）目标、策略与措施；（4）执行、监控。

市场分析

市场分析包括宏观环境分析、运营商分析、竞争对手分析、华为对运营商的市场定位与目标。**宏观环境分析**在前面阐述较多，这里就不介绍了。华为对运营商的市场定位与目标就是我们是如何看待这个运营商的，是我们的战略客户还是中坚客户或一般客户。

运营商分析即分析影响运营商决策模式的因素。所有制不同，决策模式肯定不同；大型跨国运营商的决策模式与不发达国家的非主流运营商决策模式也不一样；100万美元的项目的决策模式与1亿美元的项目的决策模式也不一样；试验局与商业合同的决策模式更是不一样。

在分析运营商决策模式时，我们离不开决策链鱼骨图。要画出决策链鱼骨图，关键要针对某个目标（例如3年内市场份额达到40%，今年实现移动产品的突破等），整理出重要的相关决策部门、决策人。越靠近目标的部门越重要，越靠近主鱼骨的角色越重要。我们可以用不同的颜色来区别关系现状。一定要强调：针对不同的目标，有不同的决策链。

我们以客户关系决策链鱼骨图为例（图5-5），图的中间是一根从左到右的轴，轴上有4条斜线。最右边是中标，这里中标的含义很宽泛，可能是一个投标的项目、一份合同或一次关键的谈判。

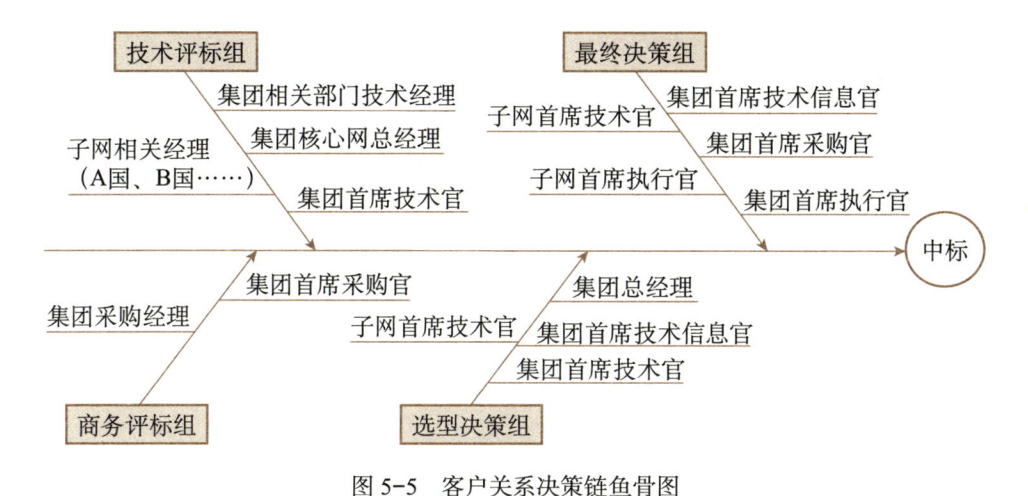

图 5-5 客户关系决策链鱼骨图

我们看关键动作涉及客户，比如最左边的商务评标组涉及两个人，靠下的是集团采购经理，靠上的是集团首席采购官。越靠近中轴线的人的作用越明显，影响越大。以此类推，后面有技术评标组、选型决策组，一直到最终决策组，最终决策组里的子网首席技术官和集团首席技术信息官，这两个人的作用几乎是一样的。我们根据鱼骨图，可以确定这些关键的客户，但是鱼骨图也有一些局限，鱼骨图在分析某些较为复杂的问题时能够发挥的作用十分有限。

组织权力地图（图5-6）是根据客户决策人员的权力层级以及其与华为关系的好坏绘制的客户关系分析图，客户关系评价标准有六个维度、五个层级。六个维度：（1）接受认可度；（2）活动参与度；（3）信息传递；（4）项目及日常业务指导；（5）项目支撑度；（6）竞争态度。五个层级：不认可（-1）、中立（0）、支持（1）、支持并排他（2）、教练Coach（3）。以华为公司为例，有一些特别好的客户关系，如教练Coach层级的客户会在这个项目里告诉你哪些地方不能这样做，你应该去找谁，这个地方应该怎么做。组织权力地图右下角的下标是客户对华为的态度，按照-1、0、1、2、3这样分五级。左上角的英文字母是客户在组织当中的影响力。A是批准者，也就是我们俗称的签字的人，合同、标书或回款单上批准者的签字不能少，一般都是最高的层级，多为公司的CEO或董事长；D是决策者，享有最终决策权，如CTO、采购委员会主席；S是决策支撑者，很多大的项目在很多事情上需要一些顾问、咨询或决策的支撑，如网络部门主管、业务部门主管、主管工程师、技术VP；E是评估者，就是写报告的或者看合同的人，评估者将对整份合同或整件事情作评估；I是影响者，影响者不属于上面的四类人，但也有一些话语权，一般是指电信管制部门、相关政府部门、利益团体。

可以从左上角和右下角的两个点锁定客户，判断客户在整个组织里的权力和能量，以及对我司的态度。要尽量去争取那些影响力比较强的人。

第五章　华为规模营销的战术方法

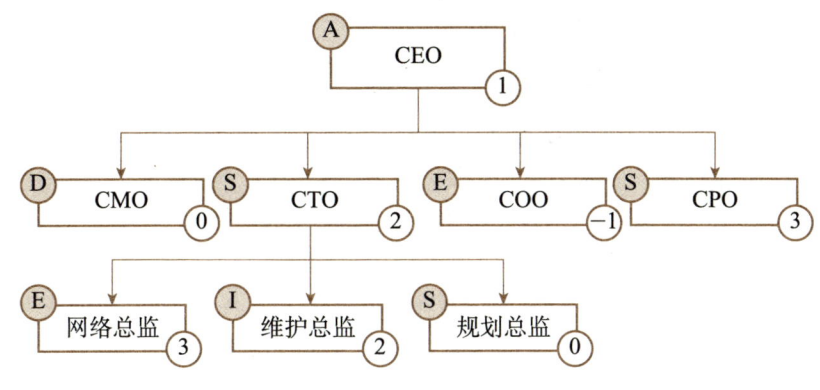

```
              ┌─ A ─ CEO ─ 1 ─┐
              │               │
    ┌─────┬───┼────┬──────────┤
    │     │   │    │          │
   D     S   CTO  E          S
   CMO   ─2  COO  CPO
   0          -1   3
         │
    ┌────┼────┐
    E    I    S
  网络总监 维护总监 规划总监
    3    2    0
```

图 5-6　组织权力地图

在分析运营商决策模式时，还要关注和把握好隐形决策链。一个项目从表面上看是评标小组在操作，评标组主席应该有最大的权力。其实不是这样，评标组主席要听 CTO/CPO 的意见；CTO/CPO 又要听 CEO 的意见。但也并不总是这样，一般情况下，CEO 会受到董事会/主席的影响，还会受到电信部长、评标监管小组等的影响；还会受到亲属、朋友的影响。这些间接影响 CEO 决策的人，我们称为隐形决策链。在客户关系拓展中，应该关注和把握好隐形客户决策链。

无论是从决策链鱼骨图、组织权力地图，还是隐形决策链中，我们都可以看到，客户各层级的人员在项目决策过程中起一定的作用，但是他们的作用不同。董事、股东、电信管制部门、相关政府部门、利益团体等会出于自身的目的去影响决策；网络部门主管、业务部门主管、主管工程师、技术 VP 会评估供应商，给出自己的建议，支撑决策；CTO、采购委员会主席会给出决策意见，呈交给最高层批准；CEO、董事长、执行主席最终批准决策。

竞争对手分析主要包括六个方面：

（1）市场战略定位及目标；

（2）市场策略；

（3）客户关系提升策略；

（4）客户关系拓展手段；

（5）客户关系的主要支撑点、关系水平、存在问题；

（6）组织构架与分工。

对竞争对手不了解，就等于是市场行为中的瞎子。例如如果我司能了解到竞争对手与某客户之间的分歧，我们就能很容易地撬动客户，把客户争取过来。

客户关系分析

客户关系分析要从组织客户关系、关键客户关系、普遍客户关系三个维度来分析。

组织客户关系的定义：为实现长期可持续的互利合作，企业与客户在组织和组织间发生的各种联系，主要是为了双方在战略规划和业务发展上形成良好的匹配和合作关系。

组织客户关系的作用：建立双方战略匹配，支撑业务持续增长；营造双方良好的合作氛围，提升关键客户和业务部门的合作意愿度；使双方的合作关系受个人客户关系更换所致负面影响减少。

组织客户关系分为四个层级，从低到高依次是参与者、供应商、战略供应商和合作伙伴。

参与者（Vendor）：偶尔有机会参与客户招投标的供应商，尚未获得项目。就是客户发了标书，参与者可以去购买，然后按照标书要求，完成达标、交标。可能有机会参与谈判。

供应商（Supplier）：已经完成市场/产品准入的供应商，当客户将商务作为首要考核因素时，供应商能成为可选对象；与参与者不同的是，供应商能参与谈判，并签订了合同。

战略供应商（Strategic Supplier）：关系到运营商战略发展格局的产

品、服务供应商，市场份额大于 10%，与运营商的战略匹配度较高，可进行高层首席体验官层面的例行互访、高层业务研讨会（路标、交付、现场会），实现关键产品进入、多产品进入、长期合作的框架合同，进行例行高层对话和互访。较供应商的区别是，可能事前参与或隐形参与标书的制定，并能协助客户完成项目成果评估。

合作伙伴（Partner）：能参与到运营商的业务经营全流程，合作深度已经进入客户核心地位、价值区域，并拥有 20% 以上的市场份额。战略匹配度高，位列短名单前两位，Top 项目成功，达成双方战略合作协议，参与高层管理团队年会，管理研讨；参与从评估客户面临的挑战和压力、协助寻找战略机会，到制定目标、制作标书、发标等多项事务。

这里带来一个正向激励的过程：你如果已经成为该运营商的合作伙伴，你就可以参与到它的问题评估，就可以协助它制定目标、制定标书，你自然就有更多的项目获胜机会；有了更大的市场份额，你就能与客户建立更稳固的合作伙伴关系。对此，IBM 做出的总结是：如果我们不能与客户一起影响其对供应商的选择，我们就会有 93% 的可能丢掉该合同。

关键客户关系的定义：为达成企业业务目标，主动与客户公司内的关键人物建立的各种联系，通过改善和维持与这些人的良好关系，以赢得他们对本企业品牌、文化和产品的支持，从而促进本企业与客户合作的达成。

关键客户关系的作用：支撑企业与该客户的战略达成；支撑企业格局项目及竞争目标的达成；支撑企业盈利。关键客户关系是战略项目成功、奠定市场格局的关键。

关键客户关系是与运营商决策链关键个人的客户关系，是一种功利性关系，是一种与竞争对手相比较的关系，其特点就是唯一性。客户尊重你，但他不一定在项目中支持你，更不用说唯一支持你。人际关系中，如果你讨厌某人，不与他/她打交道就可以了；可是客户关系不一样，某个关键客户讨厌你，反对你，你反而要想办法改善与他/她的关系。

关键客户关系四要素：

- 战略合作伙伴关系，包括合作伙伴关系、实质性战略合作伙伴协议、实质性合作框架、美誉度；
- 竞争排他性支持，如市场封闭、项目封闭、排他性支持、竞争对手边缘化；
- 关键项目支持，如市场格局、战略产品进入、价值区域、项目质量；
- 立体支撑，包括形成立体支撑、Coach 数量、质量。

普遍客户关系的定义：为提高业务顺畅度和客户满意度，与客户相关业务部门建立的联系，以此建立和维护与业务部门人员的良好关系，使他们支持企业与客户的业务合作，对本企业的产品和服务做出好评。

普遍客户关系的作用：有助于使信息渠道畅通、及时、有效；业务流程顺畅；负面事件不扩散；提升品牌忠诚度和口碑、满意度。

任正非在《迎接挑战，苦练内功，迎接春天的到来》一文中说："普遍客户关系是我们差异化的竞争优势。我认为普遍客户关系，华为公司近一两年进展情况是很好的。小公司只搞一两个关系，最关键的关系，成本最低。但是现在决定事情的时候，也是要大家讨论的，大家的意见也不可能逆水行舟……我在华为公司这么长时间，问题讨论不出来就下次再讨论。我心里怎么想的，嘴上也不说。最后大家说的和我想的一样，我就说也赞成这个方案，最后是大家决策的。现在的决策体系，个人霸道的决策已经不存在了，这个环境不存在了。"

组织客户关系、关键客户关系和普遍客户关系三者是相互影响和相互制约的。组织客户关系是牵引市场长远发展的发动机，它的改善、提升可以促进关键客户关系、普遍客户关系的改善、提升；关键客户关系是项目成功的关键，它的提升又可以促进组织客户关系的改善、提升；普遍客户关系是建立良好市场氛围的基础，它的提升有助于关键客户关系的稳固，有助于组织客户关系的建立、改善和提升。仅仅有关键客户关系是不够的。随着产品、服务的进入，你首先要面对的就是设备维护人员，你必须关注他们，否则，没有问题会变成有问题，小问题会变成大问题。之后你要面对的就是回款，因此，与财务相关的客户也要关注。普遍客户关系强调的是业务线、各层面的关系均衡性，要考虑上下左右的关系。关键客户关系与普遍客户关系的对象不同，拓展、改善的方法也不同。

目标、策略与措施

目标、策略与措施指客户关系拓展、提升的目标、策略与措施。

客户关系拓展的目标是让客户做出有利于我司的决策，使我们的商业目标（市场、竞争、经营等指标）达成。

客户的决策心理：真正有意义的不是我们销售的实际价值，而是客户心中的价值；价值因人而异，每个人的价值观是不同的。

客户在面对多个可选对象时，即使你的价格高一点，为什么也会选择你的产品，而不选择其他公司的产品？这是一个很复杂的事，可能他上一次就用的是这个产品，感觉这个产品的质量好一点；也可能因为销售员的极力推荐或者这个产品的包装比较好，适合送人。总之，他觉得"值"。他判断这个产品的价值大于供应商要求的价格。对于电信供应商来说，就是集体判断出价值大于价格。所以，我们的工作就是要影响、改变客户的判断。真正有意义的不是我们销售的实际价值，而是产品在客户心中的价值。你的产品价值是 100 元，如果客户觉得只值 80 元，一般情况下，他就不会购买。价值因人而异，每个人的价值观是不同的。这就是为什么在一个客户群中，不同的首席体验官对你的产品、服务价值判断是不一样的，要有重点地传递华为价值。营销人员应该认识到他们可以给客户带来七个方面的价值：经济价值（增加收入、降低总拥有成本、提高资产回报率/股价等），时间价值（缩短产品上市时间、简化选择过程、避免潜在风险等），质量价值（提供更优质的服务、延长产品使用周期、减少瑕疵品等），指导和建议价值（顾问式营销、专业服务品质等），形象价值（工作许可、劳工政策、纳税、环保、提升品牌和公众形象等），政治价值（国家关系、国家政策影响、融资等），关系价值（避免潜在矛盾、安全感等）。营销人员应该针对不同的客户和打击不同的竞争对手，突出不同的价值。

关键客户关系拓展四个关键步骤

（1）分析并识别谁是关键客户，通过决策链鱼骨图、组织权力地图以及隐形决策链，识别出关键客户人物。

（2）确定拓展目标和责任人，建立关键客户拓展卡片：

- 准确识别目标关键人物，并建立关键人物卡片。
- 配置高层赞助人，目的是改善客户关系、推动问题解决、提升客户满意度；选取原则包括地位对等、业务对口、历史交往、解决问题的能力、意愿等；赞助人与关键决策人互信渠道建设，公司考察及展会论坛优先安排见面会谈，定期互访，关键时间点互动（生日、节日等），关键事件互动（升迁、调动、回馈等）。
- 目标承诺：应结合半年度业务与 CR 提升目标做类似 PBC 承诺，必须具体、可衡量。
- 定期回溯：应回溯过去 3 个月目标承诺的达成情况，进行总结并找出差距。
- 责任人应定期维护拓展卡片并确保信息安全（客户关系责任人与客户总览共享）。

（3）确定行动计划，对关键客户人物进行需求分析，包括职业成功/个人需求双赢等显性需求以及隐性需求（价值观、社会关系、个人深层次需求）；进行个人关系链条分析，回答我和他/她有哪些主要的互动、他/她对这些互动有什么期望、我能够给他/她创造什么价值、我怎么才能够给他/她带来更大的价值等问题；进行关系拓展，确定客户关系提升个性化方案，客户关系拓展实施与评估。根据马斯洛需求层次论，逐步提升关键客户关系。

（4）执行计划。首先可以根据马斯洛需求层次论分成五个层次：
- 娱乐、度假、礼物、运动：这是初级接触阶段常用的，主要是混个脸熟。
- 出国考察（培训/调研）：这是让客户进一步认识华为的重要手段，主要包括公司考察、样板点参观、研讨会、观展、大型营销活动等。
- 个人交往（家庭/运动指导）：这是进一步加深个人关系的阶段，主要从满足个人需求来考虑，协助收集客户特点，具体包括观看体育比赛、体验体育活动、家庭聚餐、家庭拜访、协助家属看病求医、子女夏令营、子女求学留学、帮助客户解决私人难题、大型活动入场券、野外活动、假期安排等。
- 专业化（提高个人业绩）：通过协助客户事业的成功，来提升客户关系，包括专项培训，MBA 学位，职业发展，协助策划、润色、撰写、发表论文、出版，协助其在研讨会、论坛上演讲，高级礼遇等。

- 伙伴：考虑与客户的长远合作，相互协助。协助其建立、改善与上层的关系；聘请为董事、顾问；承诺退休后聘请为顾问。

其次，还可以遵循关键客户关系拓展方法：知（知己知彼）、连（建立连接）、信（积累信任）、用（施加影响）。

- 知（知己知彼）：360度多渠道深入了解客户，寻找连接点建立关系，如公司发展、成本与风险、组织运作、行业观点与趋势、性格特点、社交风格、工作经历、发家史、私人生活、家庭、爱好、习惯。全面获取客户工作和个人信息；了解客户风格和性格特征，因人制宜；更好地呈现自己，让客户感知到自己是一个值得信任的人。

- 连（建立连接）：利用自身特点和优势匹配客户，寻找连接点。每一次成功的连接，需要呈现价值和亮点，恪守客户接触行为规范。

- 信（积累信任）：建立个人信任要关注客户的业务和个人需求，帮助客户成功。大量的接触活动是信任产生的基础，每一次质的飞跃都需要一个切入的机会和一次漂亮的接触。占有客户的"时间"才有机会占有客户的"灵魂"。根据麦肯锡信任公式"信任＝可靠性×资质能力×亲近程度/自我取向"，我们对客户业务及个人事物的介入深浅与客户对我们的信任成正比。做人做事要靠谱；要持续修炼品质，强化知识和技能，提升沟通协调能力。

- 用（施加影响）：良好的客户关系，一定要用，要从客户力所能及的小事开始请他/她帮忙，使他/她产生一种他/她对你有用的优越感，我们一定要及时用及时还，价值交换，使他/她感觉到华为是一个知恩图报的、值得帮助的公司。常用常还，信任逐步加深。

作为营销人员，你需要时常思考以下问题：客户为什么要帮你？客户面临什么压力？如何帮助他/她减少压力？换言之，他/她选择华为的理由是什么？能够给公司或个人带来什么价值？不选择华为能够给客户公司带来什么损失或风险？

作为营销人员，一定要信守承诺。对待客户要一诺千金，承诺不论大小，言必行，行必果。绝不说假话。真话可以不全说，换位思考再表达；内外有别要牢记，内部政策不乱说。

关键客户关系拓展常见问题

（1）如何接近难以接近的客户？客户为什么难以接近？只是针对你，还是对别人也这样？是因为客户级别太高，还是因为性格因素、历史原因或是年纪差距太大？他/她的生活圈子在哪里？他/她有什么需求或特殊爱好？这样的客户，一旦被你突破，就可能成为你坚实的支持者。

（2）隐形决策链问题，仅关注了运营商组织结构图中标识的关键职位上的人物，忽视或是没有挖掘出隐藏在显性决策链后的关键人物。

（3）忽视竞争对手，缺乏有效了解竞争对手市场信息的渠道，甚至对竞争对手的活动不敏感。

（4）职业成功需求问题，过多或只关注客户的个人需求，较少关注或忽视了客户的职业发展方面的需求。

（5）关系层次不深，跟客户的关系仅维持在表面上的友好、客气。

（6）明日之星问题，仅关注当前决策链上的关键人物，忽视了即将成为决策链上的关键人物。

（7）拓展的规范性问题，关键客户拓展实践中规范性欠缺，例如法律及当地风俗遵从性考虑不足、风险控制意识薄弱等。

组织客户关系拓展方法

组织需求分析：战略解码与战略匹配、中长期战略目标。

组织客户关系分析：组织客户关系现状分析、竞争对手分析、组织客户关系短板分析。

组织客户关系拓展：制定拓展目标、组织实施监控、四个核心及关键点。

四个核心：

- 沟通（关键点：组织间正式沟通，形式是峰会或研讨；首席体验官之间定期高层对话，形式是赞助人制度；关键团队日常沟通，形式是月度或季度例会）。
- 匹配（关键点：战略匹配，形式是战略沟通、分析、匹配；组织匹配，形式是各层级组织对接；流程匹配，形式是流程理解、对接、互嵌）。
- 联合（关键点：业务联合，联合创新、战略与商业咨询、联合业务规划；联合品牌活动，联合活动、联合发布、联合申请奖项）。
- 认同（关键点：企业文化认同，企业文化交流、学习；管理理念认同，管理理念交流、学习，战略供应商认证；人才认同，人才认可、颁奖）。

沟通的具体措施包括：

（1）建立定期的分层分级沟通机制

- 首席执行官／董事长层级（1—2次／年），最高层战略峰会。交换行业发展变化认识，讨论双方战略发展思考，探讨大的合作领域，建立高层之间的对话。
- 首席体验官／副总裁层级（2—4次／年），技术创新峰会（就发展战略、解决方案、业务演进、技术创新等具体的技术问题开展深入交流、探讨），服务交付峰会（就交付质量、客户满意度、战略采购等交付与合作问题开展深入交流）等。

- 工作层级（周／月度），各产品领域工作会议，各技术领域创新路标工作会议，采购／交付项目沟通会等。

（2）赞助人沟通制度，目的是与客户高层建立持续、稳定的沟通；直接倾听客户高层的声音，推动重大问题的解决；促进高层客户关系持续改善和稳定发展。具体运作包括主动向赞助人汇报业务进展和关键问题，主动求助和使用赞助人资源，跟踪和落实赞助人与客户沟通中的遗留问题处理。

（3）路标交流沟通，客户通过交流获取有价值的信息和意见，修订自己的商业模式和业务发展规划。企业可以获取客户第一手战略信息，牵引客户发展策略，匹配自身发展路标，并提前瞄准项目，超前奠定市场竞争力。

（4）服务年会沟通，目的是解决客户业务运营痛点，提升客户感知及满意度；挖掘服务机会点，促进服务销售。交流内容包括合作回顾及展望，客户诉求、经验分享，以及针对性的服务解决方案。

联合品牌活动：联合 CSR（Corporate Social Responsibility 企业社会责任）活动包括由客户发起本企业参与、本企业发起客户参与，以及共同发起的公益活动，旨在帮助客户及本企业树立负责任的企业公民形象，与客户高层建立起非功利性的深层关系，同时也为本企业在当地营造良好的商业环境。

认同：包括文化、管理、人才方面的认同，使客户认可本企业文化价值观、企业管理理念和人才，认为本企业是可持续发展的供应商，本企业提供的产品和服务是卓越的，本企业的人才是可信赖的。

提升组织客户关系的方法总结

（1）与客户高层商业交流，展现企业商业价值；

（2）解决客户困难和问题，深化战略合作；

（3）相互提供商业年度计划 BP 和策略，帮助客户发展，促进投资；

（4）通过商业咨询创建更多与客户首席执行官、首席技术官、首席营销官等沟通的机会；

（5）帮助客户首席体验官获得知识和帮助，促使其提升个人在该公司的职位，帮助首席体验官所在的公司成功。

组织客户关系拓展常见问题

（1）对运营商的业务发展策略、网络建设策略等不了解或是没有清晰的认识；我司网络解决方案和运营商的业务发展策略、网络建设策略不匹配。

（2）没有高层互访机制、高层管理团队定期年会机制或是较难落实，高层层次不匹配等。

（3）首席体验官层面的沟通顺畅度、频度及对我司的认可度不高，与运营商首席体验官层面的沟通渠道不顺畅、言之无物等。

（4）高层赞助人制度下的各专业工作组定期例会（如路标研讨等）较难落实，各专业工作组定期例会、赞助人经常更换等。

（5）没有实质性合作战略协议，协议内容落实困难等。

普遍客户关系拓展方法

关键要素，普遍客户关系需求分析；短木板分析，客户、对手、自身分析，找出普遍客户关系短木板；制定拓展目标，组织实施监控。与客户接触的界面（组织或个人）都具有客户关系改善的责任。

提升普遍客户关系四个关键要素：技术评标领先、交付成功与改善盈利、品牌忠诚度提升、信息渠道畅通。

如何做好这方面工作？要达成技术评标领先，就要特别关注关键营销活动，要关注测试、准入，关注标书引导、评标报告等。交付成功与改善盈利要关注合同商务条款改善、项目赢利、项目顺利交付、项目验收、回款。品牌忠诚度提升要关注客户合作满意度，引入新供应商意愿，做到重大事故不扩散。信息渠道畅通要关注信息传递及时、有效、主动，关注运营商关键信息、竞争对手市场动态消息、项目信息等。

普遍客户关系五个维度：活动参与度、沟通顺畅度、关键业务支持度、信息及时有效、负面事件影响。

普遍客户关系四个层级：优、良、中、差。

普遍客户关系提升常见措施

点：针对单个客户的公关活动策划和邀请，针对运营商相关业务部门个别客户的营销活动策划，如公司考察、样板点参观、展览会、休假旅游等。

线：针对运营商单项业务线的公关活动策划，针对运营商单项业务线的营销活动策划，如专项考察、业务交流、样板点参观策划和组织、现场会、部门联谊活动等。

面：面向运营商整体的大型营销活动策划和组织，面向运营商整体的大型营销活动策划，如服务年会、技术竞赛、培训、体育活动、大型Party、中国文化活动、本地特色活动等。

执行、监控

执行、监控包括组织建设、责任分工、执行效果评估、监控和目标修订。根据市场分析、客户关系分析和目标、策略与措施的确定，具体落实到部门、人员的责任和要求，分工实施，并对实施过程的关键点和关键行为进行监控调整。

重点关注客户、对手、自身三个方面。对客户来说，我们要了解其中长期规划、组织结构、决策模式与决策链、客户需求、关系现状等等；对竞争对手来说，我们要了解其市场战略定位及目标、市场策略、客户关系提升策略、客户关系拓展手段、客户关系的主要支撑点、其与客户的关系水平、自身存在的问题、组织构架与分工等等；对自身来说，我们要关注市场地位、关键行为、危机处理、信息安全、组织建设等等。对关系梳理、竞争管理、大型营销活动管理进行专项管理评估；在市场和竞争目标是否完成、客户关系是否达成既定目标、关键动作是否按期高质量完成的问题上进行过程评估；结合PBC、KPI对执行结果进行评估。持续审视、完善、调整客户关系规划。

客户关系管理的信息安全与维护

AD（Account Director 客户总监）全面掌握所有规划和进展信息；向"铁三角"下达客户关系拓展目标、确保关键客户关系点对点不交叉；组织客户关系和普遍客户关系进展需在月度例会上共享；关键客户关系只共享方法、技巧，不共享信息。

AR（Account Responsibility 客户关系责任人）作为客户关系管理兼职人员，协助AD建立信息文档（评估、目标、关键客户信息、关键过程等），设置合理权限并及时维护；日常沟通；月度例会召集；保证与AD对全面客户关系的1+1备份。

客户关系拓展总结评估原则

原则一，兼顾"结果"与"过程"。

"结果"指业务目标达成情况。业务目标是客户关系拓展的最终目标。业务目标是否达成是检验客户关系提升最有效的评判工具。"过程"指客户关系拓展的关键动作执行情况。客户关系有长期性、持续性、滞后性等特点，对过程的有效执行是对结果的保证。

原则二，总结标准要可统计、可衡量、可评估。

客户关系总结要尽量客观。总结评判标准的制定要可统计、可衡量、可评估。对结果的总结要以事实为依据，对过程的总结要以数据为依据。

原则三，总结要与过去比改进、与竞争对手比结果。

客户关系无绝对评价，只有相对评价。客户关系提升效果的总结要与过去比改进、与竞争对手比结果。

代表处学习型、能力型、流程型组织的建设方法

代表处是华为营销一线的作战组织，把代表处建设成学习型、能力型、流程型组织是华为营销一线提升战斗力、快速高效运作、持续胜利的关键。

华为市场一线需要什么样的营销人员？2004年2月，在阿联酋，华为公司第一个WCDMA商用局开局，市场一线需要人力增援。对将要派来的人，代表处很直接地提出三个问题：语言过关吗？技术好不好？工作态度好不好？市场一线来不得半点虚的，就是要招之能来、来之能战、战之能胜的勇士。

前面我们了解到华为的大部分营销工作都离不开市场规划、客户关系拓展、技术汇报会策划宣讲、招投标产品配置及报价、技术方案合同谈判、本地广告宣传、现场勘测设计、销售项目管理等等产品知识和专业技能。此外，华为营销还要学习一些个人的基本生活和工作技能，如电脑常见问题处理、办公软件应用、懂外语、做饭、开车、时间管理、沟通管理、效能管理等。代表处学习型、能力型、流程型组织的建设方法，是基于对销售项目的实战案例的学习，让员工在打仗的过程中总结、提高营销能力。

在内部，客户经理与产品经理互相学习，项目组与项目组互相学习，代表处与代表处互相学习；在外部，向竞争对手学习、向客户学习、向

业界最佳学习。鼓励员工自我学习、自我培训、自我提高、不断进步；同时，公司也会对员工开展必要的例行化的培训、考核，强制员工学习、培训，提高营销人员个人的营销能力。公司把培训工作作为考核各级干部的重要指标之一，培训与个人的任职资格和绩效考核挂钩。公司建立各类干部标准，对将提拔的人进行资格审查，如果你想参加某部门经理职位的竞聘，公司首先会对你进行资格审查，没经过相关培训，不能参加竞聘。

1996年，任正非在文章《培训，通向明天的阶梯》中说："1997年、1998年是华为公司确立中国通信领域领导地位至关重要的两年。1999年日内瓦国际通信展将是华为进军世界的誓师大会，海外出口我们已经达到3亿—5亿美金。公司要大发展的时候，我们就要下决心打大决战。这样就要求我们一定要在做实上下功夫。我们管理还很落后，合格的管理干部还奇缺。我们有发展的潜力，关键是如何充分发展出来。从这个意义上讲，培训工作很重要，它是贯彻公司战略意图，推动管理进步和培养干部的重要手段，是华为公司通向未来、通向明天的重要阶梯。"

代表处学习型组织的建设

学习型组织要有学习的组织氛围，要有全员学习的意识。营销干部要带头学习，以身作则。任正非喜欢看书，也希望华为干部能多读书。孙亚芳、任正非有时自己发现了好书，会让秘书买几十本，分发给公司的高层主管们，也经常推荐好书清单给公司高层主管们。电视连续剧《亮剑》播出后，华为要求所有高、中层干部都买一套DVD光盘去看。华为很多营销干部看过后，都说剧情太像华为营销的发展历程了，华为一个个代表处就好像是一个个独立团，华为有几十上百个李云龙似的敢打、敢拼、敢亮剑的优秀团长，他们是华为规模制胜的中坚力量。

> **代表处主管要多看书多学习**
>
> 1997年我到贵阳代表处出差，任总也在，他看到代表处代表正在看书后很高兴，让我们向代表学习。到宿舍视察时，发现用服副代表的宿舍里没有几本书，任总就问他最近在看什么书？用服副代表说最近业务非常忙，没怎么看书。任总很不高兴。回到公司总部，任总专门让秘书联系干部部了解这个用服副代表的工作绩效，发现他绩效一般。后来，这个用服副代表就没有竞聘上岗了。

工作中的学习，分为自学和公司培训两大类方法。自学最关键的是要有效学习，很多人买了很多营销方面的书来泛读，这对积累知识、技能有一定的作用，但是不适合在华为工作中的学习，因为员工在工作中没有多余的时间去泛读，工作中所需要学习的东西太多，必须要有针对性地选择学习内容，并找到合适的学习方法，才能做到有效学习。

工作中自学，首先要学习部门的工作流程、实战经验和方法，然后学习公司的产品、技术、文件和制度。

那么学什么最高效？学公司、部门的案例库最高效！在案例中可以完整地学习一个销售项目从立项、策划、实施、监控、改进到签约、开局、终验再到回款的全过程，而且，案例不仅能教会我们如何吸取成功的经验，还能教我们规避失败的教训，少犯错误或不犯重复的错误。案例是工作中最全面、最真实、最有代表性的实践总结，具有直接、易懂、实用的特性。理论千条不如一个案例！做企业不是做学术，要实打实地出产品、出利润！因此，对销售人员来说，学100种销售理论，不如学几个真实案例，向案例学习比向理论学习更重要！哈佛大学的"案例教学法"认为，案例教学是最节约时间、成本最低的社会实践。做销售，对客户讲道理，不如讲故事，故事讲得好，单子跑不了！与其费口舌讲了半天产品的好处，还不如讲一个真实故事更有说服力。那些成功的企业家、商界精英都很会讲故事。日本保险销售冠军原一平曾说："我的很多客户，都是听了我讲的故事后才被点醒的，我自己在准备故事时，就像演员一般，从背诵到融入当事人角色，认真地练习一二十次，直到抓住故事的精髓为止……那些客户往往听得激动流泪，有时，讲到令人鼻酸的重点时，自己也会掉下眼泪……"另外，还可以学报告（策划报告、实施报告、总结报告等），学会议纪要、文件、流程、制度规范。从这些报告、纪要中，你可以更深入地、系统地对部门业务开展的历史、发展过程、关键事件进行回顾和比较，从而给自己目前的工作带来启发。从部门的数据库里可以集中地找到工作中必须严格执行的流程、制度等规范性文件，可以快速高效地学习掌握实际业务运作的具体经验和方法。

任正非说，培训要从实战出发，学以致用。急用先学，培训士兵就教他炸药包怎么捆，怎么拉导火索，不用给他讲怎么当元帅。

我认为，工作中的学习不要读书破万卷，读书破万卷反而懂得不深不透，而是要读书破万遍。公司公布的很多文件是高层智慧，是反复研究出来的。所以有机会就要多读公司文件，要反复读，读读你就明白了。如果以后要当将军管理整个队伍，你先看看别人是怎么看待整个问题的，一遍不懂不要紧，多看几遍就理解了。

培训要靠自我培训，灌输性培训不是长久之计，最优秀、最杰出的人都是靠自我培训出来的。老师不讲你就学不到，你怎么超过老师？如果不自我提高，甚至重复犯同样的错误，那么再怎么培训你也没有意义。

我更支持短训班，绝对不支持长训。将军不是在课堂上培养出来的，一两个月的课堂培训就够了，学会基本的方法就上战场。华为有个网上平台，你可以在上面学习，然后可以和老师在网上及时交流。培训不需

第五章 华为规模营销的战术方法

要太高档，关键是教会干部怎么做事。

让一线有实践经验的老员工回来讲案例，保证培训效果；装机实习不限定地区，哪里有条件就在哪里做；要加强技能考核，要强调背标准，先知其然，迅速上岗干活，有时间再知其所以然。一个项目要多开战前谈论会和事后总结会。战前研究应该怎么做，战后总结的时候再拿出来讨论一下，看这两者有多少重合度，没有重合度说明你还需要学习，经过两三次的重复你就会进步了。

对于产品知识的学习，任正非在 2009 年 2 月 6 日与 IFS 项目组及财经体系员工座谈时说："我认为我们的财务干部有很多的问题。我在毛里求斯，在新加坡请你们财务人员都拿出笔来考试，画一下华为的产品是什么样子，应该说基本上没有一个人画对。要不今天散会的时候我走了，要他们发纸给你们画，画对了的就去吃饭，画不对的就在这里等到一直画对为止。你们作为财务人员对业务如此不了解，然后就去指责人家不支持你、不配合你。所以我认为，财务人员 15 级以上的干部，如果对公司的业务产品考核不合格，你们 2009 年的薪酬调整、所有的利益调整包括职务调整全部都冻结、不准动。高、中级干部首先要考过关，否则怎么叫你的部下去考。如果你的部下考过关你没过关，由你的部下来管你。你得听懂业务讲什么话呀，你什么都听不懂，就指责人家这个数据不对，那个数据不对，你怎么指责呀？你怎么服务呀？你是为业务服务的，不是业务来为你服务的。一定要搞清楚。我们公司是业务为主导、会计为监督的公司。业务为主导就是业务"抢粮食"的时候，我们后方平台要支撑得上，后方平台不知道抢的是什么粮食，也不知道带什么袋子，别人抢的是小米，拿这个孔这么大的袋子去装，那不是完全漏光了嘛。所以我们还要强调财务干部要对业务了解。"

公司安排的例行化培训：代表处每年在春节结束后的第一周，都会举行例行的全员培训。由公司总部派老师到代表处讲课,包括营销能力提升、各主要产品技术知识、合同评审、订单履行、货款回收、技术服务等与市场有关的课程。结束时,要进行闭卷考试,考试分数备案。年中还有一两次的例行培训。所有这些培训的结果,会作为任职资格认证、干部提拔的必备依据。培训、考试是营销人员学习基本功和提升能力的重要手段。

华为员工终身学习、培训:

(1)岗中培训。对于市场人员来说华为的培训绝对不仅仅限于岗前培训。为了保证整个销售队伍时刻充满激情与活力,华为内部形成了一套完整的针对个人的成长计划,有计划地、持续地对员工进行充电,让员工能够及时了解通信技术的最新进展、市场营销的新方法和公司的销售策略。主要的培训形式是在职培训与脱产培训相结合、自我开发与教育开发相结合、传统教育和网络教育相结合。通过培训提升销售人员的实际能力,保证了一线的市场销售人员具备持久的战斗力。

(2)下岗培训。由于种种原因,有一些销售人员不能适合本岗位,华为则会给这些员工提供下岗培训。主要内容是岗位所需的技能与知识。要是员工经过培训还是无法适合原岗位,华为则会给这些员工提供新职位的技能与知识培训,帮助他们继续成长。

(3)高级干部自费脱产培训(即持续一周时间、不带薪的培训)。公司18级以上的干部,必须提前做好工作计划安排,抽出一周的时间,参加全脱产、自费几万元的培训。

华为早期的年末市场大会,会请当时最知名的讲得好的教授给从世界各地赶回来参会的营销主管培训,讲人文艺术系列讲座。例如2008年华为全球市场工作会议就请美国某美术学院的教授讲从世界名画看世界——人、神、天地,请中央音乐学院副院长周海宏教授讲走进音乐的世界，请台湾大学哲学系主任傅佩荣教授讲哲学与人生，请社科院世界宗教研究所尕（读 gǎ）藏加教授讲藏传佛教的历史、教理及文化特色等。

有一次，拉美地区部管理团队开季度例会，专门把我请过去，给地区部管理团队主管们讲了两天的向下管理高尔夫课程，受到地区部的高度赞扬。这堂课把领导日常管理下属的常见问题分解、细化成像打高尔夫的 18 个洞一样的 18 个大类的问题，把接受培训的学员分成两组开展比赛，抢答得分。这种模拟式、场景式、启发式的教学让大家觉得非常有趣、实用。

代表处能力型组织的建设

华为营销人员能力模型包括三个方面：

- 素质：指的是优秀营销人员具备的基本条件，包括做人、做事、头脑、敏感、心态等。
- 知识：几个方面的知识是必不可少的——产品、市场、业务、营销基础知识和市场分析工具。
- 职业精神：职业道德、仪表、工作态度。

代表处**能力型组织**建设的具体方法如下：

（1）导师制（工匠精神的传承）。新员工到代表处后，代表处会指定一名营销高手做他／她的导师，二人形成师徒关系。导师不仅要将企业文化、价值观传递给新员工，还要将自己的经验、方法教给新员工。新员工无论在工作中还是在生活中遇到问题都能就近、快速地向导师求助。

（2）营销案例库。每周代表处所有销售项目的进展总结，是每个销售人员静下心来对销售项目运作的全面回顾、总结和思考。有很多总结报告能给人新的思路。代表处的每次例会会精选一两个，让报告人在会上给大家讲解，并互动、研讨、答疑，很受大家欢迎。大家普遍感觉这种学习形式好、收获大。会后把这些好的总结报告经过点评、修改，在代表处内部 Notes 平台上发布出来供代表处所有营销人员共同学习。另外，还把其他代表处好的营销案例也转发到这个平台上。由此形成的案例库成了代表处最宝贵的无形资产。

（3）代表处资料库及时更新。在这个信息爆炸的时代，公司内部也存在信息泛滥。为了节省一线营销人员搜寻有效信息的时间，同时，又不错过对公司最新文件的学习，华为在代表处层级进行信息筛选，建立最新资料库。营销人员只要登录这个库，就能看到最新的、必须学习的资料。这对营销人员统一思想、目标一致、动作规范起到了很好的牵引作用。

> **华为代表处之间的信息互通机制**
>
> 公司每个产品行销部都有一个内部电子公告牌，用来发布每个代表处的最新信息。当时，某片区的一个省会城市已经免除家庭电话初装费，只收话机费和安装材料费共 300 元；另一个省会城市甚至只收 80 元。而我所在的省会城市需要用户持有教师证才能以 800 元的优惠价安装电话，而没有证的一般家庭安装一部电话要花费 1 200 元。我赶紧找到局长，告诉他，上面很快会有新政策，会免除家庭电话初装费。建议局里抓紧放号，不然等到政策下来后，一分钱都收不到了。局长打电话问了几个同行朋友，证实了我的话。立刻以 300 元的初装费快速放号。几个月后，新政策下来，真的免除了城市家庭电话初装费。局长为此专门请我吃饭，还给我送了个礼物！这是我做销售第一次收到客户给的礼物。

（4）补短板。总有一两个营销人员的能力相对较差，这样就成了代表处的营销短板。对这样的营销人员，一定要指定一个具有好老师品质的营销高手来一对一地帮助、带动他们。或者，调整他们所负责的区域或对口客户，减轻他们的市场压力；或者将他们调整到相对容易做的市场区域，使他们能获得一些短期的成功，以此增强信心。

（5）组合销售的能力。组合销售是华为实现市场目标突破的利器，也是华为营销的独特优势之一，主要方式有：

- 赠送：开实验局，树立样板点。针对华为新产品或未进入的新市场，可以采用开实验局或赠送一个点的设备，让客户真实体验华为产品的性能、质量、优势，便于进一步占领市场。例如2001年，当时的总理朱镕基代表中国政府向俄罗斯赠送了华为的DWDM光波分复用传输设备，既给中国赢得了荣誉，又使华为光传输产品突破了新市场。
- 搭配：买一送一，不降价，扩容时才有利润。例如客户买交换机时华为会赠送其接入网产品或传输产品，这是华为打败爱立信等国际巨头的关键利器。
- 搬迁：在客户准备扩容时，由于竞争对手在网上的设备老旧，管理维护很不方便。为了统一管理，降低维护成本，扩大华为的产品份额，我们就会建议客户把竞争对手的老旧设备搬到边远的地方使用或者干脆换掉，华为对这部分搬迁的设备给予补贴，从而达到压缩竞争对手市场份额的目的。

智能网卖800万 VS 竞争对手免费赠送

问题：华为智能网产品要卖800万人民币，而竞争对手提出免费赠送给客户，怎么办？

有一次，某省电信局的一个智能网项目，竞争异常激烈。最后只剩华为和另外一个实力很强的跨国巨头竞争。当年华为已经拿下了全国14个省份的智能网项目，对手也拿下了14个其他省份的智能网项目。这个省的智能网项目谁拿下了，谁就位居当年的市场份额第一，对厂家的品牌宣传和产品定位都是意义重大的。公司高度重视，研发体系总裁亲自飞到代表处找到我说："这个项目如果丢了，你这个产品副代表就不用干了。"势在必得，必须万无一失！我去局里找总工兼副局长，偶然地看到传真机上的一封传真，是竞争对手发来的，传真上说经过公司高层慎重考虑，以及为表示对局方的诚意，这个项目中价值1 000万元的设备本次免费赠送给局方。我当时就傻了！怎么办？回来跟研发总裁和项目团队说了。一个智能网产品经理当时就急得眼泪都快出来了，他说："我们也免费赠送吧！"总裁说："不行，最低也要卖800万元，他们的智能网比我们的差，是几年前的东西，技术、性能、发展潜力都不如我们。"怎么办？别人免费赠送，我们要卖800万，局方会要谁的？结果是显而易见的，我们失败是注定了的！我不甘心！我不死心啊！所有的问题来源于客户，也就只能去找客户解决。我就挨个拜访客户相关领导，一方面做客户工作，另一方面看能否找到好办法。

　　天无绝人之路，正好不久局里要上一个很大的交换机项目，是华为交换机的扩容项目，是个谈判项目而不是招标运作的。我们就干脆把这个交换机项目再搞大一些，把网上的其他厂家的交换机一并搬迁掉，这样，公司有很大的优惠政策，我们在这个交换机项目里给局方的优惠是免费赠送智能网。在公司内部结算时，智能网是按800万卖的。确定下思路后，代表处加公司高层紧密运作，最终拿下了这个智能网项目，使华为的智能网成了市场份额第一、品牌第一的产品。华为组合销售是战胜强大竞争对手的利器，也是华为营销的独特优势之一。

第五章　华为规模营销的战术方法

华为固定网络、移动网络、光传输、智能网等多产品、多组合的优势造就了华为组合销售的独特竞争力，是一般通信设备供应商无法做到的。

（6）讲笑话的能力。讲笑话、段子是活跃气氛的好手段，也是营销人员的基本功。笑一笑十年少，笑话不仅提高我们的幽默度，还有益身心健康，爱讲笑话也是乐观、幽默、积极的人生态度的表现。但是，一定要分场合、分环境来把握笑话的内容。

> **讲笑话把重复枯燥的事变得轻松有趣**
>
> 我刚进华为不久，到某代表处的客户机房装机实习，是一个交换机万门局。在配线架上卡用户线是一件简单、重复又枯燥的事，一万多根用户线需要一根一根地按粉橙绿蓝灰的颜色顺序用卡线刀卡入配线架。我们只有3个人，这要卡多少天才能完成？我们就每个人轮流讲笑话，听了别人的笑话后，得到启发，又想到新笑话，越讲越多，最后，把局里的人都吸引过来听笑话了。那些人也不能光听不干啊，就一边听一边帮我们卡线，进度快了好几倍。就这样，原来重复、枯燥、痛苦的事也变成了轻松、搞笑、有趣的事了。

因为我早期经常到全国各地代表处出差，听到过各代表处营销人员讲的各类笑话，例如东北片区笑话、西北片区笑话等。我们有个代表处的代表一听到别人说的好笑话，就拿出笔记录下来，在合适的场合也讲些笑话或段子，这让原来严肃认真的"理工男"也变得幽默、有亲和力了。后来，他成了地区部总裁。

讲笑话、段子一定要分清场合，把握好内容尺度。有一次，几个厂家一起给客户做汇报，中午聚餐时，有个厂家的销售人员没有注意到餐桌上有女同志，开口就讲低级笑话，把大家都搞得很尴尬，也显示出这个销售人员的低俗。看什么人讲什么话、在什么场合做什么事，是营销人员必备的基本功。

代表处流程型组织的建设

流程型组织建设在华为代表处是以销售项目的运作流程为核心的，代表处的工作都是围绕着销售项目的成功而展开的。这是代表处营销运作的主线，销售项目是跨部门团队运作，把代表处的所有业务部门和人员全部调动起来为项目服务，销售项目是以客户合同的签订为目标导向，以货款回收、项目总结归档为项目终结的标志。

流程型组织，必须把公司所有与市场营销强相关的各级流程收集、存放在代表处专门的数据库中，把相关流程的典型运作案例与流程放在一起，使营销人员更容易学习、理解、应用。

要提高代表处的工作规范性、工作效率，就要把所有重复性、例行化的工作做成标准的模板、流程、操作指导，包括工作上、行政上以及生活上，如交通、住宿、餐饮、游玩、购物等的模板、流程和操作指导书，要覆盖全、系统化、可操作，使一个新员工在看完这些操作指导书后就能自助、快捷、方便地解决在代表处的最基本的工作、生活问题。模板、流程一定要有样例，有常见问题回答。

荷兰代表处良好的行政管理操作指导

荷兰代表处的行政管理在代表处层级的模板化、流程化的操作指导方面做到了世界一流。有一次五一假期，我从国内直飞荷兰阿姆斯特丹，当时代表处也在放长假，只有个别人在代表处值班，由于我到达代表处时是晚上，基本上没有人员上班了。但是，我通过查找代表处行政数据库上的

第五章　华为规模营销的战术方法

> 操作指导，把接机、宿舍预订、领取干净床单被套、吃饭、购物等一系列的流程方便、快捷地自助完成了。所以说，一个代表处的模板化、流程化的操作指导书做得好，既减轻了管理人员的工作负担，又为使用者带来方便、高效和满意。

代表处主管要善于引导员工把各类已经优化的、已经证实行之有效的工作方法模板化、流程化。要找到真正的专家、高手或其他代表处的好模板、好流程、好方法，拿来用。工作中围绕销售项目的策划报告、立项申请、项目组任命、项目进展汇报（困难、求助、竞争态势等）、技术建议书、投标文件、合同评审申请模板、项目结束及总结等等，都要有模板样例。如果一项工作少用工，又少用时间，但却达到了同样的绩效，说明管理进步了。代表处主管要抓住主要的模板建设，又使相关模板的流程连接起来，才会使 IT 成为现实。通过 IT 系统来固化模板、流程，提高绩效。此外，流程优化需要动员尽可能多的人员参与进来。

鼓励全员参与提出管理优化建议

记得公司早期设立过一个管理优化建议奖，员工可以就公司的各方面提出优化建议，一经采纳，每条优化建议奖励 100 元，当时员工的月工资才几千元，因此这项规定激起了大家的积极性，有的人一次提出好几条，一天能赚几百元。后来，公司把有关主流产品交换机、传输等产品的六本书，即《技术手册》（讲技术和原理）、《设备手册》（讲设备的结构）、《配置手册》《安装手册》《维护手册》《运营手册》（设备运行指南），放到公司电子公告牌网上，让大家来抓"臭虫"，也就是找问题、找错误，

> 找到问题的有奖励。所以，流程的设计、建立、优化等等还是要依靠业务人员和使用者的投入、参与才能做好，要用好的方法把他们"牵连"进来才是流程化成功的基础。

流程要细化到第 5—6 级，要给出完整、系统、可操作的模板样例和操作指导，富士康公司之所以能在来料加工领域做到世界第一，就是因为他们的流程、工艺、操作的细化和高效，连小学生都可以看得懂他们的流程、模板。而我国的大部分产品使用说明书都是不合格的，主要问题是：表达没有逻辑，不全面、不细化。有些说明书连博士都看不懂，更别提可操作性了。

美国知名手机的使用说明书是个坏榜样

美国知名手机公司在手机使用说明书上，开了一个很坏的头，做了一个坏榜样。因为它的手机没有详细的使用说明书，让用户无从下手。该公司美其名曰是给年轻人探索、摸索的机会，又说有电子文档供你学习。结果就是大部分的用户不知道怎样正常使用它的手机，以致上网速度缓慢、运作不流畅、手机垃圾积累奇多、经常断话断网等等，问题一大堆。它的智能手机的 80% 的功能绝大部分人都没有使用、体验过。该公司的这个不好的领头，使世界上的智能手机生产商都没有给用户提供一份详细的纸质的使用说明书。华为是智能手机领域的后来者，也没有给用户提供一份应该有的纸质的详细使用说明书。虽然华为的手机在核心芯片、高速性能、快充、摄影、超低温正常使用等方面远远地超过了该公司的手机，还是希望华为能改变智能手机没有详细的纸质使用说明书的做法，引领行业走上正轨。

第五章　华为规模营销的战术方法

流程要不断优化，营销人员要随身带一个小本子、一支笔，遇到好的做事方法或者好的想法要随时记录下来，时间久了，好经验、好方法就会越积累越多。

> **食堂用过的盘子的收纳方法的优化**
>
> 　　公司食堂里用过的盘子都是由用餐人员端到一个收盘子的窗口台面上，如果服务员忙不过来收捡，盘子就会被杂乱地堆在窗口，既容易打碎碗碟，又使后面的人无处放盘子。后来，在深圳宜家的食堂就优化成一个有七八层的推车，人们可以把用过的餐盘放在这些置物架上，解决了餐盘杂乱堆叠的问题；再后来，又优化成了一条窄窄的自动传送带，只要把餐盘放在传送带上，餐盘就能被送到洗碗间了。既节省了推车占用的空间，又减少了推车的人工。这就是流程不断优化带来的进步。

全世界的好经验、好方法都是值得我们学习的，我们要使流程不断优化、改进，趋于最佳。

第五章总结　华为规模营销的战术方法

1. 代表处通过六大工作目标，保证各项工作的均衡发展，通过各个销售项目组的成功运作，完成销售任务。绩效结果是营销人员级别、工资、奖金和股票评定的依据。

2. 把优秀营销人员的好经验、好方法，如"三板斧""一纸禅""一五一工程""新丝绸之路"总结成了华为的经典战术方法，易懂、易学、易用。

3. 规模化、系统化、流程化的组织运作，使华为销售项目依赖"个人英雄"或运气的偶然性成功，转变为销售项目可控、可持续的必然性成功。

4. 与客户的12个关键接触点，是华为营销流程中直接带给客户真实服务体验的重要节点。华为营销把这些关键点做到了极致，远远地超过了所有的竞争对手。

5. 客户关系是第一生产力，构建立体式的客户关系。良好的客户关系能及时为企业提供稳定、全面和持续的商业机会，掌握客户未来发展方向，做到持续不断地满足客户的需求，从而支撑企业战略和业务目标的达成。

参考文献

[1] 彭剑锋，张建国. 经营者思维 [M]. 北京：中国人民大学出版社，2019.

[2] 孙媛媛，黄露. 我们用了华为首台程控式交换机 [N]. 金华日报，2018.

[3] 张伟，王浩志. 项南"治聋"逼出"电话传奇" [N]. 海峡都市报，2008.

[4] 黄卫伟. 以客户为中心 [M]. 北京：中信出版社，2016.

[5] 吴春波. 华为没有秘密2：华为如何用常识塑造 [M]. 北京：中信出版社，2018.

[6] 田涛. 华为访谈录 [M]. 北京：中信出版社，2021.

[7] 华为人报，1994—2016，第 11、28、50、63、70、71、99、100、107、111、114、118、122、130、134、135、140、141、148、151、154、156、157、158、162、166、178、182、188、195、198、199、200、206、210、211、213、219、243、247、248、256、262、265、280 期.

图书在版编目（CIP）数据

华为规模营销法 / 陈伟君著. -- 北京：中国人民大学出版社，2023.5
ISBN 978-7-300-31031-2

Ⅰ. ①华… Ⅱ. ①陈… Ⅲ. ①通信企业-企业管理-营销管理-经验-深圳 Ⅳ. ①F632.765.3

中国版本图书馆 CIP 数据核字（2022）第 176648 号

华为规模营销法
陈伟君 著
Huawei Guimo Yingxiao Fa

出版发行	中国人民大学出版社			
社　　址	北京中关村大街31号		邮政编码	100080
电　　话	010-62511242（总编室）		010-62511770（质管部）	
	010-82501766（邮购部）		010-62514148（门市部）	
	010-62515195（发行公司）		010-62515275（盗版举报）	
网　　址	http://www.crup.com.cn			
经　　销	新华书店			
印　　刷	天津中印联印务有限公司			
开　　本	720 mm×1000 mm　1/16		版　次	2023年5月第1版
印　　张	23.5 插页 1		印　次	2023年5月第1次印刷
字　　数	284 000		定　价	89.00元

版权所有　侵权必究　印装差错　负责调换